suhrkamp taschenbuch
wissenschaft 2396

Auf Grundlage der Anthropologie und Geschichte der nordamerikanischen Ureinwohner sowie mittels Philosophie und psychoanalytischer Theorie erforscht Jonathan Lear die Geschichte des Volkes der Crow im Angesicht der kulturellen Zerstörung. Sein Buch ist eine tiefschürfende und höchst originelle philosophische Studie über eine eigentümliche Verletzlichkeit, die den Kern der *conditio humana* betrifft. Wie sollen wir mit der Möglichkeit umgehen, dass unsere eigene Kultur zusammenbrechen könnte, wie mit dieser Verwundbarkeit leben? Ist es sinnvoll, sich einer solchen Herausforderung mutig zu stellen?

Jonathan Lear ist John U. Nef Distinguished Service Professor im Committee on Social Thought und am Department of Philosophy an der University of Chicago sowie Direktor des Neubauer Collegium for Culture and Society. Er wurde u.a. mit dem Andrew W. Mellon Foundation Distinguished Achievement Award ausgezeichnet und ist Fellow der American Academy of Arts and Sciences.

Jonathan Lear

# Radikale Hoffnung

*Ethik im Angesicht kultureller Zerstörung*

Aus dem Amerikanischen
von Jens Pier

Suhrkamp

Die Originalausgabe erschien 2006 unter dem Titel *Radical Hope. Ethics in the Face of Cultural Devastation* bei Harvard University Press 

2. Auflage 2026

Erste Auflage 2023
suhrkamp taschenbuch wissenschaft 2396

Umschlag nach Entwürfen
von Willy Fleckhaus und Rolf Staudt
Druck und Bindung: C. H. Beck, Nördlingen
Printed in Germany
ISBN 978-3-518-29996-8

Suhrkamp Verlag GmbH
Torstraße 44, 10119 Berlin
info@suhrkamp.de
www.suhrkamp.de

Tipis am Fluss (Richard Throssel Collection, American Heritage Center, The University of Wyoming, Acc. 2394).

# Inhalt

## Vorwort zur deutschen Ausgabe[1]

In den späten 1980er Jahren besuchte ich im geisteswissenschaftlichen Gebäude der Yale University während der Mittagspause einen Vortrag. Der Historiker William Cronon redete über die Frage, was bei der Geschichtsschreibung über die nordwestliche Prärie der Vereinigten Staaten zu beachten ist. Beiläufig zitierte er dabei eine Äußerung, die Häuptling Plenty Coups vom Stamm der Crow einst über den Umzug seines Volkes in ein Reservat gemacht hatte: »Danach ist nichts mehr geschehen.« Als ich diese Worte hörte, fühlte ich einen Schlag in meiner Magengrube. Zum Ende des Vortrags verließ ich den Raum mit einem Übelkeitsgefühl – doch nachdem es mir wieder besser ging, vergaß ich den Vorfall. Es verging mehr als ein Jahrzehnt; ich war in der Zwischenzeit nach Chicago gezogen. Eines Tages machte ich einen Spaziergang am Lake Michigan und ließ meinen Gedanken freien Lauf, als Plenty Coups' Äußerung mir plötzlich wie aus dem Nichts in den Sinn kam. Ich war überrascht: Zuvor war mir nicht klar gewesen, dass seine Worte mich so ergriffen und in mir Halt gefunden hatten. (Ein Freund vom Stamm der Crow sagte mir später, ich solle nicht davon ausgehen, dass die Worte »in mir« waren.) Ich hatte das Gefühl, etwas tun zu müssen, doch ich wusste nicht, was. Mein erster Weg führte zurück zum

1 Dieses Vorwort fußt auf meinem Aufsatz »After ›After this …‹«, in: Elspeth Carruthers u. a. (Hrsg.): *Apsáalooke Women and Warriors*, Chicago 2020, S. 189-191.

Campus und in die dortige Buchhandlung, wo ich auf eine Ausgabe von Frank Lindermans Biographie *Plenty Coups. Chief of the Crows* stieß. Damit begann für mich eine jahrelange Vertiefung in alles, was ich über die Crow (oder Apsáalooke), die Völker der Great Plains und die Geschichte der indigenen Bevölkerung Nordamerikas finden konnte. Ich begann, Reisen zum Reservat der Crow in Montana zu unternehmen. Dabei wollte ich mich niemandem aufdrängen, doch es war mir ein Anliegen, das Gespräch zu suchen und vor allem jedem Menschen *zuzuhören*, der gewillt war, mit mir zu reden. Eine Bekannte gewährte mir schließlich einen Sommer lang die Benutzung ihrer Hütte ungefähr 20 Kilometer nördlich des Reservats in den Wolf Mountains. Sie weigerte sich, Geld dafür entgegenzunehmen. Die Straße, die hoch zur Hütte führte, war größtenteils unbefestigt – und meine Frau, mein damals sechs Monate alter Sohn und ich zogen hinauf, um dort zu leben. Die Hütte befand sich auf einem Hügel neben einer Ebene, die zum Aufführen des Sonnentanzes genutzt wurde. Es war ein guter Ort, um Traubenkirschen zu pflücken; häufig kamen Leute vorbei und hielten für ein kurzes Gespräch an. Wir unternahmen Ausflüge in das Land der Crow. Mein Sohn Sam saß auf einem Pferd der Crow, bevor er laufen konnte.

Ich bin kein Historiker und kein Anthropologe, und ich hegte keinerlei Interesse daran, »die Crow zu studieren«. Doch es war mein Eindruck, dass Plenty Coups sein Wort an jeden gerichtet hatte, der bereit war, ihm sein Ohr zu schenken, und durch eine Verkettung von Umständen war ich nun vor die Wahl gestellt: Entweder musste ich etwas erwidern, oder ich musste mich entschließen, nichts zu sagen. *Dieser* Entscheidung konnte ich nicht entgehen. Je mehr ich darüber nachdachte, umso erstaunlicher schien es mir, dass Plenty Coups – nach allem, was er und sein

Volk hatten durchmachen müssen – überhaupt willens war, zu sprechen. Warum weigerte er sich nicht, jemals wieder etwas mit uns zu tun zu haben? Der Anfang des vorliegenden Buches (im englischsprachigen Original erstmals erschienen im Jahr 2006) lautet:

> Kurz bevor er starb, trat Plenty Coups, der letzte Oberhäuptling des Volks der Crow, über den ›Kampf der Kulturen‹ hinweg an einen weißen Mann heran, um ihm seine Geschichte zu erzählen.[2]

Andere können uns von Plenty Coups' Persönlichkeit berichten. Als Philosoph interessiert mich eine hintergründige Verpflichtung, die sich in Plenty Coups' Bereitschaft offenbart, ein Gespräch zu beginnen. Natürlich können wir den Ausdruck »radikale Hoffnung« auf verschiedene, alltägliche Weisen verstehen: So kann er etwa auf jemanden Anwendung finden, der sich für eine Situation einen Ausgang erhofft, der uns radikal erscheint; oder auf jemanden, der es vermag, sich seine Hoffnung in einer entbehrungsreichen Lage zu erhalten. Diese Formen der Hoffnung sind ihrerseits von unschätzbarer Wichtigkeit. In diesem Buch möchte ich jedoch einen außergewöhnlichen Gebrauch von jenem Ausdruck machen: Ich meine mit *radikaler Hoffnung* ein Hoffen, das auch im Angesicht einer ontologischen Verletzlichkeit weiterbesteht. Als Plenty Coups mit Linderman sprach, war die traditionelle Lebensweise der Crow/Apsáalooke einige Zeit zuvor der Zerstörung zum Opfer gefallen. Mit ihr waren auch die Begriffe zerstört worden, mit denen sich die Stammesmitglieder bislang ihr Leben verständlich gemacht hatten. So war etwa

2 In diesem Band, S. 19.

die Tugend des Mutes in ihrer *praktischen Bedeutung*, wie diese traditionell durch die Crow verstanden worden war, nicht mehr anwendbar. Es war den Stämmen durch die US-Regierung verboten, untereinander Krieg zu führen; ebenso war es untersagt, auf traditionelle Weise zu jagen; und die Leute wurden dazu gezwungen, unter völlig neuen Verhältnissen in einem »Reservat« zu leben. Man konnte auf die Vergangenheit zurückblicken und (theoretisch) verstehen, wie Mut zuvor gelebt worden war, und man konnte Nostalgie für diese vergangenen Zeiten empfinden. Womöglich konnte man gar den *Wunsch* nach einer Zeit hegen, in der die traditionelle Lebensweise wiedererrichtet würde. In praktischer Hinsicht konnte man sich jedoch keine Vorstellung mehr davon machen, wonach man in seinem Handeln streben sollte – oder wie sich dieses Ziel verwirklichen ließ. Man konnte keinen Gedanken hinsichtlich der Frage fassen, was nun zu tun war. Nach der traditionellen Auffassung davon, *was es bedeutet, ein Crow zu sein*, oder *was es bedeutet, als Crow zu gedeihen*, konnten die Crow ihr Leben nun nicht mehr ausrichten. Kulturelle Zerstörung besteht unter anderem in genau dieser Vernichtung einer verständlichen Lebensweise. Ich glaube, dass all das die Hintergrundbedingungen waren, unter denen Plenty Coups sprach, und meine Vermutung ist, dass sie uns dabei helfen, seine Behauptung »Danach ist nichts mehr geschehen« zu verstehen. Radikale Hoffnung in dem außergewöhnlichen Sinne, den ich ausweisen möchte, besteht in der Hoffnung darauf, dass etwas Gutes hervortreten wird, selbst wenn man gegenwärtig noch nicht über die Begriffe verfügt, mittels derer man sich dieses Gute verständlich machen kann. Da wir in einem Zeitalter leben, in dem sich unser Gefühl für *unsere eigene* Verletzlichkeit verstärkt, und da uns diese Verletzlichkeit als menschlich kennzeichnet, sind die Anliegen dieses Buches von allgemeinem philosophischem und ethischem Interesse.

Kurz nach der Erstveröffentlichung von *Radikale Hoffnung* wurde ich eingeladen, am Little Big Horn College bei der Crow Agency einen Vortrag zu halten. Ich hatte keine Ahnung, wie das Gespräch verlaufen würde. Was dachte sich ein »weißer Mann« auch dabei, über die Crow zu schreiben? Ich verfüge über keine »Expertise«, und das Buch gehört keiner gängigen Buchgattung an. Es ist keine Untersuchung von Tatsachen, sondern ein Versuch in philosophischer Vorstellungskraft. Es ist ein Gedankenexperiment darüber, was Plenty Coups *gemeint haben könnte*, sofern er Zeuge davon wurde, wie die Ereignisse zu Ende gehen. Ich wollte die Vorstellung ernst nehmen, dass womöglich dereinst nichts mehr geschieht. Und ich wollte Plenty Coups in ein offenes Gespräch mit Denkern versetzen, die mich in meinem Denken gestützt haben: Aristoteles und Platon, Kierkegaard und Heidegger, Freud. Wohin würde dieses Gespräch führen? Ich nahm an, dass das Buch seine Makel haben würde, ich diese aber erst im Laufe der Zeit würde begreifen können, sofern ich mich weiter am Gespräch beteiligte. So reiste ich also wieder ins Reservat – dieses Mal, um einen Vortrag zu halten.

Der Saal war voller Menschen, und unter ihnen waren nicht nur Studierende und Lehrende, sondern Stammesälteste, Würdenträger und eine große Anzahl erwachsener Mitglieder der Gemeinschaft. Etwa eine halbe Minute, nachdem ich meinen Vortrag begonnen hatte, hob ein Stammesältester in der ersten Reihe die Hand. Er fragte: »Wer sind Ihre Leute?« Niemand hatte mir zuvor diese Frage gestellt, und ich hatte mich auch noch nie selbst unter diesem Aspekt betrachtet. (Erst später erfuhr ich, dass ich mehr hätte tun müssen, um mich richtig vorzustellen, und dass der Sprecher den Zuhörenden dabei mitteilt, wer seine Leute sind.) Ich sagte das, was mir als Erstes in den Sinn kam: »Ich vermute, eine Antwort auf Ihre Frage ist, dass ich Jude bin.« Mich durchfuhr erstmals der Gedanke, dass die Flucht meiner Familie vor Pogromen in der Ukraine und anderen Teilen Osteuropas in der Mitte der 1880er Jahre genau in jene Zeit fiel, als die Apsáalooke in ihr Reservat einzogen. Eine weitere Hand schnellte nach oben. »Wie kommt es, dass ihr Juden nie untereinander streitet, während wir Crow ständig miteinander im Streit liegen?« Mein eigener Eindruck war natürlich ein ganz anderer. Wie ich nun erfuhr, sind einige indigene Völker fasziniert davon, dass das jüdische Volk tausende Jahre nach der Zerstörung seiner traditionellen Lebensweise und nach eintausend Jahren der Unterdrückung in Europa immer noch fortbesteht und neue traditionelle Lebensweisen entwickelt hat. Wie kommt es, dass dieser Stamm nicht zerstört wurde? Das Gespräch setzte sich von hier aus fort und wir gelangten an jenem Tag niemals bis zu *Radikale Hoffnung*. Die Menschen, die an jenem Nachmittag und Abend meine Freunde wurden, sind bis heute meine Freunde. Sie haben mich anderen vorgestellt, mit denen ich Freundschaft geschlossen habe. Inzwischen bin ich viele weitere Male im Gebiet der Crow gewesen, und meine Freunde unter den Crow haben mich gelehrt, dass ihr Land für sie heilig und ein verheißenes Land ist. Sie haben mich gelehrt, das Land auf andere Weise zu sehen und zu riechen und auf ihm anders zu gehen und zu schlafen.

Meine Freunde sind außerdem nach Chicago gekommen, und während ich diesen Text verfasse, verändern sie eine der großen kulturellen Einrichtungen der Stadt. Das Field Museum of Natural History ist eines der führenden naturgeschichtlichen Museen der Welt. Es beherbergt eine beeindruckende Sammlung an Artefakten indigener Völker, und seine Auswahl an Schilden und Medizinbündeln der Crow/Apsáalooke sucht ihresgleichen. Nach einer Reihe jüngerer Entwicklungen findet nun von 2020 bis 2021 mit *Apsáalooke Women and Warriors* erstmals in der Geschichte des Museums eine Ausstellung statt, deren Kuratorin Nina Sanders eine indigene Amerikanerin, eine Apsáalooke Woman, ein Mitglied der Crow Nation ist. Es ist auch das erste Mal in der Geschichte des Field Museum, dass der Schwerpunkt einer Ausstellung nicht auf der überwältigenden Sammlung historischer Artefakte liegt. Vielmehr werden jene Artefakte in einen größeren Zusammenhang gegenwärtiger Künstler und Autoren aus den Reihen der Crow/Apsáalooke gestellt: Maler, Bildhauer, Perlensticker, Rap-Künstler, Filmemacher, Anthropologen, Geowissenschaftler und Politiker. Die Ausstellung stammt von den Apsáalooke – sie sprechen für sich selbst –, und sie ist auf ihre Gegenwart und Zukunft ausgerichtet, während sie zugleich ihre Vergangenheit achtet und ehrt. Viele Wege haben zu dieser Ausstellung geführt und zu ihr beigetragen, doch einer von ihnen verläuft durch *Radikale Hoffnung*.

In diesem Buch spreche ich von der Möglichkeit einer neuen Generation an Dichtern aus der Mitte der Crow, die

> […] die Vergangenheit der Crow aufgreift und nicht nur für nostalgische Zwecke oder behelfsmäßige Nachahmungshandlungen nutzt, sondern sie geistig in neuen, lebendigen Lebens- und Seinsweisen für die Crow verortet. Mit »Dichter« meine ich hier im weitesten Sinne jemanden, der neuen Raum für Bedeutung zu schaffen vermag. Die Möglichkeit eines solchen Dichters ist genau die Möglichkeit der Erschaffung eines neuen Feldes an Möglichkeiten.[3]

3 In diesem Band, S. 88f.

Als ich diese Worte niederschrieb, wusste ich natürlich nicht, wovon ich redete. Wie sollte ich auch? Ich bedurfte zunächst einer zeitgenössischen Generation an Dichtern der Apsáalooke, die ihre Kunst mit mir teilten. Ohne ihre Dichtung, ohne alles, was ich von ihnen lernen sollte, konnte ich allenfalls in eine Richtung gestikulieren. Den Künstlern und Autoren, die ich treffen durfte, seit ich *Radikale Hoffnung* verfasst habe, möchte ich meinen Dank aussprechen, *Aho!*

Das Field Museum hat wie alle kulturellen Einrichtungen dieser Art eine problembeladene Vergangenheit. Seit seiner Errichtung hat es sich auf Ausstellungsstücke in Form von Beigaben gestützt, die von indigenen Völkern wie auch von Mitgliedern der dominanten Kulturen stammten. Diese Stücke wurden jedoch auf ungerechte und ausbeuterische Weise beschafft. Überdies fußte die gesamte Struktur auf voreingenommenen und irrigen Meinungen über die Beziehungen zwischen Völkern. Um ein schmerzhaftes Beispiel zu nennen: Das ursprüngliche Ziel dabei, diese Artefakte zu sammeln, lag darin, sie der *Naturgeschichte* zuzuordnen. Sie sollten als Dinge verstanden werden, die nicht bloß aus der Vergangenheit *stammten*, sondern bald auch der Vergangenheit *angehören* würden. Das Interesse an der »Aufbewahrung« dieser Geschichte ging einher mit der Annahme einer schwindenden Zukunft. Und die vorherrschende Meinung war, dass sich so etwas wie eine »natürliche« Einheit herstellen ließ, wenn man diese Artefakte in der gleichen Einrichtung unterbrachte, die auch Sammlungen von aufgespießten Schmetterlingen und Insekten beherbergte, von Schlangen, Leguanen und Fledermäusen, um gar nicht erst zu sprechen von ausgestopften Gorillas, Wölfen, Tigern und Büffeln ... *Diese* kulturelle Perspektive steht glücklicherweise nicht mehr offen. Doch wie könnte man stattdessen vorgehen?

*Hier sind wir nun!* Deutsche Leser dieses Vorwortes, Besucher naturgeschichtlicher Museen, indigene Völker, die entsetzliche Ungerechtigkeiten überlebt haben, Mitglieder der dominanten Kulturen der Welt und all jene, die außen vor gelassen werden: *Hier sind wir nun alle*, und wir *finden uns wieder* mit der Schwierigkeit einer problembeladenen Geschichte. Niemand von uns hat diese Schwierigkeit für sich gewählt, denn niemand von uns war seinerzeit an ihrer Entstehung beteiligt. Doch genau hierin zeigt sich unser bedingtes Dasein: Wir sind Geschöpfe, deren Gegenwart und Zukunft von verschiedenen Vergangenheiten überschattet, genährt oder verfolgt werden – Vergangenheiten, derer wir womöglich nicht gewahr sind und die dennoch stets ein Anliegen für uns bilden.

Zu den Artefakten, mit denen wir in Chicago leben, gehört auch das Field Museum selbst. Es ist nicht bloß eine Einrichtung, die verschiedene Ausstellungen unter ihrem Dach beheimatet: In diesen Ausstellungen, ebenso wie in den Sammlungen und der Forschung unter seiner Schirmherrschaft, stellt das Museum auch *sich selbst* aus. Meine Freunde unter den Crow sehen es als ihre Verantwortung an, nicht einfach eine Ausstellung neuer Art zuwege zu bringen, sondern die Einrichtung selbst zu verändern. Das Museum ist seinerseits ein Artefakt der dominanten Kultur, das umgeformt und neuen Verwendungsweisen zugeführt werden muss. Es ist keine Übertreibung, zu sagen, dass die *grundlegende Vorstellung* eines naturgeschichtlichen Museums mit auf dem Spiel steht. Hierin liegt eine ethische und gesellschaftliche Herausforderung – und zudem ein philosophisches Problem. Was meinen wir von nun an mit *Aufbewahrung*? Wir erhalten einen Begriff von der traditionellen Bedeutung dieses Ausdrucks, indem wir einen Blick auf die sorgfältigen Verfahren werfen, die das Field Museum im Laufe des zurückliegenden Jahrhunderts entwickelt hat. Dank dieser Sorgfalt gibt es all jene historischen Artefakte noch heute und wir können sie betrachten und würdigen. Was aber, wenn es die Überzeugung der Völker ist, von denen die Artefakte stammen, dass diese auch *Verwendung finden müssen* – durch die richtigen Leute und unter den richtigen Rahmenbedingungen? In dieser Frage schränkt es uns zu sehr ein, wenn wir die Herausforderung als ein Gegeneinander von *Werten* ansehen – den Werten derer, die der Aufbewahrung den Vorrang geben, und derer, die die Verwendung bevorzugen. Wenn wir die Schwierigkeit so deuten, setzen wir voraus, bereits die Begriffe und Annahmen zu kennen, die der Auseinandersetzung als Eckpunkte dienen sollten, und dass die einzige Frage lautet, wie wir nun unsere Vorlieben gewichten. Wir setzen voraus, dass der Begriff der *Aufbewahrung* seinerseits feststeht, und zwar so, wie dominante Kulturen ihn über die letzten ein oder zwei Jahrhunderte hinweg aufgefasst haben. Doch was wäre, wenn wir einen anderen Weg einschlagen – einen Weg, in dessen Rahmen *Aufbewahrung* auch *angemessene Pflege* einschließt und angemessene Pflege die richtige Verwendung erfordert? Um einen solchen Weg gangbar zu machen, müssten Teile des Field Museum in geweihten Grund und Boden umgewandelt werden oder zumindest in Räume, die sich für Zeremonien eignen: Sie müssten zu Orten werden, an denen indigene Völker Rituale durchführen können, in deren Zusammenhang jene Gegenstände (und Geister) wieder ein *Zuhause* fänden – oder, sofern dies nicht vollends möglich sein sollte, immerhin einen *Rastplatz*. Verlangen die Schilde nach einem Festzug? Müssen die Medizinbündel ausgewickelt und in die tröstliche Umgebung einer heiligen Zeremonie eingebunden werden? Bedarf es der *Wiedervereinigung* zwischen indigenen Völkern und ihren geweihten Gegenständen – einer Wiedervereinigung, über die nicht die einstigen Gepflogenheiten im Umgang mit »Museumssammlungen«, sondern die betroffenen Menschen selbst bestimmen?

Meine Freunde unter den Crow/Apsáalooke sagen, dass sie im Gegensatz zu den Dinosauriern und ausgestopften Adlern im Museum *etwas erwidern*. Einige der Gespräche sind für alle Beteiligten schwierig. Ich weiß weder, wo diese Unterhaltungen hinführen werden, noch habe ich eine feste Vorstellung davon, welchen Verlauf sie nehmen sollten. Dass aber das Gespräch weitergeht, erscheint mir wie eine wunderbare Fügung und von unermesslicher Bedeutung für die Zukunft unserer Zivilisationen. Auch glaube ich, dass sich eine direkte Linie von Plenty Coups' Willen, seine Geschichte zu erzählen, zu einigen heutigen Debatten ziehen lässt – jenen spannungsbeladenen und doch bereichernden Gesprächen darüber, wie indigene und dominante Kulturen zusammenleben sollen. Den deutschen Lesern dieses Buches möchte ich insbesondere sagen: Es gibt ein *Danach* nach dem »Danach …«.

Chicago, März 2020
Jonathan Lear

Plenty Coups (Richard Throssel Collection, American Heritage Center, The University of Wyoming, Acc. 2394).

# 1. »Danach ist nichts mehr geschehen«

## *1.1. Eine eigentümliche Verletzlichkeit*

Kurz bevor er starb, trat Plenty Coups, der letzte Oberhäuptling des Volks der Crow, über den »Kampf der Kulturen« hinweg an einen weißen Mann heran, um ihm seine Geschichte zu erzählen. Frank B. Linderman war 1885 als Jugendlicher nach Montana gekommen und Jäger, Trapper und Cowboy geworden. Er lebte in einer Waldhütte nahe dem Flathead Lake und stand den Crow sehr nahe. Aus seinem Buch, das Plenty Coups' Geschichte erzählt, geht hervor, dass er und Plenty Coups Freunde geworden waren. »Ich bin glücklich darüber, dass ich dir diese Dinge erzählt habe, Zeichensprecher«, sagt Plenty Coups am Ende des Buches. »Du hast mein Herz gefühlt und ich deines. Ich weiß, dass du nur das erzählen wirst, was ich gesagt habe, dass deine Schrift aufrichtig sein wird wie deine Zunge, und ich werde dein Papier mit meinem Daumen unterzeichnen, sodass deine und meine Leute wissen, dass ich dir die Dinge erzählt habe, die du niedergeschrieben hast.«[1]

1 Frank B. Linderman, *Plenty-Coups. Chief of the Crows*, Lincoln 1962, S. 308f. [Übersetzung J.P.]. Das Buch ist ursprünglich erschienen als *American. The Life Story of a Great Indian*, New York 1930. Es gibt zudem eine neue Ausgabe (*Plenty-Coups. Chief of the Crows*, Lincoln 2002) mit einem jüngeren Aufsatz des Autors über sein erstes Treffen mit Plenty Coups, einem erhellenden Nachwort von Timothy McCleary über Plenty Coups' Stellung in der jüngeren Geschichte der Crow und einer Einleitung von Barney Old

Das Buch ist ein hervorragender Bericht über die Großtaten eines jungen Mannes, der zu einer Zeit aufwuchs, als die Crow noch ein florierender Stamm nomadischer Jäger waren. Dennoch bleibt Linderman zurückhaltend hinsichtlich der Frage, wie gut er den von ihm Befragten kennengelernt hat. Im Vorwort sagt er: »Ich bin überzeugt, dass kein weißer Mann jemals den Indianer vollständig gekannt hat, und ein Werk wie das vorliegende muss unter den weit auseinanderklaffenden Lebensauffassungen leiden, welche die rote und weiße Rasse hegen. Ich habe mich mit dem Indianer mehr als vierzig Jahre lang befasst, und das nicht kaltherzig, sondern mit Zuneigung; und doch habe ich immer noch nicht den Eindruck, viel über ihn zu wissen. Er hat mir viele Male gesagt, dass ich ihn sehr wohl kenne – dass ich ›sein Herz gefühlt habe‹ –, aber ich bin mir nicht sicher, ob es wirklich so ist.«[2]

Doch die Worte, die mich nicht mehr loslassen, sind nicht Teil von Plenty Coups' Geschichte, wenn sie auch aus seinem Mund stammen. In einer Anmerkung am Ende des Buches erwähnt Linderman, dass er Plenty Coups nicht dazu habe bringen können, über Ereignisse zu sprechen, die nach der Verweisung der Crow in ein Reservat geschahen:

Coyote Jr. und Phenocia Bauerle. Eine Bemerkung zum Sprachgebrauch: In diesem Buch benutze ich durchweg die Ausdrücke »weißer Mann« und »Indianer«. Obwohl einige diese Ausdrücke als anstößig empfinden mögen, sind sie erstens diejenigen Ausdrücke, mit denen Plenty Coups seine Situation erfasst hat. Zweitens ziehen es die mir persönlich bekannten Angehörigen des Crow-Stammes vor, sich Indianer statt amerikanische Ureinwohner, indigene Bevölkerung etc. zu nennen, und sie haben mich darüber unterrichtet, dass es sich hierbei um eine verbreitete Präferenz unter den Crow handelt.

2 Linderman, *Plenty-Coups*, S. vii [Übersetzung J.P.].

Plenty Coups weigerte sich, über sein Leben nach dem Niedergang der Büffelherden zu sprechen, sodass seine Geschichte viele Jahre nicht mit einschließt und so wirkt, als sei sie abgebrochen worden. ›Ich habe dir noch nicht einmal die Hälfte von alledem erzählt, was geschehen ist, als ich jung war‹, sagte er, als ich ihn drängte, weiterzuerzählen. ›Ich kann mich zurückerinnern und dir vieles mehr vom Krieg und vom Pferdestehlen berichten. Aber als die Büffelherden verschwanden, fielen die Herzen meiner Leute zu Boden und sie konnten sie nicht mehr aufheben. Danach ist nichts mehr geschehen. Überall hat es nur noch wenig Gesang gegeben.‹ Er fügte betrübt hinzu: ›Außerdem kennst du diesen Teil meines Lebens ebenso gut wie ich. Du hast gesehen, was mit uns geschehen ist, nachdem die Büffelherden verschwanden.‹[3]

*Danach ist nichts mehr geschehen*: Was könnte Plenty Coups' Äußerung bedeuten? Wenn wir ihn beim Wort nehmen, scheint er zu behaupten, dass es ein Ereignis oder Geschehnis gegeben hat (das Verschwinden der Büffelherden), auf das er sich mit »danach« beziehen kann; und dass es *danach* keine weiteren Geschehnisse mehr gibt. Oder, um die Zeitlichkeit korrekt wiederzugeben: Plenty Coups stellte rückblickend fest, dass es einen Zeitpunkt gegeben hatte, nach dem nichts mehr *geschehen ist*. Es scheint wie eine im Nachhinein gemachte Aussage über einen Zeitpunkt, an dem das Ende der Geschichte eingetreten ist. Aber was soll es heißen, dass die Geschichte ihr Ende erreicht hat?

Diese Frage ist so merkwürdig, dass wir eine natürliche Neigung haben, Plenty Coups so zu interpretieren, dass er etwas sagt, was zunächst sinnvoller erscheint. Eine Möglichkeit besteht darin, sich auf seine Behauptung zu kon-

3 Ebd., S. 311 [Übersetzung J. P.].

zentrieren, dass nach dem Verschwinden der Büffel »die Herzen meiner Leute zu Boden [fielen] und sie [...] sie nicht mehr aufheben [konnten]«. Wie er sich ausdrückt, hat es anschließend überall »nur noch wenig Gesang gegeben«. Das kann eine psychologische Deutung nahelegen: Nachdem die Büffel verschwanden und das Volk der Crow in ein Reservat verwiesen wurde, verfielen seine Mitglieder in eine Depression – sie verloren ihr Interesse an den Dingen. Es war für sie ganz so, *als ob* nichts mehr geschehen ist. Diese psychologische Deutung wird weiter dadurch gestützt, dass der Autor schildert, wie Plenty Coups *betrübt* hinzufügt: »Außerdem kennst du diesen Teil meines Lebens ebenso gut wie ich.« Für gewöhnlich ist es eine erstaunliche Behauptung, wenn jemand sagt, eine andere Person kenne einen Teil seines Erwachsenenlebens so gut wie er selbst. Zwar können wir auf vielfache Weise von anderen berichtigt werden, doch wir schreiben uns selbst ein Vorrecht auf die Erzählung unseres eigenen Lebens zu. Plenty Coups scheint auf dieses Vorrecht zu verzichten, wenn es um jenen Zeitraum geht. Tatsächlich scheint er anzudeuten, dass *jeder* – nicht bloß der Autor –, der gesehen hat, was nach dem Verschwinden der Büffelherden geschah, jenen Teil seines Lebens ebenso gut erzählen könnte wie er selbst. Kurzum: Jeder kompetente, drittpersonale Beobachter würde alles wissen, was es zu wissen gibt. Das legt nahe, dass es Plenty Coups zufolge keine Erzählung dieses Zeitraums gibt, die wesentlich erstpersonal ist. Es ist so, als ob es hier kein »ich« mehr gäbe. Diesen merkwürdigen Gedanken können wir uns verständlich machen, indem wir annehmen, dass Plenty Coups unter einer Depression leidet – oder jener Depression Ausdruck verleiht, die seinen Stamm erfasst hat.

Diese Deutung hat den Vorzug, schlüssig zu sein. Und sie ist plausibel: Plenty Coups könnte einer Niedergeschlagenheit Ausdruck verliehen haben, die seinen Stamm befallen hatte. Die Deutung stimmt also mit dem überein, was Philosophen das *Prinzip der Menschlichkeit* nennen: dass wir versuchen sollten, andere Menschen als solche zu interpretieren, die etwas Wahres sagen – geleitet von unserem eigenen Sinn dafür, was wahr ist und was die anderen vernünftigerweise glauben könnten.[4] Zu beachten ist jedoch, dass wir diese interpretatorische Plausibilität nur um den Preis gewinnen konnten, dass wir das Thema abgeändert haben. Vordergründig trifft Plenty Coups eine Behauptung über die Welt: dass nach einem bestimmten Zeitpunkt nichts mehr geschehen ist. Wir haben ihn so interpretiert, dass er etwas Wahres sagt, indem wir ihn als jemanden verstanden haben, der einem Aspekt seines Seelenlebens Ausdruck verleiht – und dem Seelenleben der anderen Mitglieder des Crow-Stammes. Das mag zwar mit dem *Prinzip* der Menschlichkeit übereinstimmen, aber die Frage ist, ob es mit *Plenty Coups'* Menschlichkeit übereinstimmt. Könnte er nicht einen dunkleren Gedanken in Worte fassen – einen Gedanken, der schwieriger zu verstehen ist? In dem Fall wäre die psychologische Deutung etwas voreilig. Wenn er nur davon spricht, dass die Crow von einer De-

4 Dieses Prinzip ist auch als das »Prinzip der wohlwollenden Interpretation« oder »Prinzip der Nachsichtigkeit« bekannt, und die berühmtesten Argumente für seine Richtigkeit stammen von Donald Davidson. Vgl. sein »Radikale Interpretation«, in: ders., *Wahrheit und Interpretation*, übers. v. Joachim Schulte, Frankfurt/M. 1990, S. 183-203, hier S. 197-199; »Der Begriff des Glaubens und die Grundlage der Bedeutung«, in: ders., *Wahrheit und Interpretation*, S. 204-223, hier S. 220-222; »Denken und Reden«, in: ders., *Wahrheit und Interpretation*, S. 224-246, hier S. 243-245; »Was ist eigentlich ein Begriffsschema?«, in: ders., *Wahrheit und Interpretation*, S. 261-282, hier S. 279-281; »Die Methode der Wahrheit in der Metaphysik«, in: ders., *Wahrheit und Interpretation*, S. 283-305, hier S. 284-286.

pression ergriffen wurden, können wir ihn in kürzester Zeit verstehen und zum nächsten Punkt übergehen. Wenn er aber davon spricht, dass die Ereignisse ein Ende nehmen … – wie können wir ihn dann als jemanden interpretieren, der etwas Wahres sagt?

Es gibt zweifellos Anhaltspunkte, die nahelegen, dass Plenty Coups nicht depressiv war, und daher sollten wir ihn auf eine andere Weise interpretieren. Wenn wir uns den Rest seines Lebens ansehen, fällt sofort auf, wie aktiv Plenty Coups war. Und obwohl manche depressive Menschen sich als eine Abwehrmaßnahme gegen ihre Depressionserfahrung beschäftigt halten können, lag ein gewisser Enthusiasmus in Plenty Coups' Tätigkeiten, der eine solche Deutung Lügen straft. Er begann eifrig damit, Ackerbau zu betreiben und ermutigte andere Stammesmitglieder dazu, es ihm gleichzutun. Mit sichtlichem Stolz präsentierte er seine Ernteerträge bei Landwirtschaftsausstellungen und gewann mit ihnen Preise. Er war aktiv daran beteiligt, die anderen Häuptlinge der Crow zusammenzubringen, um eine gemeinsame Front in den Verhandlungen mit der US-Regierung zu bilden. Als junger Anführer reiste er nach Washington, D. C., wo er Leiter einer Delegation der Crow war, die erfolgreich die Diskussion eines Gesetzesentwurfs zur Enteignung von weiterem Crow-Grundbesitz im Senat verhinderte.[5] Dies war die erste von mehreren Reisen, die er nach Washington unternahm, um die Rechte

5 Vgl. Frederick E. Hoxie, *Parading through History. The Making of the Crow Nation in America, 1805-1935*, Cambridge 1997, S. 259-261. Dieses ausgezeichnete Buch ist absolut unentbehrlich für jeden, der sich für die Geschichte der Crow interessiert. Vgl. auch Mardell Hogan Plainfeather, »Plenty Coups (Alaxchiiaahush)«, in: Frederick E. Hoxie (Hrsg.), *Encyclopedia of North American Indians. Native American History, Culture, and Life From Paleo-Indians to the Present*, Boston 1996, S. 489f.

der Crow zu schützen. Plenty Coups besuchte George Washingtons Haus bei Mount Vernon und war fasziniert von der Idee, sein eigenes Zuhause dem Staat zu stiften. Es ist heute ein bundesstaatlicher Park in Montana. Und 1921 wurde Plenty Coups auserwählt, um bei der nationalen Einweihungszeremonie für das Grabmal des Unbekannten Soldaten auf dem Nationalfriedhof Arlington die indianischen US-Amerikaner zu vertreten, die im Ersten Weltkrieg gekämpft hatten. Er ermutigte junge Crow, die Bildung des weißen Mannes zu erwerben und sogar für seine Religion offen zu sein. All das wirkt nicht wie die Handlungen einer depressiven Person. Und doch fällt es in den Zeitraum, von dem Plenty Coups sagt, dass in ihm »nichts mehr geschehen« sei. Es ist der Zeitraum, in dem, wie er sich ausdrückt, »du diesen Teil meines Lebens ebenso gut [kennst] wie ich«.

Ich kann nicht vorgeben, mit Sicherheit sagen zu können, was Plenty Coups wirklich sagen wollte. Seine Bemerkung ist unter anderem deswegen so rätselhaft, weil sie mit so vielen verschiedenen Deutungen vereinbar ist. Einige von ihnen sind oberflächlich, andere reichen mitten ins Herz der *conditio humana*. Plenty Coups mag seinen Gesprächspartner einfach vertröstet und beiläufig gesagt haben, dass es anschließend nichts Nennenswertes mehr zu sagen gibt. Doch was, wenn seine Bemerkung tiefer ginge? Was, wenn sie einer Einsicht in die Struktur der Zeitlichkeit Ausdruck verliehe – dass nach einem bestimmten Zeitpunkt keine Dinge mehr geschehen sind? Was hätte er *damit* gemeint? Das ist die Frage, der ich mich in diesem Kapitel widmen möchte. Es handelt sich also um die Untersuchung einer Möglichkeit: Was *könnte* Plenty Coups gemeint haben? Der Philosoph Sören Kierkegaard hat gesagt, dass wir, wenn es einen wahren Glaubensritter in unserer Mitte gäbe, ihn vermutlich nicht erkennen würden: Seiner äußeren Erscheinung nach wäre er nur einer unserer Nachbarn, der einen Spaziergang durch den Park macht.[6] Ähnlich ist die Frage: Was, wenn Plenty Coups dem Zusammenbruch der Ereignisse beiwohnte? Was würde er erlebt haben? Was würde es bedeuten, ihn als mehr zu interpretieren als einen alten Häuptling, der sich wehmütig nach vergangenen Zeiten sehnt?

Die Frage lautet, was es bedeuten würde, wenn Plenty Coups Zeuge einer eigentümlichen Form menschlicher Verletzlichkeit wurde. Wenn tatsächlich die Möglichkeit besteht, dass die Ereignisse zusammenbrechen, dann ist es eine Möglichkeit, mit der wir alle leben. Wir sind vertraut mit dem Gedanken, dass wir als menschliche Wesen von Natur aus verletzlich sind: durch Verwundungen, Krankheiten, das Altern, den Tod – und allerlei Kränkungen aus unserer Umgebung. Aber die Verletzlichkeit, mit der wir es hier zu tun haben, ist von einer anderen Art. Wir scheinen sie dadurch zu erwerben, dass wir an einer bestimmten Lebensweise teilhaben. Menschen sind von Natur aus kulturelle Tiere: Wir nehmen notwendigerweise an einer Lebensweise teil, die sich in einer Kultur äußert. Doch unsere Lebensweise – worin auch immer sie bestehen mag – ist auf viele Arten verletzlich. Und uns, als Teilnehmenden an jener Lebensweise, wird dadurch ebenfalls eine Verletzlichkeit zuteil. Sollte die Lebensweise zusammenbrechen, so ist das *unser* Problem. Der Gedanke, den ich in diesem Kapitel erkunden möchte, lautet: Der Zerfall unserer Lebensweise hätte zur Folge, dass keine Dinge

6 Er könnte sogar unser Steuereinnehmer sein; vgl. Sören Kierkegaard, *Furcht und Zittern. Dialektische Lyrik*, in: ders., *Die Krankheit zum Tode. Furcht und Zittern. Die Wiederholung. Der Begriff der Angst*, übers. v. Günther Jungbluth u. hrsg. v. Hermann Diem u. Walter Rest, München 2005, S. 179-326, hier S. 215-219.

mehr geschehen. Was würde das bedeuten? Diese Frage weist noch einen weiteren Aspekt auf, den ich untersuchen möchte: Wie wäre es, Zeuge eines solchen Zusammenbruchs zu werden? Plenty Coups scheint auf eine außergewöhnliche Weise in die Geschichte seiner Kultur eingebunden gewesen zu sein. Er lebte augenfällig während eines Zeitraums, in dem die Crow ihre nomadische und jagende Lebensweise aufgaben. Doch es wirkt so, als ob er aus der Mitte dieser Lebensweise heraus zu einem Wortführer des Todes ebendieser Lebensweise wurde. Was gab ihm das Recht, für sie zu sprechen? Übernahm er Verantwortung für sie? Und wenn ja, wie? Wodurch wurde er der auserkorene Trauerredner?

Wir leben in einer Zeit des sich verstärkenden Gefühls, dass Zivilisationen verletzlich sind. Ereignisse überall auf der Welt – Terrorangriffe, gewaltsame soziale Umwälzungen und auch Naturkatastrophen – hinterlassen in uns ein unheimliches Gefühl der Bedrohung. Wir scheinen uns einer geteilten Verletzlichkeit bewusst zu sein, die wir nicht ganz benennen können. Ich vermute, dass dieses Gefühl auch die weitverbreitete Intoleranz hervorgerufen hat, die wir heutzutage um uns herum sehen – von allen Punkten des politischen Spektrums her. Es ist so, als ob ohne unser Beharren auf der Richtigkeit unserer Perspektive auch diese Perspektive selbst zusammenbrechen könnte. Wenn wir unserem geteilten Gefühl der Verletzlichkeit einen Namen geben könnten, wäre es uns vielleicht auch möglich, besser mit ihm zu leben.

Es handelt sich beim vorliegenden Buch demnach um ein Werk philosophischer Anthropologie. Im Gegensatz zu einer rein anthropologischen Studie geht es mir nicht primär darum, was den Crow oder irgendeiner anderen Gruppe tatsächlich widerfahren ist. Stattdessen geht es mir eher um das Feld der Möglichkeiten, in dessen Rahmen alle menschlichen Unternehmungen ihre Bedeutung erhalten. Es handelt sich im Grunde um eine *ethische* Untersuchung – darüber, wie wir hinsichtlich einer eigentümlichen menschlichen Möglichkeit leben sollten. Sie hat jedoch auch, wie Philosophen sagen, eine *ontologische* Dimension: Wenn wir darüber nachdenken wollen, wie wir mit dieser Möglichkeit leben sollen, müssen wir auch herausfinden, worin sie besteht. Worin besteht die Möglichkeit, dass ab einem bestimmten Punkt keine Dinge mehr geschehen? Das ist keine Untersuchung, die zu irgendeiner der speziellen Wissenschaften zu rechnen ist, wie Aristoteles sich ausdrücken würde: Sie gehört weder zur Anthropologie noch zur Psychologie noch zur Geschichtswissenschaft. Ich maße mir kein Urteil hinsichtlich der tiefgreifendsten Wahrheiten über die Crow an; insbesondere nicht darüber, ob für sie tatsächlich ab irgendeinem Punkt keine Dinge mehr geschehen sind. Die Untersuchung richtet sich darauf, wie es sein *würde*, wenn es wahr *wäre*, dass nach einem bestimmten Punkt nichts mehr geschehen ist. Zu diesem Zweck greife ich sowohl auf unschätzbare historische und anthropologische Forschung über die Crow zurück als auch auf die Aussagen von Zeitzeugen: Nicht etwa weil ich das Bild davon ausfüllen möchte, was ihnen zugestoßen ist – das ist die Aufgabe eines zukünftigen Historikers oder Anthropologen der Crow –, sondern weil ich der Auffassung bin, dass diese bemerkenswerte menschliche Möglichkeit nur zufriedenstellend erforscht werden kann, indem man sie in einem greifbaren historischen Kontext verortet. Die Crow haben tatsächlich eine kulturelle Katastrophe erlitten, und ein Blick auf ihre tatsächliche Erfahrung könnte es ein wenig erleichtern, uns die schwer fassbare Möglichkeit zu erschließen, dass irgendwann keine Dinge mehr geschehen. Dennoch fällt die Möglichkeit, die mich beschäftigt, nicht in das Gebiet dieser oder jener anderen Kultur:

Sie ist eine Verletzlichkeit, die wir alle teilen, schlicht weil wir Menschen sind.

Es sollte nun klar sein, warum uns eine bloß anthropologische Deutung von Plenty Coups' Worten ebenfalls nicht das geben wird, wonach wir suchen. Der anthropologischen Deutung zufolge sagt Plenty Coups, dass nach einem bestimmten Ereignis (oder einer Reihe von Ereignissen) – dem Verschwinden der Büffelherden, der Verweisung in ein Reservat – eine traditionelle Lebensweise zu Ende gegangen ist. Anthropologen und Historiker haben uns aufschlussreiche Darstellungen davon gegeben, wie es für Menschen ist, einen Zusammenbruch ihrer Lebensweise zu erleiden. Auch diese Deutung hat – wie zuvor die psychologische Deutung – den Vorteil, dass Plenty Coups ihr zufolge etwas Plausibles sagt; etwas, was er plausiblerweise hätte glauben können. Aber dieser Deutung zufolge drückt sich Plenty Coups in einer Art Kurzform aus: Er sagt nicht wirklich, dass ab einem bestimmten Zeitpunkt keine Dinge mehr geschehen sind; vielmehr verleiht er dem Gedanken Ausdruck, dass eine traditionelle Lebensform zu Ende gegangen ist. Was wir aber wissen wollen, ist: Welcher Aspekt daran, dass eine Lebensform zu Ende geht, lässt für die Teilnehmenden jenes Lebens auch die Ereignisse zu Ende gehen? Wir fragen nicht bloß, wann es für sie so *scheinen* würde, als ob von nun an keine Dinge mehr geschähen, sondern wie es tatsächlich *sein* würde, wenn ab sofort keine Dinge mehr geschehen sollten.

Der Anthropologe Marshall Sahlins hat gesagt, dass »[e]in Ereignis [...] zu dem [wird], was die Interpretation aus ihm macht. Es erlangt historische *Bedeutung* nur dadurch, daß es im Kontext und vermittels eines kulturellen Schemas aufgenommen wird.«[7] Deswegen kann er behaup-

7 Marshall Sahlins, *Inseln der Geschichte*, übers. v. Ilse Utz, Hamburg

ten, dass »[d]ie Geschichte [...] – in den verschiedenen Gesellschaften auf verschiedene Weise – durch die Kultur strukturiert [wird], und zwar dergestalt, daß alle Dinge in Bedeutungsschemata eingeordnet werden«.[8] Wenn wir uns also ein Ereignis als etwas vorstellen, was Plenty Coups im Schema des traditionellen Crow-Lebens gegeben ist,

1992, S. 14. Was Sahlins eigentlich in seinem Text sagt, bedarf einer Verbesserung. Er schreibt: »[E]in Ereignis [ist] nicht nur ein phänomenales Geschehen [...], obwohl es als Phänomen unabhängig von einem gegebenen symbolischen Schema seine eigenen Gründe und Triebkräfte hat. Ein Ereignis wird zu dem, was die Interpretation aus ihm macht.« Er fährt fort: »Das Ereignis ist eine *Beziehung* zwischen einem Geschehen und einer Struktur (bzw. Strukturen): Das Phänomen an sich weitet sich zu einem bedeutungsvollen Wert, aus dem seine spezifische historische Wirksamkeit erwächst.« Sahlins scheint ein »phänomenales Geschehen« als ein außertheoretisches Etwas aufzufassen, das in Verbindung mit einem kulturellen Schema ein Ereignis ergibt. Seine Annahme, dass »phänomenale Geschehnisse« gegeben sind, ist problematisch, doch wir können den allgemeinen Punkt sehen, auf den Sahlins hinauswill: Weder Ereignisse noch Geschehnisse sind isolierte Atome, die losgelöst von einem theoretischen Bezugsrahmen oder »kulturellen Schema« existieren. Es sind vielmehr genau diese Bezugsrahmen, die »Geschehnisse« in einem erklärenden und sinnstiftenden Kontext verorten. Diese Einsicht ist ebenso wahr für die Physik, wie sie es für lokale Kulturen ist. Wenn wir uns Raum und Zeit als feste Strukturen vorstellen, die auf einer gitterartigen Karte abgebildet werden können, dann ergibt es Sinn, danach zu fragen, was an einem bestimmten Raumpunkt zu einem bestimmten Zeitpunkt geschieht. Dieser Bezugsrahmen liefert uns die Grundlage dafür, zu denken, dass wir über den Begriff eines physischen Ereignisses verfügen. Wenn wir diese Konzeption von Raum und Zeit verlieren sollten – wenn es etwa rätselhaft werden sollte, was als Raum- oder Zeitpunkt zählt –, dann wird es auch rätselhaft, was als physisches Ereignis zählen könnte. Vgl. auch Roy Wagner, *The Invention of Culture*, Chicago 1981.

8 Sahlins, *Inseln der Geschichte*, S. 7.

dann kann man durchaus davon ausgehen, dass mit dem Zusammenbruch jenes Lebens auch eine ähnliche Bedrohung für das besteht, was zuvor als Ereignis hatte gelten können. Die anthropologische Deutung von Plenty Coups' Worten scheint unter dieser Erläuterung plausibel – doch was soll diese wiederum bedeuten? Was sind die Bedingungen dafür, dass das, was sie besagt, auch nur möglich ist?

Eine philosophische Untersuchung mag auf historischen und anthropologischen Darstellungen davon beruhen, wie eine traditionelle Kultur zu Ende gegangen ist, aber letztendlich fragt sie nicht nach dem Tatsächlichen, sondern nach dem Möglichen: Worin besteht die Möglichkeit, dass keine Dinge mehr geschehen? Wenn es eine Möglichkeit ist, dann ist es eine, mit der wir *alle* leben müssen – selbst wenn unsere Kultur robust ist, selbst wenn wir nie damit konfrontiert werden, dass jene Möglichkeit Wirklichkeit wird. Es ist eine Möglichkeit, die uns als menschlich kennzeichnet. Wie sollen wir mit ihr leben? Diese Frage verweist auf einen weiteren Unterschied zwischen einer philosophischen und einer herkömmlichen empirischen Untersuchung: Letztendlich ist sie mit dem befasst, was *sein soll*, und nicht mit dem, was *ist*. Wenn wir es mit einer menschlichen Möglichkeit zu tun haben, dann fragt die Philosophie – in ihrer ethischen Ausprägung – danach, wie wir mit ihr leben sollen. Es ist also das eine, die Umstände darzulegen, unter denen eine Lebensweise tatsächlich zusammenbricht; doch es ist etwas anderes, darzulegen, *was es bedeuten und wie es sein würde*, wenn sie zusammenbrechen sollte. Und es ist noch etwas anderes, zu fragen: Wie sollen wir mit der Möglichkeit eines solchen Zusammenbruchs leben? Wie wir sehen werden, liegt eine erhebliche Ambiguität in den Worten »Eine Lebensweise geht zu Ende«. Diese Ambiguität lässt uns im Dunkeln darüber, was jemand meinen könnte, wenn er behauptet: »Danach ist nichts mehr geschehen.« Wir versuchen, eine äußerste Möglichkeit menschlicher Existenz zu erfassen – unter anderem, um erfassen zu können, wie weit der Umfang und die Grenzen menschlicher Möglichkeiten reichen. Deswegen wollen wir versuchen, denjenigen, der diese Behauptung (»Danach ...«) äußert, als jemanden zu verstehen, der eine so radikale Behauptung trifft, wie es Menschen überhaupt nur möglich ist. Und wir wollen fragen, was es bedeuten würde, wenn eine solche Behauptung wahr wäre.

### *1.2. Die Verteidigung einer Lebensweise*

Die Crow hatten kein bewusstes Verständnis jener eigentümlichen Verletzlichkeit, der wir nachgehen wollen. Sie konnten daher nicht ahnen, was ihnen bevorstand, als sie ihr zum Opfer fielen. Anders gesagt waren sie nicht in der Lage, die Bedeutung dessen einzusehen, was sie bald erleiden würden. Wir befinden uns in einer etwas besseren Lage als die Crow – wir leben in einer literarisch geprägten Kultur mit einer Tradition des Nachdenkens über zivilisatorische Zusammenbrüche –, doch wir sind trotzdem weitgehend im Dunkeln darüber, was es bedeuten würde, wenn keine Dinge mehr geschehen sollten. Wenn wir betrachten, wie die Crow sich im Allgemeinen gegen Gefahren verteidigten, können wir vielleicht besser einsehen, wie sie sich – womöglich unwissentlich – vor jener eigentümlichen Möglichkeit schützten. Diese war schließlich unschädlich, solange sich die Crow als florierender Stamm erhalten konnten. Vielleicht eröffnen uns also die besonderen Umstände, unter denen die Crow als Stamm zusammenbrachen, auch ein besseres Verständnis jener Möglichkeit.

Die Crow waren ein nomadischer, jagender Stamm von Kriegern. Der Crow-Historiker Joseph Medicine Crow hat die Hypothese aufgestellt, dass sie sich sehr plötzlich zusammenschlossen. Ihre Vorfahren, die Hidatsa, hatten zu Beginn des 16. Jahrhunderts entlang des Mississippi gelebt und waren im Laufe jenes Jahrhunderts nach North Dakota gewandert. Einer ihrer Häuptlinge, No Vitals, hatte eine Vision, in der er heilige Tabaksamen vom Großen Geist erhielt, der ihn anwies, gen Westen in die hohen Berge zu ziehen und sie dort anzupflanzen. Dort würden sie gedeihen. Eine Zeit lang siedelten No Vitals und seine Anhänger mit den Mandan am Fluss Missouri, doch dann spalteten sie sich ab, um nach ihrem verheißenen Land zu suchen.

> Als No Vitals aufbrach, machte er einen völlig neuen Anfang mit einem Stamm ohne Namen; er faßte den wörtlichen wie symbolischen Beschluß, mit leichtem Gepäck zu reisen, denn er ließ alles schwere Gerät endgültig zurück. Seine Bande bildete sofort einen neuen Stamm, der in der Lage war, als deutlich abgegrenzte Einheit zu existieren, und von dem Wunsch und dem Traum motiviert wurde, eines Tages den Segen des Großen Geistes zu erhalten, wenn das versprochene Land erreicht wäre![9]

Die Details ihrer Wanderung sind faszinierend – und umstritten –, doch es herrscht allgemeine Einigkeit darüber, dass sie sich um 1700 in jenen Gebieten angesiedelt hatten, die heute Montana und Wyoming bilden. Um als nomadischer Stamm zu überleben, mussten sie gute Jäger sein, doch sie mussten ebenso gut dazu imstande sein, sich ge-

9 Joseph Medicine Crow, *Mein Volk, die Krähen-Indianer. Die Stammesgeschichte der Absarokee*, übers. v. Friedrich Baadke, München 1994, S. 42. Dieses faszinierende Buch liefert eine Perspektive der Crow auf ihre Geschichte.

gen rivalisierende Stämme zu verteidigen – insbesondere gegen die Sioux, die Blackfeet und die Cheyenne. Schlachten schlagen, das eigene Territorium verteidigen und die Vorbereitung darauf, in den Krieg zu ziehen – all das durchzog die Lebensweise der Crow. Der Stamm nannte und nennt sich noch heute selbst *Apsáalooke* (oder in einer vormals verbreiteten Schreibweise *Absarokee*), was wörtlich »Kinder des großschnabeligen Vogels« bedeutet. Französische Trapper und Händler hielten diesen Vogel für eine Krähe und nannten den Stamm daher *Le Corbeau*. Es wird allgemein davon ausgegangen, dass die Europäer den Vogel falsch identifiziert haben, doch seine genaue Identität bleibt weiterhin ungeklärt.[10]

Robert Lowie, ein Anthropologe, der die Crow zu Beginn des 20. Jahrhunderts besuchte und die Erinnerungen derer aufzeichnete, die sich noch an die alte Lebensweise erinnern konnten, beschreibt die Situation folgendermaßen:

> Der Krieg war nicht das Anliegen einer Klasse oder des männlichen Geschlechts, sondern der gesamten Bevölkerung, von der Wiege bis ins Grab. Sowohl Mädchen als auch Jungen erhielten ihren Namen von den Großtaten eines ruhmreichen Mannes. Frauen tanzten und trugen dabei Skalps, schöpften Ehre aus den Taten ihrer Männer und stellten öffentlich den Schild oder die Waffen der Männer zur Schau, und das Klagen einer Frau über einen getöteten Sohn war der effektivste Ansporn zu einer Racheexpedition. [...] Am charakteristischsten war die Verflechtung von Krieg und Religion. Der Sonnentanz, ein Rachegebet, war natürlich durchzogen von kriegerischen Elementen; doch waren diese nahezu ebenso prominent im Tabakritual, dessen erklärter Zweck allein im Gemeinwohl lag.

10 Vgl. ebd., S. 23f. Siehe auch Frederick E. Hoxie, *The Crow*, New York 1989, S. 29.

Noch bedeutender ist, dass jede einzelne militärische Unternehmung eine theoretische Inspiration in einer Offenbarung hatte, die in einem Traum oder einer Vision erfolgte; und da Erfolg im Leben so maßgeblich eine Frage kriegerischen Ruhmes war, wurden Kriegserfolge zum hauptsächlichen Gegenstand der Gebete.[11]

Die Ausbildung für den Krieg begann in der Kindheit. Abgesehen von athletischen Spielen zählten die Jungen ihre Coups an wilden Tieren und ließen die Mädchen mit dem Haar eines Wolfes oder Kojoten anstelle eines Skalps tanzen. [...] Zum Thema der Kriegsführung betätigte sich auch die ältere Generation in der Erziehung, die sonst wenig Neigung zeigte, mit den Jugendlichen zu verkehren. ›Das Alter ist ein Übel; es ist gut für einen jungen Mann, in der Schlacht zu sterben‹ – hierin lag zusammengefasst der Schwerpunkt ihrer Pädagogik.[12]

Zwei Eigenheiten der Crow-Kriegsführung bedürfen hier der Erläuterung: das Errichten eines Coup-Stabes [*planting of a coup-stick*] und das Zählen von Coups [*counting coups*].[13] Der paradigmatische Gebrauch eines Coup-Sta-

11 Robert H. Lowie, *The Crow Indians*, Lincoln 1983, S. 215 [Übersetzung J. P.]. Für eine faszinierende Darstellung der Bedeutung der Tabakgesellschaft siehe Peter Nabokov, *Cultivating Themselves. The Interplay of Crow Indian Religion and History*, Dissertation, Berkeley 1988.

12 Lowie, *The Crow Indians*, S. 218 [Übersetzung J. P.].

13 Das Wort »Coup« (Schlag) stammt vom gleichlautenden französischen Ausdruck ab und gelangte durch den Einfluss französischer Trapper und Händler in den indianisch-englischen Jargon des Grenzlandes. Die Wörter der Crow für »Coup« sind *alaxch-iia* und *da*akshe*; für »Coup-Stab« *baláxxiihachke* und *kakeé*. Siehe *A Dictionary of Everyday Crow*, kompil. v. Ishtaléeschia Báachiia Héeleetaalawe (Squirrel That Walks Among The Pines)/Mary Helen Medicine Horse, Crow Agency 1987, S. 122.

bes bestand darin, dass ein Krieger mit ihm eine Grenzlinie zog. Jeder der Clans innerhalb des Stammes hatte seinen eigenen Coup-Stab – und der Anführer der Kriegspartei eines Clans führte den Stab in der Schlacht bei sich. Ein grundlegendes Prinzip der Kriegerehre lautete: Wenn ein Krieger in der Schlacht seinen Stab in den Boden trieb, durfte er sich nicht zurückziehen oder den Stab zurücklassen. Ein Crow-Krieger musste sich behaupten oder beim Verlust seines Coup-Stabes an den Feind sterben.[14] Jedes Jahr gab es ein komplexes Verfahren, durch das die Anführer oder Weisen des Clans diejenigen jungen Krieger auswählten, die »zum Sterben gemacht« waren.[15] Ein Mitglied durfte diese Ehre ablehnen, indem er sagte: »Ich fürchte, ich bin nicht stark genug«; doch umgekehrt konnte ein Mitglied auch dazu überlistet werden, eine Pfeife zu rauchen, ohne zu wissen, dass er sich damit dazu verpflichtete, für die kommende Saison jene Rolle zu übernehmen. Manche Mitglieder wiederum boten sich als »verrückte Hunde, die zu sterben wünschen«, an: Diese Krieger forderten trotzig den Tod heraus, indem sie in der Schlacht direkt auf den Feind zustürmten.[16] Einem »verrückten Hund« wurde vom Stamm großer Respekt entgegengebracht.

Das Errichten eines Coup-Stabes stand symbolisch für das Pflanzen eines Baumes, der nicht gefällt werden konn-

14 Vgl. Linderman, *Plenty-Coups,* S. 54; Lowie, *The Crow Indians,* S. 184.

15 Vgl. Lowie, *The Crow Indians,* S. 183-196.

16 Vgl. ebd., S. 331. Für eine traditionelle Crow-Geschichte über eine solche Person vgl. »Rabbit Child: A Crazy Dog of the Crows«, in: Phenocia Bauerle (Hrsg.), *The Way of the Warrior. Stories of the Crow People*, übers. u. kompil. v. Henry Old Coyote u. Barney Old Coyote Jr., Lincoln 2003, S. 27-38.

te.[17] Es markierte eine Grenzlinie, die ein Nicht-Crow nicht überschreiten durfte. Dabei handelte es sich um ein Paradigma des Mutes. Eine Kriegerkultur verleiht die höchste Ehre ihren tapferen Kriegern – und den weisen alten Häuptlingen, die einst tapfere Krieger waren. Sie alle waren Männer, die erwiesenermaßen willens waren, ihr Leben für den Schutz des Stammes zu riskieren. Und doch stellt sich die Frage, warum Tapferkeit bei den Crow diese spezielle kulturelle Form annahm. Schließlich riskierte jeder, der in die Schlacht zog, auch sein Leben; und es könnte sicherlich Situationen gegeben haben, in denen die beste militärische Strategie im Rückzug bestanden hätte. Warum also diese besondere Aufwertung von Standfestigkeit? Natürlich mag das Errichten eines Coup-Stabes einen psychologischen Wert besessen haben, um die anderen Krieger hinter sich zu sammeln: Es könnte dazu gedient haben, den Feind aus der Fassung zu bringen. Also war es von militärischem Wert. Doch damit bleibt immer noch ein symbolisches Element übrig, das der Erklärung bedarf. Durch das Errichten des Coup-Stabes riskierte der Crow-Krieger nicht nur sein Leben, sondern »sagte« effektiv auch:

> *Jenseits dieses Punktes ist das Eindringen eines Feindes, der kein Crow ist, unmöglich.*

Offenkundig bestehen durchaus Möglichkeiten für den Feind, weiter vorzudringen – doch wenn das Ritual so abläuft, wie es vorgesehen ist, bleibt der Crow-Krieger in keiner dieser Möglichkeiten am Leben. Das bedeutet, dass der Krieger vor den Augen aller Beteiligten *alle seine* zukünftigen Möglichkeiten aufs Spiel setzt, um diesen Raum vor dem Feind zu schützen. Sofern also der Krieger die

17 Vgl. Lowie, *The Crow Indians,* S. 184.

Kontrolle über die bestehenden Möglichkeiten hat, »sagt« er, dass keine Möglichkeiten für einen Nicht-Crow bestehen, den Crow seinen Willen aufzuzwingen. Das Errichten eines Coup-Stabes wird auf diese Weise zu einer existenziellen Unmöglichkeitserklärung. Ihr Effekt besteht darin, zu »sagen«:

*Es gibt ein schlimmeres Schicksal als den Tod.*

Es ist für mich besser, (in einer glorreichen Schlacht) zu sterben, als dass der Stamm der Crow durch das Eindringen eines Feindes jenseits der Grenzlinie bedroht wird. Diese »Erklärung« wurde als solche von allen Beteiligten anerkannt, sei es Freund oder Feind. Die herannahenden Sioux wussten, dass der Krieger, der seinen Coup-Stab errichtet hatte, diesen Raum mit seinem Leben verteidigen würde. Auf diese Weise wurde eine kulturell verankerte Form des Beharrens – *du darfst nicht über diesen Punkt hinaus, wenn du kein Crow bist* – ein Paradigma des Mutes für die Crow.

Sobald wir dieses Paradigma begriffen haben, wird es einfacher zu verstehen, dass ein abgeleiteter Akt der Grenzziehung darin bestand, Coups zu zählen. Hier ist Plenty Coups' Darstellung:

> Um einen Coup als solchen geltend zu zählen, musste ein Krieger einen bewaffneten und kämpfenden Feind mit seinem Coup-Stab, seiner Reitpeitsche oder seinem Bogen treffen, bevor er ihm anderweitig Schaden zufügte; oder er musste ihm seine Waffen abnehmen, während er noch am Leben war; oder er musste den ersten Feind treffen, der in der Schlacht fiel, ganz gleich, wer ihn tötete; oder er musste die Brustwehr des Feindes treffen, während er selbst unter Beschuss stand; oder er musste ein Pferd stehlen, das im Feindeslager an einer Hütte festgebunden war;

und so weiter. Die erste Variante war die ehrenhafteste, und um einen solchen Coup zu vollbringen, musste ein Krieger häufig große Tapferkeit zeigen.[18]

Der Ausdruck »Coups zählen« wurde mehrdeutig verwendet, um jede dieser Handlungen zu bezeichnen *und* um eine Ritualzeremonie nach der Schlacht zu benennen, in der jeder der Krieger in einem Sitzkreis seine Coups nochmals *er*zählte: Er steckte dabei Federn vor sich in den Boden, eine für jeden Coup. Es war ihm anschließend gestattet, diese Federn an sich zu tragen, entweder in seinem Haar, an seinem Coup-Stab oder an seinem Schild. Wenn ein junger Krieger bereits Coups zählte, konnte er umgehend eine Frau wählen und sie heiraten; anderenfalls musste er warten, bis er 25 Jahre alt wurde. Die Frau eines Kriegers, der Coups zählte, durfte bei einem Festzug stolz ihrem Mann voran reiten und seinen Schild tragen; die Frau eines Kriegers, der keine Coups zur Schau trug, musste hinter ihm reiten. In zeremoniellen Prozessionen ritten die Krieger, die Coups zählten, gemeinsam mit ihren Frauen voran.

Offenkundig wiesen die Crow mit der Praxis des Coup-Zählens der Tapferkeit einen besonderen Wert zu – diese Charaktereigenschaft war für das Überleben des Stammes

18 Linderman, *Plenty-Coups*, S. 55f. [Übersetzung J.P.]. Siehe auch Lowie, *The Crow Indians*, S. 184-195; Joseph Medicine Crow, *Mein Volk, die Krähen-Indianer*, S. 64; Glendolin Damon Wagner/William A. Allen, *Blankets and Moccasins. Plenty Coups and His People, the Crows*, Lincoln ²1987, S. 162; Rodney Frey, *The World of the Crow Indians. As Driftwood Lodges*, Norman 1987, S. 21f.; Frank B. Linderman, *Pretty-Shield. Medicine Woman of the Crows*, Lincoln 1974, S. 44; Clara Ehrlich, »Tribal Culture in Crow Mythology«, in: *Journal of American Folklore* 50 (1937), S. 307-408, insb. S. 348-350.

unentbehrlich. Den tapferen Männern wurde Ehre zuteil, und darüber hinaus auch Zugang zu Frauen, zusätzliche Nahrungsrationen und andere materielle Vorzüge. Ein kreatives, begehrend-erotisches, ehrsuchendes Leben richtete sich nach einer solchen Tapferkeit aus. Kleine Jungen spielten das Zählen von Coups nach, und kleine Mädchen tanzten mit den »Skalps«, die ihre tapferen Freunde ihnen gebracht hatten. Doch wenn wir uns Plenty Coups' Auflistung anschauen, dann sehen wir, dass für die Crow mehr auf dem Spiel stand als bloßes physisches oder auch gesellschaftliches Überleben. Wenn das Überleben der Crow als gesellschaftliche Einheit das höchste Gut gewesen wäre, hätte man erwarten können, dass die höchste Ehre demjenigen Krieger zukäme, der den ersten Feind in der Schlacht *tötete*, oder jenem, der die meisten Feinde *tötete*. Doch um einen Coup als solchen zählen zu können, war es zumindest im ersten Moment entscheidend, dass man es *vermied*, den Feind zu töten. Im Zählen von Coups liegt ein gewisser symbolischer Überschuss. Man musste den Feind nicht alleine zerstören; es war entscheidend, dass der Feind anerkannte, dass er im Begriff war, zerstört zu werden.

Im paradigmatischen Vollzug des Coup-Zählens trifft man den Feind mit seinem Coup-Stab, *bevor* man ihm Schaden zufügt. Dieses Erfordernis legt nahe, dass es sich um einen Kampf handelt, der nicht nur ums Überleben, sondern um Anerkennung geführt wird. Der Feind sieht, dass man der Siegreiche ist, bevor man ihn niederstreckt. Doch warum sollte das wichtig sein? Tatsächlich liegt die eigentliche Wichtigkeit darin, dass *der Stamm* anerkennt, dass man die Anerkennung des Feindes über den eigenen Sieg erhielt, bevor man ihn niederstreckte. Hierum geht es in der Zeremonie des Coup-Zählens nach der Schlacht.

Warum sollte aber wiederum dem Stamm diese Anerkennung durch den Feind wichtig sein? Es genügt nicht, zu sagen, dass der Stamm die Tapferkeit des Kriegers anerkennt und belohnt. Zwar stimmt es, dass der junge Krieger einen Grund hat, nach jener Ehre zu streben, wenn der Stamm sie auf diese Weise seinen Mitgliedern verleiht. Aber wieso sollte der Stamm sie auf genau diese Weise bemessen? Tatsächlich fragt sich, warum der Stamm eine solche Handlung überhaupt als Tapferkeit behandeln sollte, statt als unnütze und tollkühne Angeberei. Schließlich begibt sich der Krieger in übermäßige Gefahr, wenn er den Feind erst mit seinem Coup-Stab berührt – zumal es um die Aufgabe geht, jenen Feind zu zerstören. Und indem er sich selbst in unnötige Gefahr begibt, bringt er auch den Stamm in unnötige Gefahr. Denn es könnte ja sein, dass der Krieger sich in ebendem Augenblick, in dem er mit seinem Coup-Stab zuschlägt, verwundbar macht und getötet wird, bevor er die Gelegenheit erhält, selbst zu töten. Genau so wird die Grenzlinie durch den Feind durchstoßen. Warum also dieses zusätzliche Risiko für das Überleben des Stammes erlauben – und es in der Tat fördern und aufwerten?

Es genügt auch nicht, zu sagen, dass der Stamm um das Ehrbegehren herum ausgerichtet ist. Selbst wenn das stimmt, warum sollte den Stammesmitgliedern *auf diese Weise* Ehre zugewiesen werden? Eine andere Kultur könnte demjenigen Krieger Ehre zuteilwerden lassen, der den Feind mit Effizienz und Geschick tötet. Sie würde wohl auf das Zählen von Coups als übermäßige Gefahrenbereitschaft und abgeschmacktes Gehabe herabsehen.

Aristoteles sagt, dass wahrhaftige Vortrefflichkeiten des Charakters – das also, was man als *Tugenden* bezeichnet – es gemeinsam haben, dass sie die Mitte zwischen einem Übermaß und einem Mangel treffen. Angesichts einer bestimmten Herausforderung im Leben wird die mutige Person auf eine Weise handeln, die sowohl das Übermaß draufgängerischer Tollkühnheit als auch den Mangel der

Feigheit meidet.[19] Die mutige Person wird angesichts aller Umstände stets dazu imstande sein, sich auf *angemessene* Weise mutig zu verhalten. Genau das bedeutet es, die Mitte zu treffen: eine angemessene Verhaltensweise in jenen Umständen zu finden, in denen man zu viel oder zu wenig tun kann. Bislang haben wir uns auf den übermäßigen Aspekt des Coup-Zählens konzentriert – übermäßig aus dem Blickwinkel einer unmittelbaren Bedrohung für das Überleben und Wohlergehen. Wenn wir jedoch das Zählen von Coups als eine Erscheinungsform der Tugend verstehen wollen – als ein Paradigma des Mutes –, dann müssen wir verstehen, wie es dennoch eine angemessene Mitte treffen könnte.

Hier ist eine Möglichkeit: Die Wirklichkeit einer Grenzlinie ist dann hergestellt, wenn Menschen auf beiden Seiten sie als solche anerkennen. Der im Sterben begriffene Sioux-Krieger kann sehen, dass er im Sterben begriffen ist, weil er eine Grenzlinie der Crow bedroht hat. Er sieht, dass dies das Ende seines Lebens ist – dass seine Möglichkeiten sich erschöpft haben und dass sie sich erschöpft haben, weil er an eine Wirklichkeit gelangt ist, die er nicht ändern kann: *die Wirklichkeit der Crow.* Auch er muss einsehen: Eine Bedeutung, die für die Crow gilt, ist zu seiner Notwendigkeit geworden. Dies einzusehen ist seine letzte Handlung. Und wenn der Stamm der Crow später in der Nacht seinen Sieg feiert, können seine Mitglieder sehen, dass selbst ihr tödlichster Feind die Wirklichkeit jener Grenzlinie zugeben muss, welche die Crow selbst geltend machen. Aus diesem Grund ist eine Handlung, die aus dem Gesichtspunkt des physischen Überlebens überflüssig scheint, vollkom-

19 Vgl. Aristoteles, *Nikomachische Ethik*, übers. v. Eugen Rolfes u. hrsg. v. Günther Bien, Hamburg [4]1985, 1115a4-1117b22.

men zielsicher, wenn es um die Behauptung der Grenzlinien geht, die das Leben der Crow umfassen.

Das Errichten von Grenzlinien ist gewiss für jede kulturelle Gruppe wichtig. Doch es ist besonders verzwickt für eine nomadische Gruppe, deren Wanderroute maßgeblich von der Jagd abhängt. Wenn der Stamm weiterzieht, verschieben sich seine zu verteidigenden Grenzlinien, und doch muss er in der Lage sein, einen Besitzanspruch auf sein (sich verschiebendes) Gebiet zu erheben; und er muss in der Lage sein, die Besitzansprüche seiner Gegner zurückzuweisen. Coups zu zählen ist die minimale Handlung, die eine Anerkennung jener Grenzlinien *von der anderen Seite* erzwingt. Der im Sterben begriffene Sioux-Krieger ist schließlich ebendas: im Sterben begriffen. Wenn alles verläuft wie geplant, wird er für die Crow keine Bedrohung mehr sein. Die Anerkennung der Crow-Grenzlinie ist das Vorletzte, was der Crow-Krieger von ihm will. (Das Letzte ist sein Skalp, doch dieser wird als Zeichen dafür dienen, dass er jene Anerkennung erhalten hat.) Wenn das Ziel des Stammes darin besteht, eine feste Grenzlinie zu schaffen, dann ist das Zählen von Coups keine übermäßige Handlung. Es trifft die Mitte zwischen dem Mangel, sich bloß sehnsüchtig auszumalen, dass man über Grenzlinien verfüge, obwohl man nicht willens oder fähig ist, diese zu verteidigen, und dem Übermaß, seine Feinde so vorschnell niederzustrecken, dass man von ihnen keine Anerkennung einfordern kann. Wenn ein Sioux-Krieger von einem Coup-Stab getroffen wird, erkennt er eine Grenzlinie der Crow an, denn er erkennt ebenso an, dass er im Begriff ist zu sterben.

Dies ist das Paradigma des Zählens von Coups, die Schaffung einer Grenzlinie, die von beiden Seiten anerkannt wird. Und dieses Paradigma ist selbst wie eine verdichtete Fassung der ursprünglichen Handlung vonseiten des Crow-Kriegers, seinen Coup-Stab zu errichten, um eine Grenzlinie zu markieren. Jemanden mit einem Coup-Stab zu schlagen kommt dem Akt gleich, zunächst seinen Coup-Stab zu errichten, um eine Grenzlinie zu ziehen, und *dann* den Anderen zu töten, weil er sie verletzt hat. Wir können nun sehen, dass alle anderen Varianten des Coup-Zählens sich von diesem Paradigma ableiten. Um Plenty Coups' Auflistung durchzugehen:

- die Waffen des Feindes an sich nehmen, während er noch am Leben ist: Man führt dem Feind vor, dass er diese Grenzlinie nicht *als Krieger* überschreiten kann. Auch er muss anerkennen, dass ihm die Mittel dazu fehlen.
- den ersten Feind in der Schlacht treffen, ganz gleich, wer ihn tötet: Dies ist die Entsprechung zum Errichten eines Coup-Stabes. Man erklärt hiermit, dass er über diesen Punkt nicht hinaus kann, ganz gleich, wer ihn tötet. (Es ergibt Sinn, dass dies nicht die höchste Form des Zählens von Coups ausmacht.) Ähnliches gilt für die nächste Variante:
- die Brustwehr des Feindes treffen, während man selbst unter Beschuss steht.
- ein Pferd aus dem Lager des Feindes stehlen: Offensichtlich liegt ein gewisser materieller Vorteil darin, ein gutes Pferd zu stehlen. Doch wie der Anthropologe Robert Lowie festgehalten hat, hatte ein erfolgreicher Crow-Krieger mehr Pferde, als er Nutzen für sie hatte. Die Pferde dienten häufig als ein Zeichen des Erfolgs.[20] Doch Erfolg worin? Im Fall des Pferdediebstahls diente er erneut dazu, eine Grenzlinie zu markieren. Wenn der Feind sah, dass sein Pferd ihm unter der Nase weggestohlen

20 Vgl. Lowie, *The Crow Indians*, S. 228.

worden war, musste er anerkennen, dass er sich am Rande des Landes der Crow befand; denn sein Pferd – oder das, was einst sein Pferd gewesen war – war nun *ein Pferd der Crow.*

»Plenty Coups« ist eine Übertragung in den zeitgenössischen Jargon des Grenzlandes, die den Crow-Namen Alaxchiiaahush übersetzt, was »Viele Großtaten« bedeutet. Sein Großvater gab ihm diesen Namen, nachdem er eine Traumvision hatte, der zufolge sein Enkel ein langes Leben haben und viele Coups zählen würde. Er hatte ursprünglich den Namen Bull Goes into the Wind (Chiilaphuchissaalesh) von seiner Mutter erhalten.[21] Die Geschichte von seinem ersten Coup war legendär. Sein geliebter älterer Bruder war in einer Expedition gegen die Sioux getötet worden. Alaxchiiaahush, damals ein kleiner Junge, war am Boden zerstört – und suchte Rache. Er wartete einige Jahre, bis er 16 Jahre alt war; dann schlichen er und seine Gefährten sich an eine Jagdgruppe der Sioux heran. Als ein Sioux-Krieger einem verwundeten Büffel hinterherjagte, wartete der junge Plenty Coups, bis der Krieger fast über ihm war, dann sprang er auf, übermannte den Sioux und skalpierte ihn bei lebendigem Leibe. Der Autor, der diesen Vorfall aufgezeichnet hat, bemerkt:

> Es wäre sehr viel gnädiger gewesen, sein Herz mit einem Pfeil zu durchbohren. Niemals konnte jener skalpierte Sioux nun darauf hoffen, ein Krieger zu werden. Über ihn war Schande gebracht worden; er würde nun von seinem Stamm geächtet und dazu gezwungen werden, das Kleid einer Squaw zu tragen und musste fortan in größter

21 Vgl. Linderman, *Plenty-Coups,* S. 27-28; Plainfeather, »Plenty Coups (Alaxchiiaahush)«. Ich bespreche die Bedeutung von Plenty Coups' Namen im letzten Kapitel.

Schmach durch sein Leben kriechen. Das Mal des Feiglings lag auf ihm.[22]

Der junge Plenty Coups hatte dem unglückseligen Sioux ein Schicksal auferlegt, das schlimmer war als der Tod. Doch die Rache reichte über die Demütigung des Kriegers hinaus. Denn als der Stamm der Crow diesen Coup feierte, machte er damit deutlich, dass auch die Sioux, die jenen Mann verspotteten, anerkennen mussten, dass die Crow ihre Spur hinterlassen hatten – und dass sie ihnen diese Anerkennung tatsächlich in genau jenem Spott erbrachten. Solange der skalpierte Krieger lebte, würde er ein lebendes Zeugnis von der Wirklichkeit der Crow sein.

Der Anthropologe Robert Lowie hat mit Verblüffen festgestellt, dass es zwar »verdienstlich« war, einen Feind zu töten, jedoch noch besser, ihn mit einem Coup-Stab zu berühren. »Offenkundig war der Gedanke nicht in erster Linie, eine feindliche Streitmacht zu verringern, sondern ein ›Kunststück‹ durchzuführen; ein Spiel nach wunderlichen Regeln zu spielen. [...] Der Coup wurde in der Tat auf so eigentümliche Weise gedeutet, dass er häufig überhaupt keinen Bezug zu wahrer Tapferkeit hatte.«[23] Der Grund

22 Wagner/Allen, *Blankets and Moccasins*, S. 118 [Übersetzung J. P.]. Dieser Vorfall ist durch Dr. William Allen festgehalten worden, der zu verschiedenen Zeiten in seinem Leben Jäger, Goldsucher, Schmied und Zahnarzt war, und der eine Freundschaft mit Plenty Coups geschlossen hatte, die sich über Jahrzehnte erstreckte.

23 Lowie, *The Crow Indians*, S. 228f. [Übersetzung J. P.]. Sogar Linderman ist verblüfft von der Handlungsweise, denn er merkt an: »Wenn ein Krieger verwundet wurde, während er Coups zählte, dann musste die Feder rot gefärbt werden, die er anlässlich des Ereignisses trug, um zu zeigen, dass er geblutet hatte. Was aus unserer Sicht merkwürdig anmutet, ist, dass dies nicht als eine so große Ehre angesehen wurde, wie unverwundet davonzukommen.« (*Plenty-Coups*, S. 56 [Übersetzung J. P.])

für die Erwähnung dieser Bemerkung liegt nicht darin, die rückblickend engstirnig wirkende Auffassung eines Anthropologen bloßzustellen, dessen Arbeit ein Jahrhundert alt ist. Er liegt vielmehr darin, hervorzuheben, dass wir nicht verstehen können, was Tapferkeit ist, ohne dass wir auch die Ziele begreifen, in deren Dienst jene Tapferkeit steht. Wenn die Crow eine Grenzlinie sichern wollten und begriffen, dass dies die Anerkennung der Grenzlinie von beiden Seiten erforderte, dann gilt hier das Zählen von Coups – wie Aristoteles sagen würde: am rechten Ort, zur rechten Zeit und aus dem rechten Ansporn – durchaus als tapfer.

### *1.3. Ein Glücksspiel um Notwendigkeit*

Die Crow versuchten durch das Errichten eines Coup-Stabes und das Zählen von Coups einen Raum zu verteidigen, in dem die Crow-Lebensweise gedeihen konnte. Ihr minimales Ziel hierbei lag darin, den Stamm vor der Zerstörung zu bewahren. Die Gefahren einer solchen Zerstörung waren real und drohten jederzeit. Der Historiker Richard White hat aufbauend auf der Forschung anderer Historiker und Anthropologen überzeugend für folgende Einschätzung plädiert: Es wäre ein Fehler, zu glauben, das treffende historische Narrativ jener Zeitspanne handle von einer stabilen traditionellen Gesellschaft, die von der herannahenden westlichen Zivilisation überwältigt wird. Ein solches Narrativ übersieht die Bedeutung der Kriegsführung, die zwischen den Stämmen betrieben wurde – jene Kriege »waren keine andauernden Wettbewerbe mit traditionellen Feinden, sondern wirkliche Kämpfe, in denen eine Niederlage häufig katastrophal war«:

> Die Geschichte der nord- und mittelamerikanischen Great Plains im 18. und 19. Jahrhundert ist sehr viel komplizierter als der tragische Rückzug der Indianer angesichts des unerbittlichen weißen Vormarsches. Aus Sicht der meisten nördlichen und mittleren Stämme der Plains war die ausschlaggebende Invasion in jenem Zeitraum nicht die der Weißen. Diese Stämme machten sich keine Illusionen über die amerikanischen Weißen und die Gefahr, die sie bedeuteten, doch die Sioux blieben ihr am meisten gefürchteter Feind.[24]

Dies ist nicht der richtige Ort, um die Geschichte des ungeheuren militärischen Drucks darzulegen, den die Sioux auf die Crow ausübten. Doch wie White beschreibt, wurden die Jagdgebiete im Umfeld der Yellowstone-, Rosebud- und Bighorn-Flüsse, die in der ersten Hälfte des 19. Jahrhunderts noch durch die Crow beherrscht worden waren, »in den 1840ern und 1850ern zu neutralem Grund und Boden reduziert«.[25] Und sicherlich blieb es für den weiteren Verlauf des Jahrhunderts in lebendiger Erinnerung, dass in den frühen 1820ern eintausend Sioux-Krieger einen Überraschungsangriff auf ein Crow-Dorf am Yellowstone River ausgeübt und mehrere hundert Unterkünfte zerstört hatten. Der mündlichen Überlieferung zufolge wurde die

24 Richard White, »The Winning of the West: The Expansion of the Western Sioux in the Eighteenth and Nineteenth Centuries«, in: *The Journal of American History* 65/2 (1978), S. 319-343, hier S. 320f. [Übersetzung J. P.]. Von den wichtigen Arbeiten, die White zitiert, siehe insb. W.W. Newcomb Jr., »A Re-Examination of the Causes of Plains Warfare«, in: *American Anthropologist* 52/3 (1950), S. 317-330; John C. Ewers, »Intertribal Warfare as the Precursor of Indian-White Warfare on the Northern Great Plains«, in: *Western Historical Quarterly* 6/4 (1975), S. 397-410.

25 White, »The Winning of the West«, S. 335 [Übersetzung J. P.].

Hälfte der Einwohnerschaft getötet.[26] Jeder Träger eines Coup-Stabes war willens, sein Leben hinzugeben, damit so etwas nie wieder geschah. Die Crow hatten seit Jahrzehnten gegen die Sioux gekämpft, doch wie White betont,

> [...] waren die einst gefürchteten Crow beim Eintritt der 1840er Jahre ein stark geschwächtes Volk. Noch in den 1830ern hatten sie mehr Pferde besessen als jeder andere Stamm am oberen Missouri, und Schätzungen vom Umfang ihrer Streitkräfte hatten sich zwischen 1000 und 2500 berittenen Männern bewegt, doch die nachfolgenden Jahre brachten ihnen viel Unheil. Die Pocken und die Cholera reduzierten ihre Anzahl von 800 auf 460 Unterkünfte und gegnerische Gruppen drangen in ihre verbliebenen Jagdgebiete vor.[27]

Der Historiker Frederick Hoxie betitelt sein Kapitel über diesen Zeitraum »Leben in einem enger werdenden Kreis« [*Life in a Tightening Circle*]. In Kürze gesagt ist es eine Geschichte über schmerzhafte Entscheidungen, die vor dem Hintergrund äußerer Bedrohungen und stets zunehmender räumlicher Einschränkung gefällt wurden. Zu Beginn des Jahrhunderts waren die Crow umgeben von feindlichen Stämmen – den Sioux, den Cheyenne, den Arapho und den Blackfeet –, und ihnen allen wurde zunehmend deutlich, wie abhängig sie von Messern, Beilen, Werkzeugen und Waffen für ihr Überleben waren. Die Crow jagten in der ersten Hälfte des Jahrhunderts Bieber und in der

26 Vgl. Hoxie, *Parading through History*, S. 55. Für eine traditionelle Geschichte der Crow über die Rache für eine Verheerung vonseiten der Shoshoni vgl. »The Saga of Red Bear«, in: Bauerle (Hrsg.), *The Way of the Warrior*, S. 39-75.

27 White, »The Winning of the West«, S. 336f. [Übersetzung J.P.].

zweiten Hälfte Büffel – nicht zuletzt, um ihren Pelz und ihre Haut gegen amerikanisch und europäisch hergestellte Güter einzutauschen. Beim Eintritt der 1850er sahen sich die Crow regelmäßig Angriffen der Sioux aus dem Osten und Angriffen der Blackfeet aus dem Norden ausgesetzt. Wie Hoxie es ausdrückt: »Das Zeitalter der verschwommenen Grenzen und der freundlichen *Mountain Men* war vorüber. [...] Wenn man im Yellowstone-Gebiet der 1850er nicht mit Waffen, Decken und Munition ausgerüstet war, dann war das Selbstmord.«[28]

Das ist der Zeitraum, in dem Plenty Coups aufwuchs: Es ist der Zeitraum, von dem er sagt, dass in ihm noch Dinge geschahen. Selbst in dieser kurzen Skizze des geschichtlichen Kontextes sollte hinreichend deutlich werden, dass die Crow nicht nur wussten, *wofür* sie kämpften; sie hatten auch eine lebhafte Vorstellung davon, *wogegen* sie kämpften. Sie kämpften, um ihre *völlige Zerstörung* durch die Sioux zu verhindern. Hierin bestand die Vorstellung einer Massenvernichtung an den Crow: ein geschwächter Stamm, der von den Sioux überrannt wird. In diesem schlimmsten aller möglichen Szenarien würden Männer, Frauen und Kinder ermordet – der Stamm würde ausgelöscht –, ausgenommen vielleicht einige Überlebende, die als Sklaven gefangen genommen würden. Das war eine sehr reale Möglichkeit. In ebendiesem Kontext entschlossen sich die Crow dazu, sich mit dem weißen Mann, namentlich der US-Regierung, zu verbünden und den gemeinsamen Kampf gegen die Sioux aufzunehmen.

Es scheint einsichtig, dass die Crow in einer Welt der Möglichkeiten lebten, die sie sehr genau verstanden: Sie verstanden, was es für sie hieß, zu gedeihen; was es für

28 Hoxie, *Parading through History*, S. 78 [Übersetzung J. P.].

sie hieß, die Herausforderungen des Jagens, der Krankheit und des Krieges zu überleben und zu bewältigen; und was es hieß, der Möglichkeit völliger Zerstörung entgegenzustehen. Es ist lohnenswert, noch etwas näher auf diese äußerste Möglichkeit der Vernichtung einzugehen. Hätte es eine Massenvernichtung an den Crow gegeben, dann wäre es angemessen gewesen, zu sagen, dass eine Lebensweise zu Ende gegangen war – zumindest in einem gewissen altbekannten Sinn jener Ausdrücke. Der Stamm wäre zerstört worden; es hätte keine Menschen mehr gegeben, die seine traditionellen Rituale durchführen. Und doch: Wenn wir uns das Seelenleben eines einzelnen überlebenden Crow-Sklaven vorstellen, dann hätte er die begrifflichen Mittel besessen, um zu verstehen, was mit ihm und seinem Volk geschehen war. Dieses schlimmste aller möglichen Szenarien war eines, das er gut verstand. Und seine Träume davon, zu fliehen, sich zu rächen – seinen Coup-Stab wieder zu errichten! –, wie unrealistisch sie auch immer wären, würden für ihn wie auch für seine Sioux-Herren vollkommen sinnvoll sein. Wir wollen annehmen, dass nicht die geringste Chance bestünde, dass dieser Traum je wahr würde: Dennoch würde die in ihm beschriebene Möglichkeit weiterhin Sinn ergeben.

Das genügt, um zu zeigen, dass die Art von Zerstörung, welche die Crow tatsächlich durchlitten, als sie in den 1880ern willentlich in ein Reservat einzogen, einer anderen Ordnung angehörte als alles, wofür sie vorausschauend hätten Sorge tragen können. Wenn man von der »Welt der Crow« spricht, könnte man verschiedene Dinge meinen – wobei man sich allgemein auf einen Zusammenhang von Ritualen, Traditionen und Lebensweisen bezieht. Doch ein Kennzeichen dafür, dass man sich mit *einer Welt* befasst, besteht darin, dass einschlägige Fälle des Satzes vom ausgeschlossenen Dritten auf sie zutreffen. So wusste etwa jeder Angehörige des Stammes Folgendes über eine nahende Schlacht:

*Entweder wird es unseren Kriegern gelingen, ihre Coup-Stäbe zu errichten, oder sie werden scheitern.*

Es handelt sich hier um einen typischen Fall der Crow für den Satz vom ausgeschlossenen Dritten, und er war verwandt mit einer Familie anderer Fälle, etwa: »Entweder werden wir heute Nacht unseren Sieg feiern, oder wir werden um unsere Toten trauern.« Offenkundig formulierten die Crow nicht bewusst logische Gesetze. Aber ihr Leben war auf Weisen ausgerichtet, die bestimmte grundlegende Festlegungen deutlich werden ließen. Dieser unverkennbar den Crow zugehörige Fall des Satzes vom ausgeschlossenen Dritten ist zukunftsorientiert und hat den Anspruch, sich auf *alle* zukünftigen Möglichkeiten zu erstrecken. Wenn die Crow Vorsorgen für die Zukunft treffen, dann wissen sie nicht, ob sie Erfolg haben oder daran scheitern werden, ihre Coup-Stäbe zu errichten – doch sie wissen, dass sie notwendigerweise entweder Erfolg haben oder aber scheitern werden. Denn in der Schlacht ist jedes Ausbleiben von Erfolg ein Scheitern. Aus der Perspektive der Crow wird hierbei keine Option ausgelassen: Dies sind alle Möglichkeiten, die es gibt.

Genau diese Annahme – dass sie das gesamte Feld der Möglichkeiten abgedeckt haben – bricht für die Crow zusammen, als sie in ein Reservat ziehen. Diese Option können sie nicht kommen sehen, denn sie nehmen an, dass sie alle Möglichkeiten im Blick haben, die es gibt. Das heißt, sie glauben von sich selbst, dass sie den Schauplatz im Blick haben, an dem sich Erfolg und Scheitern ereignen. Der Anthropologe Marshall Sahlins hat gesagt, dass jede Kultur ein »Glücksspiel« ist, »das mit der Natur gespielt wird«[29] – in dem Sinne, dass eine Kultur von der fortdauernden Verfügbarkeit natürlicher Ressourcen abhängt, und von Herausforderungen, derer sie weiterhin Herr werden kann. Die Crow spielten um die fortdauernde Verfügbarkeit der Büffel und anderer Tiere, die sie jagen konnten; sie wussten, dass ihre Existenz von ihrem Vermögen abhing, die Sioux abzuwehren. Doch es gab noch eine weitere Art des Glücksspiels, und diese verstanden sie nicht: ein *Glücksspiel um Notwendigkeit.* Es handelt sich dabei um eine Wette darauf, dass das gesamte Feld der Möglichkeiten beständig bleiben würde; dass man fortdauernd dazu in der Lage sein würde, Erfolg und Scheitern anhand der Vorgaben jenes Feldes zu bemessen. All dies geriet nun unter Druck. Wie wir sehen werden, wurde nun die bloße Verständlichkeit der Crow-Version des Satzes vom ausgeschlossenen Dritten fraglich.

### *1.4. Gab es einen letzten Coup?*

Vor dem Hintergrund unnachgiebigen Drucks vonseiten der Sioux unterzeichneten die Crow 1851 den ersten Vertrag von Fort Laramie, in dem die Vereinigten Staaten ihnen 13 Millionen Hektar Land auf jenen Gebieten zuerkannten, die heute Montana und Wyoming bilden. Dem Stamm wurde auch zugesichert, dass er jährlich Rücklagen in Höhe von 50000 US-Dollar erhalten würde. Doch wie Frederick Hoxie hervorhebt, gab es weder Durchsetzungsverfahren noch festgelegte Strafen für den Fall, dass jene Zusicherung nicht eingehalten wurde. Die Vereinigten

29 Sahlins, *Inseln der Geschichte,* S. 9 [Übersetzung abgeändert, J.P.]. Siehe auch Jared Diamond, *Kollaps. Warum Gesellschaften überleben oder untergehen,* übers. v. Sebastian Vogel, Frankfurt/M. [8]2006.

Staaten leisteten eine Zahlung im vorgesehenen Wert genau ein Mal. Zudem waren die 1860er ein Zeitraum schrecklicher Kriege mit den Sioux. 1867 handelten die Vereinigten Staaten einen zweiten Vertrag von Fort Laramie aus, in dem sie nur noch 25 Prozent des Landes zuerkannten, das noch im ersten Vertrag zuerkannt worden war: Die Landbesitze der Crow wurden auf 3 Millionen Hektar reduziert. Zur gleichen Zeit kämpften die Crow aufseiten der Vereinigten Staaten gegen ihren gemeinsamen Feind, die Sioux, und fügten ihnen erheblichen Schaden zu. Doch der neu besiegelte Friede in den nordwestlichen Plains steigerte den Zuzug weißer Siedler nur noch mehr und erhöhte so auch den Druck auf die Landbesitze der Crow. Zwischen 1882 und 1884 zogen die Crow schließlich – ohne Vorräte und bedroht von Krankheit, Kälte und Hungertod – in ein Reservat. Die US-Regierung verbot es den Stämmen anschließend, untereinander Krieg zu führen. Das Jagen wurde unmöglich, einerseits weil alle Bieber und Büffelherden getötet worden waren und andererseits weil es den Crow nun verboten war, ein nomadisches Leben zu führen. Auch die Sterblichkeitsrate war verheerend hoch. Wie Hoxie aufzeigt, starb während der 1890er fast ein Drittel der 2461 Crow, die 1887 in einer Volkszählung erfasst worden waren. Dies war die Folge eines Zusammenspiels aus schlechter Hygiene in der neuen räumlichen Einschränkung, einem Mangel an Widerstandsfähigkeit gegen die Krankheiten der weißen Siedler und Unterernährung. Die jüngere Generation wurde nahezu vollständig ausgemerzt. Diejenigen, die überlebten, litten wenig überraschend an gewaltiger Desorientierung. Ehrgeizige junge Männer, die sich innerhalb des Stammes etablieren wollten, konnten ihr Denken nur auf die Kriegsführung richten – doch diese war verboten worden. Es fanden vereinzelte Angriffe auf andere Stämme statt, aber insgesamt hatten die jungen Männer das

Gefühl, für eine Teilnahme an den Sioux-Kriegen zu spät gekommen zu sein.[30]

Im Herbst 1887 eskalierte die Lage. Nahezu jedes Detail des Geschehens ist seitdem Gegenstand widerstreitender Interpretationen geworden, doch in groben Zügen ist klar, dass ein einsetzender Aufstand niedergeschlagen wurde. Im Sommer 1887 hatten Mitglieder des Blackfeet-Stammes Pferde von den Crow gestohlen und so die Ehre des Stammes gekränkt. Eine Gruppe junger Crow, angeführt von Wraps His Tail, zog los, um Rache zu üben und Coups zu zählen. Am 30. September kehrten sie jubelnd zurück: Sie hatten Pferde der Blackfeet erbeutet und führten sie in einem Siegeszug durchs Lager. Zu einem früheren Anlass wäre dies ein klassischer Akt des Coup-Zählens gewesen. Offenbar gab es viel Geschrei und es wurden viele Pistolenschüsse in die Luft gefeuert. Irgendwann ritt Wraps His Tail, der zu jenem Zeitpunkt 25 Jahre alt war, zu dem zuständigen Übersetzer Tom Stewart und drückte ihm eine Pistole in die Magengegend. Anschließend zog er sie zurück und schoss mit ihr in die Luft. Zu einer anderen Zeit, und *falls* die Weißen der Feind gewesen wären, hätte auch dies als Coup gegolten. Es ist nicht klar, ob der allseits verhasste Indianeragent H. E. Williamson nach draußen kam, um die Menge zu konfrontieren, oder ob Wraps His Tail auf ihn zuritt; doch in jedem Fall wurden in seiner Gegenwart Schüsse abgegeben, die über seinen Kopf hinweggingen und die Bausteine eines Schornsteins trafen.[31] Anschließend ritten die jungen Männer fort.

30 Vgl. Hoxie, *Parading through History*, S. 141. Für einen allgemeinen Überblick zum Verlust indianischen Landbesitzes siehe auch Stuart Banner, *How the Indians Lost Their Land. Law and Power on the Frontier*, Cambridge, Mass./London 2005.

31 Vgl. Hoxie, *Parading through History*, S. 154 f.; Wagner/Allen, *Blankets and Moccasins*, S. 243 f.

Was als traditionelle Feier zum Zählen von Coups begonnen hatte, ging auf verhängnisvolle Weise schief. Williamson reagierte auf diesen Ausbruch mit der Erklärung, dass die Erbeutung der Pferde von den Blackfeet »Pferdediebstahl« sei, und ordnete die Verhaftung der jungen Männer an. Das Buch *Blankets and Moccasins* ist in der Machart einer Wildwest-Geschichte verfasst und einer der Autoren war befreundet mit Häuptling Pretty Eagle, der an dem Ereignis beteiligt war. Die Darstellung mag also verzerrt sein; dennoch hat sie den Vorteil, uns die Perspektive einer Person zu eröffnen, die jene Ereignisse miterlebt hat:

> Der verwirrte junge Anführer, der einen warmen Empfang mit Schwelgerei und Tanz erwartet hatte, fand sich in unerklärlicher Ungnade wieder. Die Indianer hegten einen leidenschaftlichen Groll gegen die Verhaftung, die ihnen wie eine Ungerechtigkeit schien. Gemäß ihrer Sittenlehre des Krieges hatten sie sich vortrefflich verhalten. Sie waren keine Pferdediebe; sie waren Krieger. Nachdem sie in das Lager des Feindes eingedrungen waren und eine erfolgreiche Schlacht geschlagen hatten, waren sie mit Beute zurückgekehrt.[32]

Pretty Eagle unternahm eine Reise in das Lager der Aufständischen, um sie zur Vernunft zu bringen. Wraps His Tail war wütend über den allumfassenden Angriff auf die traditionelle Lebensweise der Crow, aber er war auch aufgebracht über den Bedeutungsgehalt der Anschuldigungen: »Sie nennen uns ›Diebe‹. [...] Sie, die Bleichgesichter, die Verträge schließen, nur um sie zu brechen, die unsere Büffel und unser Land gestohlen haben, nennen uns ›Diebe‹.«[33]

32 Wagner/Allen, *Blankets and Moccasins,* S. 243 f. [Übersetzung J. P.].
33 Ebd., S. 247 [Übersetzung J. P.].

Während der ersten Wochen des Oktobers wurden Nachrichten zwischen der Crow Agency und dem Bureau of Indian Affairs in Washington hin- und hergesandt. In der Region wurden unter der weißen Bevölkerung Ängste wach, Wraps His Tail könne eine Allianz mit den traditionellen Feinden Sioux, Blackfeet und Cheyenne schmieden, um so einen gewaltigen indianischen Aufstand loszutreten. Welche Versuche Wraps His Tail auch immer in dieser Richtung unternahm, scheinen sie nicht von sonderlichem Erfolg gekrönt worden zu sein. Dennoch entsandte der US-amerikanische Kriegsminister am 20. Oktober einen General und Truppen, um den potenziellen Aufstand niederzuschlagen. Am 4. November war die US-Kavallerie bereit, der Gruppe junger Rebellen mit überwältigender Stärke entgegenzutreten. Es gab eine kurze Auseinandersetzung und nahezu alle jungen Männer ergaben sich. Wraps His Tail versuchte zu fliehen, doch er wurde von einem Angehörigen seines eigenen Stammes gefunden – Fire Bear, der als Polizist für die Crow Agency arbeitete. Die Umstände seines Todes sind umstritten, doch es scheint klar, dass Fire Bear ihm aus nächster Nähe in den Kopf schoss. Einer glaubhaften Darstellung zufolge hatte Wraps His Tails Vater ihn gefunden und brachte ihn gerade zurück zur Agency, als Fire Bear ihn erschoss.[34] Fire Bear wurde von seinem Stamm für den Rest seines Lebens geächtet. In der Crow Agency spricht man über ihn bis heute mit Verachtung.

Die Ereignisse waren ein klassischer Fall dessen, was der Historiker Richard White als das Schließen des Mittelgrundes [*closing of a middle ground*] bezeichnet hat.

> Der Mittelgrund ist der dazwischen gelegene Ort: zwischen Kulturen, Völkern und auch zwischen Imperien

34 Vgl. Hoxie, *Parading through History*, S. 160 (Fn.).

> und der nichtstaatlichen Welt der Dörfer. [...] Auf dem Mittelgrund gleichen unterschiedliche Völker ihre Verschiedenheiten einander an, indem sie einen Prozess kreativer und häufig zweckdienlicher Missverständnisse durchlaufen. [...] Sie missdeuten und verzerren häufig sowohl die Werte als auch die Praktiken derer, mit denen sie umgehen, doch aus diesen Missverständnissen entstehen neue Bedeutungen, und mit ihnen neue Praktiken – die geteilten Bedeutungen und Praktiken des Mittelgrundes.[35]

Es scheint klar, dass die Crow seit dem Beginn ihrer Aufeinandertreffen mit weißen Händlern an der Schaffung eines solchen Mittelgrundes beteiligt waren. François-Antoine Larocque, ein französisch-kanadischer Händler, der 1805 zum ersten Mal auf die Crow traf, brachte ihnen Äxte und Messer, doch er rauchte auch Tabak mit ihnen und erzählte ihnen, dass der »Häuptling der weißen Menschen« sie zu »seinen Kindern und Brüdern« machen wollte. Seine Beschreibung des Stammeslebens hatte, wie Hoxie es ausdrückt, »all die Genauigkeit der Werbeschrift eines Anteilseigners«; und die Crow führten ihrerseits ein Ritual durch, mit dem sie ihn als einen der Ihren anerkannten. »Es war Larocque klar, dass das Vorgehen beim Handel die familiären Grußformen erforderte, die er um sich herum geschehen sah.«[36] Doch genau ein solcher Ort wetteifernder Be-

35 Richard White, *The Middle Ground. Indians, Empires and Republics in the Great Lakes Region, 1650-1815*, Cambridge 1999, S. x [Übersetzung J. P.]. Für eine faszinierende psychoanalytische Deutung der anhängigen Themen vgl. D.W. Winnicott, »The Location of Cultural Experience«, in: ders., *Playing and Reality*, London 1996, S. 95-103. Im gleichen Band siehe auch sein »Transitional Objects and Transitional Phenomena«, in: ders., *Playing and Reality*, S. 1-25.

36 Hoxie, *Parading through History*, S. 35-37 [übersetzt von J.P.]. Siehe auch François-Antoine Larocque, »Yellowstone Journal«, in: W.R. Wood/T.D. Thiessen (Hrsg.), *Early Fur Trade on the North-*

deutungen, in dessen Praktiken die Einflüsse von beiden Seiten eingehen konnten, geriet Ende des 19. Jahrhunderts unter Beschuss.

Als Wraps His Tail die Unruhen von 1887 provozierte, wurde er von einigen seiner Anhänger in Sword Bearer umbenannt, und unter Weißen trug er fortan diesen Namen. Es gibt unterschiedliche Darstellungen davon, wie Sword Bearer sein Schwert und damit auch seinen Namen erlangte – doch er selbst nutzte es, um einen Unbesiegbarkeitsmythos zu verbreiten.

> ›Dieses Schwert‹, sagte er, während er die strahlende Stahlklinge über seinem Kopf schwang, ›wurde mir vom Großen Geist gesandt. Als ich einst auf der Bergspitze stand, um starke Medizin zu machen, glitt es vom Himmel herab. Während ich es führe, kann mir und meinen Anhängern kein Schaden widerfahren – nicht durch einen vergifteten Pfeil und auch nicht durch die Kugeln des weißen Mannes.‹[37]

Offenbar konnte Wraps His Tail Gewitter mit verblüffendem Erfolg vorhersagen; und wenn der Blitz einschlug, erhob er sein Schwert und verkündete, dass er ihn hinabge-

*ern Plains: Canadian Traders among the Mandan and Hidatsa Indians, 1738-1818,* Norman 1985, S. 156-220. Für weitere faszinierende Darstellungen der Crow aus dem 19. Jahrhundert siehe James Beckworth, *The Life and Adventures of James P. Beckworth*, Lincoln 1972; Zenas Leonard, *Narrative of the Adventures of Zenas Leonard*, Lincoln 1978; Osborne Russell, *Journal of a Trapper*, Portland 1955; Thomas H. Leforge, *Memoirs of a White Crow Indian*, Lincoln 1974; George Catlin, *Letters and Notes on the Manners, Customs, and Conditions of the North American Indians*, New York 1973.

37 Wagner/Allen, *Blankets and Moccasins,* S. 240 [Übersetzung J. P.].

sandt hatte.[38] Er behauptete, dafür verantwortlich zu sein, wenn US-amerikanische Gewehre versagten. Durch all das wurde er zu einem Symbol der Hoffnung für jene, die an den traditionellen Bedeutungen der Crow festhalten wollten. Denn wenn die Crow tatsächlich von Gott dazu auserwählt worden waren, über dieses Land zu verfügen, dann war es nur recht und billig, dass jetzt etwas Derartiges geschah. Der springende Punkt liegt nicht darin, ethische Bewertungen darüber vorzunehmen, wie Wraps His Tail hätte behandelt oder nicht behandelt werden sollen. Er liegt allein darin, zu sagen, dass die Regierung mit seinem Niedergang auch den Niedergang des Raumes herbeiführte, in dem traditionelle Bedeutungen der Crow unangefochten weiterbestehen konnten.

Es ist verlockend, zu denken, dass die Streitfrage nun lautete, wer das Narrativ beherrschen würde: War Wraps His Tail ein tapferer Krieger, der Coups zählte, starke Medizin besaß und für die Crow kämpfte? Oder war er ein junger Unruhestifter, der ein paar Pferde gestohlen hatte und Chaos heraufbeschwören wollte? Offenkundig ist es hierbei eine problematische Frage, inwiefern geschichtliche Narrative durch den Sieger bestimmt werden. Doch sie ist in diesem Fall nicht das einzige relevante Problem, und wir sollten uns nicht gegenüber der eigentümlichen Art der Zerstörung blind machen lassen, die die Crow nun ertragen mussten. Denn das Problem, das für uns von Belang ist, liegt nicht darin, wer die Macht besitzt, die Geschichte zu erzählen – so wichtig diese Frage auch sein mag. Es lautet vielmehr, wie die Machtverhältnisse festlegen, was jede mögliche Geschichte überhaupt nur sein kann. Sobald die US-Regierung es den Stämmen verbietet,

38 Im Reservat ist er heute als Wraps His Tail bekannt, daher beziehe auch ich mich unter diesem Namen auf ihn.

untereinander Krieg zu führen – und beweist, dass sie die Macht besitzt, dieses Verbot durchzusetzen –, verschwindet die Möglichkeit, Coups zu zählen. Das Zählen von Coups ergibt nur im Zusammenhang einer Welt der Kriegsführung zwischen verschiedenen Stämmen einen Sinn; und sobald diese Welt zusammenbricht, kann *nichts* mehr als das Zählen von Coups gelten. Die Frage lautet hier nicht einfach, wer die Gelegenheit erhält, die Geschichte zu erzählen. Wenn ein junger Crow sich heutzutage ins Sioux-Reservat schleichen und ein Pferd an sich nehmen würde, wäre das *unter den Crow* ein Anlass zur Traurigkeit. Sie würden einsehen, dass es nichts mehr zu feiern oder zu erzählen gäbe.

Wir begreifen die Zerstörung nicht, die die Crow durchlitten haben, solange wir glauben, dass die Frage lautet, wer die Geschichte erzählen darf. Die Schwierigkeit reicht tiefer als konkurrierende Narrative, denn das Problem ist, dass die Crow diejenigen Begriffe verloren haben, mit denen sie ein Narrativ aufbauen könnten.[39] Das ist ein *echter Verlust*, nicht bloß einer, der aus einer bestimmten Perspektive beschrieben würde. Es ist *der echte Verlust einer Perspektive*. Hierin liegt die Verwirrung eines jungen Mannes, der ein Pferd an sich nimmt: Er hat seinen Verlust noch nicht begriffen. Denn eine Handlung wird nicht allein durch die physischen Bewegungen des Handelnden kon-

39 Vgl. Cora Diamonds großartigen Aufsatz »Begriffsverlust«, in: dies., *Menschen, Tiere und Begriffe. Aufsätze zur Moralphilosophie*, übers. v. Joachim Schulte u. hrsg. v. Christoph Ammann und Andreas Hunziker, Berlin 2012, S. 228-265; sowie Alasdair MacIntyre, *Der Verlust der Tugend. Zur moralischen Krise der Gegenwart*, übers. v. Wolfgang Riehl, Frankfurt/M. 1995 und G.E.M. Anscombe, »Die Moralphilosophie der Moderne«, in: dies., *Aufsätze*, hrsg. u. übers. v. Katharina Nieswandt u. Ulf Hlobil, Berlin 2014, S. 142-170.

stituiert: Sie erhält ihre Identität durch die Verortung in einer begrifflichen Welt. Und genau diese Welt ist zusammengebrochen. Ebenjene physischen Bewegungen, die zu einer früheren Zeit eine mutige Handlung des Coup-Zählens konstituiert hätten, sind nun ein recht armseliger Ausdruck von Nostalgie.[40]

In ähnlicher Weise kann nichts mehr als das Errichten eines Coup-Stabes gelten. Man kann zwar einen Gegenstand, der einst ein Coup-Stab war, in die Hand nehmen und ihn in die Erde treiben – doch daraus folgt *nichts*. Und

40 John Haugeland entwickelt eine Interpretation von Heideggers *Sein und Zeit*, in der *Dasein* nicht als menschliches Individuum und seine oder ihre Fähigkeiten verstanden wird, sondern vielmehr als *gelebte Lebensweise*. Der Tod des Daseins ist also der Zusammenbruch jener Lebensweise, und das *Sein zum Tode* ist die Weise, in der wir uns zu jener Möglichkeit des Zusammenbruchs verhalten. Vgl. sein *Dasein Disclosed. John Haugeland's Heidegger*, hrsg. v. Joseph Rouse, Cambridge, Mass./London 2013. Zu zeigen, inwiefern dies als Heidegger-Deutung funktioniert – ist Haudegger Heidegger? –, ist Haugelands Aufgabe. Aber diese Interpretation ist von enormer Hilfe dabei, jene Herausforderungen in Begriffe zu fassen, denen sich Plenty Coups stellen musste. Insbesondere können diejenigen, die sich mit Heidegger befassen, das vorliegende Buch als eine Untersuchung des Seins zum Tode lesen: als eine Untersuchung von Plenty Coups' Weise, sich zum Tod des Daseins zu verhalten. Siehe auch John Haugeland, »Truth and Finitude: Heidegger's Transcendental Existentialism«, in: Mark A. Wrathall/Jeff Malpas (Hrsg.), *Heidegger, Authenticity, and Modernity. Essays in Honor of Hubert L. Dreyfus* Bd. 1, Cambridge, Mass. 2000, S. 43-77. Die Idee, dass Begriffe – und die Handlungen, die sie instanziieren – ihr Leben nur im Kontext einer Lebensform haben, wird vor allem dem Spätwerk Wittgensteins zugeordnet. Vgl. Ludwig Wittgenstein, *Philosophische Untersuchungen*, in: ders., *Werkausgabe* Bd. 1, hrsg. v. G.E.M. Anscombe u. Rush Rhees, Frankfurt/M. 1984, S. 225-580. Siehe auch John Rawls, »Zwei Regelbegriffe«, in: Ottfried Höffe (Hrsg.), *Einführung in die utilitaristische Ethik. Klassische und zeitgenössische Texte*, Tübingen/Basel [5]2013, S. 133-164.

es ist vollkommen unklar, was man damit überhaupt täte. Es gibt keine Grenzlinie, die geschützt wird; kein Leben, das aufs Spiel gesetzt wird. Das nomadische Leben der Crow ist vorbei, und sofern es eine Grenzlinie der Crow gibt, wird sie durch die US-Regierung und den Bundesstaat Montana anerkannt und geschützt. Das Errichten eines Coup-Stabes ist keine verstehbare Handlung mehr – in dem Sinne, dass es keine gangbaren Wege mehr gibt, auf denen man so etwas tun könnte. Sofern man mit diesem Artefakt weiterleben will, kann das nur rückblickend geschehen: Man kann den Coup-Stab in Erinnerung behalten, von seiner Geschichte erzählen, ihn bei festlichen Versammlungen in Szene setzen, seinen Verlust beklagen. Doch wie die Dinge nun stehen, besteht keine Möglichkeit, ihn zu errichten. Ohne lebendige Möglichkeiten kann er nicht mehr als Coup-Stab dienen.

Es gibt Grund zur Annahme, dass Plenty Coups diesen Wandel erkannte. Frederick Hoxie beschreibt einen besonderen Augenblick bei der Einweihungszeremonie für das Grabmal des Unbekannten Soldaten im Herbst 1921. Plenty Coups war nach Washington eingeladen worden, um die indianischen Völker zu repräsentieren.

> Nachdem der Prediger seine Gebete gesprochen hatte, trat Plenty Coups vor. Der 72-jährige Krieger bot mit seiner glänzenden, perlenbestückten Wildledertracht, dem Coup-Stab in seiner Hand und dem Haarschmuck aus Adlerfedern einen überwältigenden Anblick, der jedem der europäischen Generäle und der Offiziere der kaiserlichen Marine ebenbürtig war, die mit ihren polierten Stiefeln und goldenen Zierbändern in den vorderen Rängen des Publikums standen. Die riesige Menge sah in vollkommener Stille zu, als der […] Anführer – der vor mehr als vierzig Jahren erstmals mit Pretty Eagle und Medicine Crow nach Washing-

ton gekommen war – seinen Federschmuck abnahm und ihn neben seinem Coup-Stab auf dem Steinsarg ablegte.[41]

Was tat er mit seinem Federschmuck und seinem Coup-Stab? Einer solchen Geste mögen viele Bedeutungen anhaften; doch im Kontext der gegenwärtigen Erläuterung bietet sich eine von ihnen besonders an: *Er begrub sie*. Dieser Deutung zufolge legt Plenty Coups auf eine bemerkenswerte Weise Zeugnis ab: Er kennzeichnet das Ende einer Lebensweise, in der der Coup-Stab und der Federschmuck wesentliche Rollen einnahmen. Sie haben das Ende ihres traditionellen Lebens erreicht, und nun ist es an der Zeit, sie in ein neues Ritual einzubinden – jenes der Erinnerung und Trauer um die tapferen Taten gefallener Indianer.

## 1.5. Den Tod bezeugen

Seinen Coup-Stab zu errichten und Coups zu zählen, waren kulturell eingelassene Formen des Beharrens. Mit ihnen beharrten die Crow in einer Art, die nur ihnen offenstand, auf der Wirklichkeit ihrer Lebensweise. Selbst der Feind musste diese Wirklichkeit akzeptieren. Wenn der Feind scheiterte, so standen ihm der Mut und die Beharrlichkeit der Crow entgegen; wenn er Erfolg hatte, so musste er immer noch auf den Coup-Stab als ein Hindernis gefasst sein, das es zu überwinden galt. Der Lebensweise der

41 Hoxie, *Parading through History*, S. 345 [Übersetzung J. P.]. Siehe auch die zeitgenössischen Darstellungen in der *New York Times*, 12. November 1921, und der *Chicago Tribune*, 12. November 1921. Vgl. zudem John C. Ewers, »A Crow Chief's Tribute to the Unknown Soldier«, in: *American West* 8 (1971), S. 30-35.

Crow kam Wirklichkeit zu, weil auf ihr beharrt werden konnte. Wie wir gesehen haben, eröffnete dieses Beharren ein Feld, in dem Erfolg und Scheitern liegen mussten. Es ist das eine, wenn diese Form des Beharrens in dem Sinne scheitert, dass man vom Feind überwältigt wird. Dieses Scheitern wird in der Form des Beharrens bereits antizipiert. Es ist jedoch etwas ganz anderes, wenn die Form des Beharrens in dem Sinne scheitert, dass sie aufhört, eine verstehbare Handlung zu sein. In diesem Fall haben wir es nicht mit einem unglücklichen Vorfall zu tun, nicht einmal mit einem verheerenden Vorfall wie einer Massenvernichtung; es ist ein Zusammenbruch des Feldes, in dem Vorfälle vorfallen.[42] Gehen wir zu unserem paradigmatischen Fall der Crow-Variante vom Satz des ausgeschlossenen Dritten zurück, so können wir sehen, dass seine Einteilung auf alle möglichen zukünftigen Vorfälle anwendbar sein sollte:

> *Entweder wird es unseren Kriegern gelingen, ihre Coup-Stäbe zu errichten, oder sie werden scheitern.*

42 Als ich diese Überlegungen in Vorlesungen dargelegt habe, bin ich regelmäßig nach Ähnlichkeiten zur jüdischen Schoah im Zweiten Weltkrieg gefragt worden. Die Begriffe der Crow hätten, wie ich vermute, ihre eigene Massenvernichtung überlebt. Eine maßgeblichere Analogie scheint mir daher die Zerstörung des Tempels zu sein. Mit dieser Zerstörung wurden bestimmte traditionelle Formen der Orientierung – etwa in Ausrichtung zu einer Priesterkaste, zum Tempel oder zur Opfergabe – unmöglich. Es gab keine gangbaren Wege mehr, auf denen man sich dergestalt hätte orientieren können. Im Unterschied zu den Crow hatten die Juden ihre heilige Schrift; und die Rabbiner konnten sie nutzen, um eine Liturgie zu gestalten, der man unter den Bedingungen des Exils und der Diaspora folgen konnte. In diesem Zusammenhang erhält Plenty Coups' Entscheidung, seine Geschichte einem weißen Mann zu erzählen, damit sie niedergeschrieben und aufbewahrt werden konnte, zusätzliche Bedeutung.

Es gibt zwei grundlegende Arten, auf jenen Zusammenbruch der Verständlichkeit zu reagieren. Eine besteht darin, die Gültigkeit dieses Falls des Satzes vom ausgeschlossenen Dritten zu bewahren, indem der Begriff des Scheiterns auf Weisen interpretiert wird, die über alles hinausgehen, was die Crow sich hätten vorstellen können. Das bedeutet, dass »... oder sie werden scheitern« nun so interpretiert wird, dass es Folgendes bedeutet:

> *Entweder werden sie auf traditionelle Weise scheitern, oder sie werden in dem Sinne scheitern, dass die Handlung des Errichtens eines Coup-Stabes selbst unverständlich wird.*

Unter dieser Interpretation wird jedes Nicht-Errichten eines Coup-Stabes zu einem Scheitern, ihn zu errichten. Daher gilt es auch als Scheitern, wenn jene Handlung unverständlich oder absurd wird. Das ist nicht der Weg, den Plenty Coups einschlug – zumindest so wie ich ihn interpretiere. Die Form des Beharrens, die den Crow eigen war, ist unverständlich geworden: Selbst Plenty Coups kann nicht mehr in einer den Crow eigenen Weise auf etwas beharren. So wie ich ihn interpretiert habe, ist er der große Anführer der Crow, der ironischerweise zugesteht, dass es nicht mehr möglich ist, auf etwas in der Weise zu beharren, die einem großen Anführer der Crow geziemt. Doch selbst wenn diese den Crow eigentümlichen Formen des Beharrens nicht mehr möglich sind, kann Plenty Coups immer noch darauf beharren, dass die Welt nur im Rahmen dieser Begriffe einen Sinn ergibt. Wenn also der Satz

> *Entweder wird es unseren Kriegern gelingen, ihre Coup-Stäbe zu errichten, oder sie werden scheitern*

so, wie er *traditionell* verstanden wird, alle zukünftigen Ereignisse einteilen soll, dann geht mit dem Zusammenbruch dieses Falles des Satzes vom ausgeschlossenen Dritten auch ein Zusammenbruch in dem einher, was als Ereignis gelten kann.

Den Coup-Stab zu begraben, ist also nicht bloß eine dramatische Geste. Wir können nun sehen, wie diese Krise der Ereignisse sich vom Schlachtfeld her ausbreiten und alle anderen Teile der Crow-Lebensweise durchdringen konnte. Zur Zeit florierenden nomadischen Lebens war alles auf irgendeine Art mit der Jagd und dem Krieg verbunden. Alle Rituale und Bräuche, alle Zuteilung von Ehre, alle alltäglichen Vorbereitungen, alle Kindererziehung waren auf diese Zwecke hin ausgerichtet. Für die Crow war ein gedeihendes Leben eines, in dem ungehindert Jagd auf Bieber und Büffel betrieben werden konnte. Es fand in einem Land statt, das ihnen ihrem eigenen Verständnis nach von Gott gegeben worden war; und das Vorhandensein der seltenen Tabakpflanzen war ein Zeichen dafür, dass dies tatsächlich ihr Land war. Der Kampf war ein Mittel dazu, diese Lebensweise zu verteidigen; doch zugleich war er ein so wesentlicher Bestandteil des Lebens, dass viele der bedeutendsten Tätigkeiten im Leben der Crow mit ihm verbunden waren.

Um ein Beispiel heranzuziehen, das uns bereits begegnet ist:

> Der Sonnentanz, ein Rachegebet, war natürlich durchzogen von kriegerischen Elementen.

Was soll man mit dem Sonnentanz anfangen, wenn man nicht mehr kämpfen kann? Grob gesagt hat eine Kultur, die einer solchen Zerstörung gegenübersteht, drei Optionen:

1. mit dem Tanz fortzufahren, obgleich sein Zweck verloren gegangen ist. Das Ritual geht weiter, obwohl niemand mehr sagen kann, *wofür* der Tanz stattfindet.
2. ein neues Ziel für den Tanz zu ersinnen. Er geht weiter, doch sein Zweck besteht nun etwa darin, gute Verhandlungen mit den Weißen zu ermöglichen, gutes Wetter für den Ackerbau herbeizuführen oder die Gesundheit eines kranken Verwandten wiederherzustellen.
3. den Tanz aufzugeben. Dies ist eine implizite Anerkennung, dass es keinen Zweck mehr hat, den Sonnentanz zu tanzen.

Zum Ende ihrer nomadischen Lebensweise neigten die Crow dieser dritten Option zu. Sie scheinen den Sonnentanz um 1875 herum aufgegeben zu haben – ein knappes Jahrzehnt bevor sie in ein Reservat zogen. Nach einer 66-jährigen Pause wollten die Crow 1941 den Sonnentanz wieder einführen, doch die Schrittabfolge ihrer eigenen Fassung war niemand Lebendigem mehr bekannt. Die Stammesanführer suchten daher die Führer des Sonnentanzes unter den Shoshoni in Wyoming auf. So erlernten die Crow die Tanzschritte, die ihre traditionellen Feinde getanzt hatten, wann immer sie darauf hofften, die Crow in einer Schlacht zu besiegen.[43]

Plenty Coups lebte zu der Zeit, als die Crow aufhörten, den Sonnentanz zu tanzen; und er starb, bevor er wieder eingeführt wurde. Daher ist es möglich, seine Behauptung

43 Vgl. Fred W. Voget, *The Shoshoni-Crow Sun Dance*, Norman 1984; Thomas Yellowtail/Michael Oren Fitzgerald, *Yellowtail. Crow Medicine Man and Sun Dance Chief*, Norman 1991. Siehe auch Dale K. McGinnis/Floyd W. Sharrock, *The Crow People*, Phoenix 1972, S. 68.

»Danach ist nichts mehr geschehen« als eine Aussage zu verstehen, der zufolge nach dem Einzug in das Reservat keine traditionell wichtigen Ereignisse wie der Sonnentanz mehr stattfanden. Doch es ist auch möglich, ihn als jemanden zu verstehen, der Zeugnis über einen tiefergehenden und dunkleren Befund ablegt: dass niemand mehr den Sonnentanz aufführt, weil es nicht mehr möglich ist, das zu tun. Sobald das Errichten eines Coup-Stabes seine Bedeutung verliert, tut es auch der Sonnentanz. Man könnte immer noch Menschen in der Schrittabfolge unterweisen; sie könnten erlernen, wie sie die richtigen Bewegungsabläufe durchexerzieren; und man könnte das Ganze sogar den »Sonnentanz« nennen – doch der Sonnentanz selbst ist ausgelöscht.

Der Sonnentanz war ein Ritual, das von Gebeten durchzogen war und Gott um Hilfe dabei bat, einen militärischen Sieg zu erringen. So etwas kann nun nicht mehr auf verstehbare Weise vollzogen werden. Man könnte »es« allenfalls als eine nostalgische Geste vollziehen: als ein vorgeführtes Gedenken dessen, was vergangen ist.[44] Wenn ein Sonnentanz stattfände, wäre das ein Ereignis. Oder wenn die üblichen Vorbereitungen für einen Sonnentanz auf traditionelle Weise unterbrochen würden – etwa weil die Familie,

44 Auffälligerweise handelt es sich bei dem Tanz, der in den indianischen Reservaten erfunden und bald an die Crow weitergegeben wurde, um den Geistertanz (vgl. Hoxie, *Parading through History*, S. 354-362). Dieser drückt Hoffnung und Zuversicht darüber aus, dass ein indianischer Messias naht, die Büffel zurückkehren und die traditionelle Lebensweise wiedererrichtet wird. Die Weißen würden dabei in einer Apokalypse zerstört, und die Geister der indianischen Ahnen würden in ihr traditionelles Leben zurückkehren. Ich bespreche den Geistertanz im letzten Kapitel. Siehe auch James Mooney, *The Ghost-Dance Religion and the Sioux Outbreak of 1890*, Lincoln 1991.

die nach Rache verlangt, durch den feindlichen Stamm angemessen entschädigt würde –, dann wäre auch das ein Ereignis. Was jedoch nicht als ein Ereignis gelten kann, ist der Zusammenbruch der Begriffe, mittels derer Menschen verstehen, dass sich etwas ereignet. Begriffe erhalten ihr Leben durch dasjenige Leben, das wir mit ihnen führen können. Wenn nichts mehr als das Aufführen des Sonnentanzes oder das Errichten eines Coup-Stabes zählen kann, dann hat der Stamm die Begriffe des Sonnentanzes und des Coup-Stabes verloren. Hierin liegt auch meine Interpretation von Plenty Coups' Zeugnis: Es handelt von einem Verlust, der nicht selbst ein Ereignis ist, sondern der Zusammenbruch desjenigen, in dessen Rahmen Ereignisse eintreten.

Das gesamte Stammesleben war um die Jagd und den Krieg herum ausgerichtet – doch die Jagd und der Krieg sind unmöglich geworden. In dieser Behauptung liegt eine folgenreiche Mehrdeutigkeit, die leicht zu übersehen ist. Wenn man sagt, »Es ist nicht mehr möglich, in den Krieg zu ziehen«, oder »Es ist nicht mehr möglich, Büffel zu jagen«, kann man damit zwei verschiedene Dinge meinen:

> *Die Umstände sind dergestalt, dass für uns keine praktische Möglichkeit besteht, diese Handlungen durchzuführen.*

oder

> *Die Handlungen selbst ergeben keinen Sinn mehr.*

Als Analogie können wir uns zunächst eine Person vorstellen, die ihr Lieblingsrestaurant betritt und zum Ober sagt: »Ich hätte gern das Übliche, Büffelburger à point.« Der Ober sagt: »Ich bitte die Dame um Verzeihung, aber es ist nicht mehr möglich, Büffel zu bestellen. Vorige Woche haben Sie den Letzten verspeist. Büffel gibt es nicht mehr. Ich fürchte, der Büffelburger kommt nicht infrage.« Stellen wir uns dagegen vor, die soziale Institution des Restaurants würde verschwinden. Eine Zeit lang gab es eine solche historische Institution – einen speziellen Ort, an den Leute kamen und dafür bezahlten, dass für sie Mahlzeiten zubereitet und serviert wurden –, doch aus einer Vielzahl von Gründen haben die Menschen aufgehört, sich auf diese Weise zu organisieren. Jetzt hat der Satz »Es ist nicht mehr möglich, Büffel zu bestellen« eine neue Bedeutung: Keine Handlung könnte mehr als Bestellen gelten. Für gewöhnlich werden diese zwei Sinne von Unmöglichkeit nicht deutlich auseinandergehalten, weil sie häufig zusammen auftreten. In dem besonderen Fall, den wir betrachten, lag es in erheblichem Maße daran, dass die Büffelherden vernichtet worden waren – und die Büffeljagd in dem einen Sinne unmöglich wurde –, dass die Crow einwilligten, in ein Reservat einzuziehen und ihre traditionelle Lebensweise aufzugeben – und somit die Büffeljagd in diesem anderen Sinne unmöglich wurde.

Plenty Coups sagte, es sei nichts mehr geschehen, nachdem die Büffelherden verschwanden; und nun können wir allmählich verstehen, was er damit gemeint haben könnte.[45] Sofern das Errichten eines Coup-Stabes (oder das Scheitern beim Errichten), das Zählen von Coups (oder das Scheitern beim Zählen) und das Durchführen eines Rituals wie des Sonnentanzes (oder das Scheitern dabei) die einzigen Dinge waren, die als Ereignis oder Geschehnis

45 Natürlich ist es ein Euphemismus, zu sagen, dass die Büffelherden »verschwanden«: Sie wurden vernichtet. Selbst Plenty Coups – so ehrlich er auch war – scheint vor einer einfachen Feststellung dieser brutalen Wahrheit zurückgeschreckt zu sein.

galten, ist es auch sinnvoll zu sagen, dass nach dem Verschwinden der Büffelherden keine Dinge mehr geschahen. Aus Sicht der traditionellen Lebensweise der Crow – und in dieser Lebensweise hatte der Begriff *Coups zählen* seine Bedeutung erlangt – kann nichts mehr als ein Erfolg oder ein Scheitern darin gelten, diese Tat zu vollbringen.

Bislang haben wir die tapferen Handlungsweisen und großen Rituale des Stammes betrachtet. Was aber ist mit einfachen Handlungen wie etwa der Zubereitung einer Mahlzeit? Die Menschen bereiteten auch im Reservat weiterhin Mahlzeiten zu. Warum gilt das nicht als Ereignis? Könnte Plenty Coups' unheimliche Behauptung sich selbst auf eine so einfache Handlung erstrecken? Stellen wir uns einen Abend im Jahr 1860 vor: Eine junge Frau vom Stamm der Crow läuft am Tipi einer anderen vorbei, sieht sie in einem Topf über dem Feuer rühren und fragt sie: »Was machst du da?« Diese antwortet: »Ich stärke meinen Mann und meine Familie für die Schlacht, die morgen bevorsteht.«[46] In diesem Zusammenhang ist eine solche Antwort eine reale Möglichkeit. Sie bereitet eine Mahlzeit zu, aber sie identifiziert diese Handlung dadurch, dass sie sie in einem größeren System der Zweckhaftigkeit verortet. Dieses größere System wird nun schlagartig ausgelöscht – und mit ihm auch die Möglichkeit, eine Handlung auf diese Weise zu identifizieren. Im Jahr 1890 ist es einem Mitglied des Crow-Stammes zwar immer noch möglich, vor einem Tipi zu stehen und in einem Topf zu rühren, und dieses Rühren kann auch als das Kochen einer Mahlzeit gelten. Es gibt jedoch keine Verhältnisse mehr, unter denen eine

46 Vgl. Michael Thompson, *Leben und Handeln. Grundstrukturen der Praxis und des praktischen Denkens*, übers. v. Matthias Haase, Berlin 2011; und G. E. M. Anscombe, *Absicht*, übers. v. Joachim Schulte, Berlin 2011.

angemessene Antwort auf die Frage »Was machst du da?« lautet: »Ich stärke meine Familie für die Schlacht, die morgen bevorsteht.« Nun nehmen wir an, jemand würde Zeuge des Niedergangs der traditionellen Crow-Lebensweise. Diese Person könnte durchaus das Bedürfnis haben, Zeugnis über den Niedergang ebendieser Möglichkeit abzulegen. Wie könnte sie das tun?

Eine Möglichkeit wäre, darauf zu beharren, dass jedes Ereignis im Leben der Crow – selbst das Kochen einer Mahlzeit – seine Bedeutung innerhalb des größeren Bezugssystems erhielt, das die Bedeutungen der Crow bildeten. Ein solches Zeugnis würde darauf beharren, dass es in der traditionellen Lebensweise der Crow so etwas wie das bloße Kochen einer Mahlzeit ganz einfach nicht gab. Jede Zubereitung einer Mahlzeit war letztlich ein *Kochen einer Mahlzeit, auf dass alle, die sie essen, gesund zum Jagen und Kämpfen sind*. Zu einem bestimmten Zeitpunkt sind Jagen und Kämpfen allerdings unmöglich geworden. Tatsächlich sind sie keine verstehbaren Handlungen mehr. (Ein junger Mann könnte sich immer noch mit Pfeil und Bogen vom Reservat wegschleichen; er könnte sogar einen Elch erlegen; und doch würden diese Handlungen nicht mehr als traditionell verstandene Jagd gelten.) Wenn aber Jagen und Kämpfen unverständlich geworden sind, dann gilt das ebenso für die *Vorbereitung* zum Jagen und Kämpfen. Nichts kann mehr als eine solche Vorbereitung gelten. In der traditionellen Lebensweise der Crow galt aber *alles* entweder als Jagen und Kämpfen oder aber als Vorbereitung zum Jagen und Kämpfen. Deswegen wird selbst eine so einfache Handlung wie Kochen problematisch. Die Crow kochten offensichtlich weiterhin Mahlzeiten. Wenn sie gefragt wurden, was sie da machten, konnten sie darauf Antwort geben. Und wenn sie weitergehend befragt wurden, konnten sie auch antworten, dass sie zu überleben versuchten, ihre

Familie von einem Tag auf den anderen zusammenhalten wollten und so weiter. Doch jemand, der Zeuge des Niedergangs einer Lebensweise wurde, könnte darauf beharren wollen, dass all das keine wirklichen Ereignisse waren.

Wir wollen den Ausdruck »Zeitlichkeit« als Bezeichnung nutzen für Zeit, wie sie innerhalb einer Lebensweise erfahren wird. Menschen messen die Zeit etwa anhand der regelmäßigen Abläufe von Sonne und Mond, des Wechsels von Tag und Nacht, des Wandels der Jahreszeiten; sie fertigen Sonnenuhren und mechanische Uhren an; sie erfinden Zeichensysteme und Kalender, mit denen das Verstreichen der Zeit kenntlich gemacht werden kann; und so weiter. Heidegger hat dafür argumentiert, dass Zeitlichkeit stets *datierbar* in dem Sinne ist, dass eine gegebene Zeit stets eine Zeit ist wie *jetzt, da das und das*; *dann, wann*; oder *damals, als.*[47] Sie ist eine Zeit, als es starken Schneefall gab; eine Zeit, als wir uns darauf vorbereiteten, gegen die Sioux zu kämpfen; eine Zeit, als Plenty Coups seinen ersten Coup zählte. Aristoteles sagt, die Zeit sei ein Maß von Veränderung und Ruhe. Wir kennzeichnen diese Veränderung mit einem *Jetzt* – einem Jetzt, das die Veränderung in ein Vorher und ein Nachher aufteilt.[48] Um aber dieses Jetzt zu begreifen, müssen wir es als ein *Jetzt, da* verstehen: jetzt, da *diese Veränderung* eintritt. Doch so, wie wir die Situation nun vor Augen haben, gingen den Crow ihre Fäl-

47 Vgl. Martin Heidegger, *Die Grundprobleme der Phänomenologie*, in: ders., *Gesamtausgabe* Abt. 2 Bd. 24, hrsg. v. Friedrich-Wilhelm von Herrmann, Frankfurt/M. 1975, S. 324-388, insb. S. 369-374.

48 Vgl. Aristoteles, *Physik. Vorlesung über Natur. Erster Halbband: Bücher I(A)–IV(Δ)*, hrsg. u. übers. v. Hans Günter Zekl, Hamburg 1987, 217b-224a. Ich bespreche Aristoteles' Zeittheorie in *Aristotle. The Desire to Understand*, Cambridge 1988, S. 74-83. Für eine hervorragende Gesamtdarstellung von Aristoteles' Zeittheorie siehe Ursula Coope, *Time for Aristotle*, Oxford 2005.

le von *Jetzt, da* aus: Jene Kategorien, die normalerweise die Lücken geschlossen hätten, verloren ihre Verständlichkeit. Nun gab es kein *Jetzt, da wir uns auf der Büffeljagd befinden* mehr. Ebenso konnte nichts mehr als *Jetzt, da wir uns auf die Jagd vorbereiten* gelten. Ähnliches traf auf das Kämpfen zu. Doch alle Zeitlichkeit der Crow hatte sich in diese Kategorien eingefügt – alles, was geschah, konnte mittels dieser Begriffe verstanden werden –, und deswegen scheint es durchaus angemessen, zu sagen, dass den Crow die Zeit ausging.

Offenkundig hatten die Mitglieder des Stammes der Crow immer noch teil an einer minimalen Form der Zeitlichkeit. Sie konnten natürlich einsehen, dass die nomadische Lebensweise der Vergangenheit angehörte; und sie waren sich solcher Augenblicke bewusst wie etwa *Jetzt, da wir darum kämpfen, unsere Rationen zu erhalten.* Doch dies war keine Kategorie in ihrer Lebensweise. Es war eine Schilderung, die als ein Symptom davon auftrat, dass jene Lebensweise zerstört worden war. Vor allem besagte sie nichts: Es gab kein größeres Bezugssystem aus Bedeutungen, in das sie sich eingefügt hätte. Nun zeigt sich, wie ein Zeuge des Niedergangs jener Lebensweise trotzdem seine Treue zu ihr erklären könnte – dadurch, dass er darauf beharrt, dass der Zusammenbruch der Zeitlichkeit der Crow nicht seinerseits als ein Ereignis gelten kann.

### *1.6. Den Tod erleiden*

Sofern die traditionellen Crow eine Zerstörung in dem erlebten, was sie tun konnten, erlebten sie auch einen verheerenden Angriff auf das, was sie sein konnten. Wenn wir eine florierende Kultur betrachten, können wir folgende Aspekte unterscheiden:

1. *Gängige soziale Rollen.* Hierzu zählen gesellschaftlich sanktionierte Formen der Ehe, der sexuellen Vermehrung, Familie und Sippschaft; übergreifende gesellschaftliche Stellungen wie etwa Krieger, Squaw, Medizinmann und Häuptling; und so weiter.
2. *Vortrefflichkeitsmaßstäbe, die diesen Rollen zugewiesen sind.* Diese verleihen uns ein Gespür für die Ideale, die einer Kultur eigen sind: was es etwa heißt, wahrhaft hervorragend *als Häuptling*, *als Squaw*, *als Krieger* oder *als Medizinmann* zu sein.
3. *Die Möglichkeit, sich als ein bestimmter Typus von Person zu konstituieren – und zwar als jemanden, der diese Ideale verkörpert.* Ich werde eine solche Person ein *Crow-Subjekt* nennen. Danach strebte Plenty Coups: ein Häuptling zu sein, hervorragend als Häuptling zu sein und somit eine lebende Verkörperung dessen zu sein, was ein Leben als Crow bedeutete.

Natürlich hat der Ausdruck »Subjekt« eine Vielzahl miteinander verwobener Bedeutungen. Ich möchte von ihm jedoch einen besonderen Gebrauch machen. Die Vorstellung davon, ein Crow-Subjekt zu sein, die ich untersuchen möchte, ist anspruchsvoller als gegenwärtige Vorstellungen kultureller Identität oder Identifizierung. Wir neigen dazu, über Identität anhand sozialer Rollen oder religiöser, ethnischer oder geschlechtlicher Kategorien nachzudenken.[49] Entsprechend gibt es in der gegenwärtigen US-amerikanischen Gesellschaft Kategorien wie *schwarz*, *afroamerikanisch*, *hispanisch*, *jüdisch*, *schwul* – und natürlich *indigen amerikanisch* [*Native American*]. Diese Identitä-

49 Vgl. Kwame Anthony Appiah, *The Ethics of Identity*, Princeton 2004.

ten sind gesellschaftlich verfügbare Kategorien, und möglicherweise werden sie jemandem ungeachtet seiner eigenen bewussten Entscheidung zugewiesen. Identifizierung setzt ein gewisses Maß an Zustimmung voraus, die der gesellschaftlich zugewiesenen Identität entgegengebracht wird. Man begreift die Identität als eine (teilweise) Antwort auf die Frage, wer man ist. Kurz gesagt ist nicht übermäßig viel dazu nötig, an einer solchen Identität teilzuhaben oder sich mit einer solchen Gruppe zu identifizieren. In diesem Sinne hat der Stamm der Crow natürlich als gesellschaftliche Gruppe überlebt, und seine Angehörigen können sich damit identifizieren, Crow zu sein.

Die Vorstellung eines Crow-Subjekts erfordert mehr als diese Art der Identifizierung. Sie erfordert es, die Ideale zu verinnerlichen, die mit den Vortrefflichkeitsmaßstäben sozialer Rollen verknüpft sind. Und sie erfordert es, dass man sich diese Ideale zur Lebensaufgabe macht. Um ein Beispiel aus der traditionellen Lebensweise der Crow heranzuziehen: Ein Crow-Krieger zu sein, bedeutete *im subjektiven Verständnis* nicht bloß, die soziale Rolle eines Crow-Kriegers zu besetzen. Es bedeutete auch nicht lediglich, als Crow-Krieger überaus gut zu sein – sofern darunter eine soziale Rolle verstanden werden sollte. Das heißt, dass es nicht genügte, lediglich sehr gut darin zu sein, Sioux in der Schlacht zu töten und so weiter. Um ein Crow-Subjekt zu sein, musste man diese Bedingungen erfüllen, doch man musste sich auch als eine Person konstituieren, für die das Erreichen der entsprechenden Ideale ausmachte, wer sie war. Dabei handelte es sich um mehr als eine bloß psychologische Angelegenheit, in der es darum gegangen wäre, sich auf eine bestimmte Art und Weise zu »identifizieren«. Es erforderte eine unerschütterliche Bindung an jene Ideale, die sich nahezu über das gesamte Leben einer Person erstreckte. Und es erforderte auch einen gewissen Erfolg bei dieser Bindung. Das heißt, dass mehr dazu erforderlich war, ein Crow-Subjekt zu sein, als an einer sozialen Rolle teilzuhaben, vortrefflich in dieser Rolle zu sein, und selbst noch mehr, als sich anhand genau dieser Merkmale zu identifizieren. All das war erforderlich, doch darüber hinaus musste man eine lebenslange Bindung auf das Unterfangen eingehen, sich selbst zu einer solchen Person zu formen. Nach diesem Verständnis ist Subjektivität eine unendliche Aufgabe.[50]

Denken wir etwa an Plenty Coups: Er wusste von seiner Kindheit an, dass er ein Häuptling sein wollte. Er schulte sich in jenen Fertigkeiten, Gewohnheiten und Vortrefflichkeiten, die damit verbunden waren, ein großer Krieger und später ein großer Häuptling zu sein. Nicht nur, dass er die soziale Rolle eines Häuptlings erlangte, dass er gut darin war, sie auszuführen, oder dass er sich mit ihr identifizierte: Wer er war, wurde bis in seinen Kern davon bestimmt, ein Häuptling der Crow zu sein. Er nahm die Ideale auf, die der Rolle eines Häuptlings zugewiesen waren, und machte sie sich zu eigen. Diese Ideale zu erreichen, war seine Lebensaufgabe. Es war kein Unterfangen, das er ein für alle Mal vollenden konnte. In seiner Kindheit strebte er danach, jemand zu sein, der diese Ideale verkörpern konnte – und statt sich mit sehnsüchtigen Tagträumen zu

50 Die Anregung zu dieser Subjektivitätskonzeption stammt von Sören Kierkegaards ursprünglich unter dem Pseudonym »Johannes Climacus« veröffentlichtem Text *Abschließende unwissenschaftliche Nachschrift zu den philosophischen Brosamen. Mimisch-pathetisch-dialektische Sammelschrift. Existentieller Beitrag*, in: ders., *Philosophische Brosamen und Unwissenschaftliche Nachschrift*, übers. v. Børge Krag Diderichsen u. Susanne Diderichsen u. hrsg. v. Hermann Diem u. Walter Rest, München 2005, S. 131-846. Ich bespreche diese Konzeption ausführlich in *Therapeutic Action. An Earnest Plea for Irony*, New York 2003, S. 29-88.

begnügen, widmete er all seine Anstrengungen dem Versuch, diejenigen Fertigkeiten zu erwerben, die seine Träume wahr werden lassen sollten. Als junger Mann wurde er ein großer Krieger – und alles in seinem Leben war darauf ausgerichtet, ein großer Krieger zu sein. Später versuchte er zumindest, den Idealen eines großen Häuptlings in einer Zeit reißenden Wandels und kultureller Zerstörung gerecht zu werden.

Das Problem liegt in der Frage, was mit dem Subjekt geschieht, wenn die Möglichkeit zusammenbricht, in Entsprechung zu den Idealen zu leben, die ihm zugewiesen sind. Die gesellschaftliche Gruppe mag fortbestehen und man mag sich als ihr Zugehöriger identifizieren können – ein Mitglied des Stammes kann sich also immer noch als Crow begreifen –, doch plötzlich wird die Möglichkeit problematisch, sich als eine bestimmte Art von Subjekt zu konstituieren. Ein Symptom für diesen Umstand liegt darin, dass zu einem solchen geschichtlichen Augenblick *eine eigentümliche Form der Ironie erstmals möglich wird.* Im Jahr 1890 hatte sich der Stamm in seinem Reservat eingerichtet und es war den verschiedenen Stämmen verboten worden, untereinander Krieg zu führen. Man konnte nun folgende Frage stellen:

*Befindet sich unter den Kriegern ein Krieger?*

Diese Frage hätte unter den Crow um 1850 herum keinen Sinn ergeben. Natürlich hätte man etwas leicht Ironisches sagen können wie etwa: »Du hast noch keinen Krieger getroffen, bis du Plenty Coups getroffen hast.« Aber diese Ausdrucksweise erfordert ein klares Verständnis davon, was alles dazugehört, ein Krieger zu sein. Es hätte keinen Sinn ergeben, zu fragen, ob irgendjemand in der Gesamtheit der Krieger ein Krieger war. Man hätte nicht gewusst, wonach hier gefragt wird – eben weil die Ideale klar waren, die dem Kriegerleben zugewiesen waren, und weil es außer Zweifel stand, dass die besten Krieger sie verkörperten.

Auf ähnliche Weise wurde folgende Frage möglich, als der Stamm in das Reservat einzog:

*Befindet sich unter den Häuptlingen ein Häuptling?*

Obwohl es traditionelle Häuptlinge gab, als die Crow in das Reservat einzogen, wurde es mit der Zeit unklar, was ein Häuptling eigentlich tun sollte. Offensichtlich war es Aufgabe der Häuptlinge, zu führen; doch bis zu jenem Augenblick hatte man unter der Befähigung dazu das bewährte Vermögen verstanden, in der Schlacht und bei der Jagd die Führung zu übernehmen. Nun konnte man zwar natürlich immer noch mit Verehrung auf die großen Anführer der Vergangenheit zurückblicken, doch Nostalgie oder Rückschau schieben nur die Frage auf: Was gilt jetzt noch als echte Führungseignung? Da die alten Kriterien zur Auswahl eines Häuptlings nicht mehr zur Verfügung stehen, ist es im Wesentlichen unklar, auf welcher Grundlage neue Häuptlinge ausgewählt werden sollen. Ebenso unklar ist, auf welchem Wege man in dieser Frage überhaupt zu einer Urteilsfindung gelangen soll. Die Crow hatten mit diesem Problem zu kämpfen. Als Plenty Coups 1932 starb, »stimmten die Oberhäupter des Rates der Crow einhellig dagegen, einen weiteren Häuptling zu wählen. Der Anführer des Rates sagte […]: ›Kein lebender Mann kann Plenty Coups' Platz einnehmen‹.«[51] Unter manchen Crow ist es Teil der mündlichen Überlieferung, dass diese Geschichte verklärt worden ist. Dieser Darstellung zufolge wollte der India-

51 Rick Graetz/Susie Graetz, »Chief Plenty Coups«, ⟨http://lib.lbhc.edu/index.php?q=node/71⟩, letzter Zugriff 10. 5. 2019 [Übersetzung J. P.].

neragent Calvin Ansbury sicherstellen, dass niemand mit viel Macht Plenty Coups' Platz einnahm, und bat seine Verbündeten im Stammesrat der Crow, einen entsprechenden Antrag vorzubringen. Doch selbst wenn diese Darstellung korrekt ist, zeigt sich an dem Erfolg Ansburys, dass die Crow verwirrt hinsichtlich der Frage waren, was in der gegenwärtigen Lage überhaupt noch als Kriterium für einen guten Häuptling gelten sollte.

Bezeichnenderweise lastet ein etwas geringerer Druck auf der Frage:

*Befindet sich unter den Squaws eine Squaw?*

Schließlich richtete sich die traditionelle Rolle einer Squaw auf die Versorgung der Familie und die Erziehung der Kinder – und beides wurde angesichts der Herausforderungen des Lebens im Reservat mehr denn je benötigt. Gleichwohl unterstützten Squaws im grundlegenden Fall die Männer in ihrer Rolle als Krieger: Die Frauen stolzer Krieger bemalten sich ihre Gesichter und zogen ihren Männern voraus, während sie ihre Coup-Stäbe und Schilde hielten. Sie erzogen ihre Kinder so, dass sie auf ein Leben voller Jagd und Krieg vorbereitet wurden. All das war nun nicht mehr möglich. Und es ist klar, dass nicht allein der Zusammenbruch traditioneller Rollenbilder das Problem war: Grundlegende Erziehungsmuster waren bedroht. »Ich frage mich, was wohl aus meinen Enkelkindern wird«, vertraute sich Pretty Shield 1931 Linderman an. »Sie haben nur mich, eine alte Frau, um sie zu führen, und viele andere, die sie zum Schlechten verführen. Die Jungen hören heute nicht mehr den Alten zu, wie sie es noch taten, als ich jung war. Manchmal mache ich mir darüber Sorgen.«[52]

52 Linderman, *Pretty-Shield*, S. 8 [Übersetzung J. P.].

Zusammengenommen konnte man im Jahr 1940 eine Frage stellen, die im Jahr 1840 unbegreiflich gewesen wäre:

*Befindet sich unter den Crow ein Crow?*

Diese Form der Ironie ist zugleich ernsthaft.[53] Indem ich mich ihrer bediene, will ich nicht etwa Salz in die Wunden streuen. Vielmehr möchte ich einen Zustand betrachten, mit dem jeder von uns konfrontiert werden könnte. Der Grund dafür, dass diese Form der Ironie den Crow 1840 unmöglich war, ist, dass damals die verschiedenen Kriterien dafür, ein Crow zu sein, unproblematisch zusammenhingen. Tatsächlich war der unhinterfragte Zusammenhang dieser Kriterien ein Zeichen für das Gedeihen der traditionellen Crow-Lebensweise. Doch mit dem Einsetzen des Reservatslebens gerieten alle diese Kriterien unter Druck – und ihrer Eignung, sich zu einer Einheit zusammenzuschließen, erging es ebenso. Einige soziale Rollen (1) blieben relativ beständig – wie etwa die der Squaw –, doch es wurde zunehmend problematisch, was ein Krieger war, was es bedeutete, eine traditionelle Zeremonie durchzuführen, und so weiter. Dieses Problem wurde akut, weil die Vortrefflichkeitsmaßstäbe (2), die jenen Rollen zugewiesen waren, sich nahezu vollständig auflösten. Was es heißen sollte, hervorragend als Häuptling zu sein, hatte keine klare Bedeutung mehr. Und daher stand keine offensichtliche Weise mehr offen, sich als ein Crow-Subjekt zu konstituieren (3). Sobald die traditionellen Ideale der Kultur nicht

53 Ich bespreche die Ernsthaftigkeit dieser Art von Ironie in »The Socratic Method and Psychoanalysis«, in: Sara Ahbel-Rappe/Rachana Kamtekar (Hrsg.), *A Companion to Socrates*, Malden/Oxford/Carlton 2005, S. 442-462; und in *Therapeutic Action*.

mehr gelebt werden konnten, musste auch die Möglichkeit problematisch werden, sich als ein Crow-Subjekt zu konstituieren. Wenn es nicht mehr möglich ist, dieser Lebensweise nachzugehen, dann steht auch kein Weg mehr offen, auf dem man eine Person sein könnte, die hervorragend im Führen eines entsprechenden Lebens ist. Unter solchen Bedingungen ergibt diese Form der Ironie allmählich einen Sinn. Werfen wir einen Blick auf den ersten Teil der Frage:

*Befindet sich unter den Crow ...*

Hier greift das Wort »Crow« die gesellschaftliche Gruppe heraus, so wie sie in (1) festgelegt wird. Betrachten wir hingegen den zweiten Teil der Frage:

*... ein Crow?*

Hier bezieht sich das Wort auf ein Crow-Subjekt: eine Person, die sich in Entsprechung zu den Vortrefflichkeitsmaßstäben konstituiert, wie sie in (2) und (3) angesprochen werden. Gerade weil diese Kriterien sich voneinander gelöst haben, wird eine besondere Form der Ironie möglich. Ich denke, dass dieser Umstand die eigentümliche Herausforderung zeigt, vor der jeder steht, dessen Zivilisation unter Druck gerät. Wenn man sich nämlich bemüht, auf eine erstrebenswerte Weise zu leben und anderen zu helfen, kann die Frage nun nicht mehr lauten »Wie soll ich als ein Crow vorgehen?«, sondern »Was soll es für mich bedeuten, *als ein Crow* vorzugehen?«. Und man ist gezwungen, sich mit dieser Frage zu einer Zeit zu befassen, zu der es nicht mehr klar ist, wie man sie überhaupt noch beantworten könnte.

Das ist ein Problem, das tief in das Seelenleben einer betroffenen Person eindringt. Stellen wir uns als eine *sehr* grobe Analogie – und als eine Träumerei – vor, die Figuren eines Schachspiels hätten ein Innenleben. Und stellen wir uns vor, jede Figur begriffe sich selbst als einen Knotenpunkt selbstgewirkter Handlungen.[54] *Ich bin ein Springer!* Ich begreife mich selbst innerhalb von Stammesstrukturen: *Ich bin ein schwarzer Springer! Ich bin stolz, ein schwarzer Springer zu sein! Wir werden eine glorreiche Schlacht kämpfen und den weißen König schlagen!* Ich denke strategisch im Rahmen möglicher Züge: zwei Felder geradeaus und eins nach rechts, zwei Felder geradeaus und eins nach links. *Vielleicht sollte ich hier einige Züge lang ruhig ausharren, und wenn der weiße Turm dort mir zu nahe kommt...*[55] Ich verstehe alle anderen Mitglieder meines Stammes anhand der Rollen, die sie spielen, und ich verstehe, dass wir alle in dem Sinne nach Vortrefflichkeit streben, dass wir *versuchen zu gewinnen*. Ohne dass ich es weiß, verdankt meine Welt ihre Existenz einer Gruppe von Menschen, die sie beschützen. Sie sind die Wächter der Schachwelt, nach deren Willen die einzigen zulässigen Züge diejenigen sind, die im Schachspiel erlaubt sind. Aus meiner Perspektive als nach-

54 Hier bin ich John Haugelands Phänomenologie des Schachspiels zu Dank verpflichtet. Vgl. sein »Objective Perception«, in: ders., *Having Thought. Essays in the Metaphysics of Mind*, Cambridge, Mass./London 1998, S. 241-265; und »Truth and Rule Following«, in: ders., *Having Thought*, S. 305-361. Siehe auch Aristoteles' Anmerkung, ein Mensch ohne Polis sei wie ein vereinzelter Stein auf einem Spielbrett; *Politik*, übers. u. hrsg. v. Eckart Schütrumpf, Hamburg 2012, 1253a.

55 Der Bauer wird häufig als eine niedere Spielfigur angesehen, daher vermeide ich es, ihn als mein Hauptbeispiel heranzuziehen. Es besteht allerdings eine interessante Analogie zwischen dem Bauern und der traditionellen Handlungsweise der Crow, einen Coup-Stab zu errichten: Der Bauer weicht niemals zurück, er muss stattdessen getötet werden.

denklicher Springer sind die Menschen ebenso unerkennbar wie transzendente Götter. Doch nehmen wir nun an, jene Schachwächter würden eines Tages einfach abdanken: Die geschichtliche Erscheinung des Schachspielens wäre den Menschen langweilig geworden, und das Spiel würde aufhören zu existieren. Mein Problem ist nicht einfach nur, dass meine Lebensweise zu Ende gegangen ist. Ich verfüge nicht mehr über die Begriffe, mit denen ich mich selbst oder die Welt verstehen kann. Die anderen Figuren waren mir bislang anhand ihrer Rollen begreiflich, aber solche Rollen gibt es nun nicht mehr. Vielleicht werde ich von den Menschen als ein physischer Gegenstand für ansprechend befunden. Ich werde als Seltenheit, als Kunstgegenstand, in ein Bücherregal gestellt. Ich werde für die Dauer von Generationen in verschiedene Bücherregale gestellt – gehandelt als das, was Menschen eine Antiquität nennen –, und während all dieser Zeit befinde ich mich in heilloser Verwirrung. Ich habe *nicht die geringste Ahnung*, was vor sich geht. Das ist nicht in erster Linie ein psychologisches Problem. Die Begriffe, mit denen ich mich sonst selbst verstanden hätte – und mit denen ich tatsächlich anderenfalls meine Identität geformt hätte –, haben aufgehört zu existieren.

Offensichtlich ist die Situation mit Blick auf menschliche Gesellschaften und Kulturen deutlich vielschichtiger – und aufgeladener. Üblicherweise steht eine Kultur in Kontakt mit angrenzenden Kulturen, und die Crow hatten mindestens seit Anfang des 19. Jahrhunderts Umgang mit den Weißen. Dennoch hat die zugegebenermaßen krude Analogie einen Nutzen, denn sie bringt die enge Verbindung zwischen Denken und Sein zum Vorschein. Wenn man ein Crow-Subjekt ist, dann gehört dazu unter anderem, dass man *darauf abzielt*, vortrefflich als Crow zu sein; dass man *vorhat*, seinen Coup-Stab zu errichten; dass man *hofft*, dass die Büffelherde dieses Jahr üppig ist; dass man *sich wünscht*, eine gute Figur während der Jagd zu machen; dass man *sich fragt*, ob man am Sonnentanz wird teilnehmen können; und so weiter. Wenn aber die Crow-Subjektivität zusammenbricht, gilt das ebenso für die Möglichkeit jedes dieser geistigen Zustände. Wie sich nun zeigt, liegt es nicht allein an mir, etwas vorzuhaben, etwas zu hoffen, mich etwas zu fragen oder mir etwas zu wünschen: Alle diese Akte hängen nicht nur von meiner Willensausübung ab. Und meine Unfähigkeit, sie auszuführen, ist nicht nur eine psychologische Schwierigkeit: Sie ist ein Problem des Feldes, in dem psychologische Zustände möglich sind. Um den Punkt bündig zu formulieren, sei es mir erlaubt, in der ersten Person als imaginäres Crow-Subjekt zu reden: Es ist nicht nur so, dass ich meinen Coup-Stab nicht mehr errichten kann, sondern es könnte auch nichts als meine Absicht gelten, das zu tun. Nun wird deutlich, dass ich nur im Zusammenhang eines florierenden Stammeslebens all diejenigen geistigen Zustände haben kann, die für mich wesentlich und wichtig sind. Die Lage ist sogar noch schlimmer: Genau diese geistigen Zustände helfen mir dabei, mich als ein Crow-Subjekt zu konstituieren. Sofern ich ein Crow-Subjekt bin, gibt es für mich nichts mehr, was ich tun könnte; und ebenso wenig gibt es etwas, auf das ich meine Gedanken, Vorhaben oder Planungen richten könnte. Sofern ich ein Crow-Subjekt bin, habe *ich* aufgehört zu existieren. Alles, was jetzt noch übrig ist, ist ein gespensterhaftes Dasein, das sein Zeugnis über den Tod des Subjekts ablegt. Ein solches Zeugnis könnte durchaus in etwas so Rätselhaftem bestehen wie in dem Satz »Danach ist nichts mehr geschehen«.

Die Deutung, die ich entwickelt habe, ist düster. Ich gebe nicht vor, zu sagen, dass den Crow genau das zugestoßen ist, was ich in ihr beschreibe. Ebenso wenig beanspruche ich Wissen darüber, dass Plenty Coups genau das mit seiner Äußerung gemeint hat. Vielleicht meinte er etwas anderes; vielleicht lag er mit seinem Urteil falsch, selbst wenn er genau das meinte. Ich habe nur auf eine radikale, aber dennoch plausible Weise herausgearbeitet, was es bedeuten würde, wenn er etwas Wahres gesagt hätte. Worum es mir geht, ist eine *ontologische Verletzlichkeit*, die uns alle betrifft, insofern wir Menschen sind. Ich habe mich auf die Crow konzentriert, zum Teil, da Plenty Coups' Worte mich nicht mehr losgelassen haben; und zum Teil, weil sich zumindest der Standpunkt vertreten lässt, dass sie auf ebendiese Weise leiden mussten. Mit Hilfe dieser Überlegung können wir uns lebhaft – und, wie ich glaube, zutreffend – vorstellen, wie es wäre, wenn diese menschliche Möglichkeit tatsächlich Wirklichkeit würde.

Eine der Ironien, die hierbei zum Vorschein kommen, liegt darin, dass Menschengruppen im echten Leben die erbittertsten Feinde sein und doch ontologisch auf der gleichen Seite stehen können; und dass ein Verbündeter aus dem echten Leben sich als ontologischer Erzfeind erweisen kann. Die Crow und die Sioux waren die erbittertsten Feinde, und wenn eine der beiden Seiten die Möglichkeit gehabt hätte, hätte sie die andere bereitwillig zerstört. Und doch erhielt der unentschiedene Konflikt zwischen ihnen eine Welt aufrecht, in der Kriegsschlachten, das Errichten von Coup-Stäben und das Zählen von Coups einen Sinn ergaben. Man muss nur die piktographische Autobiographie von Häuptling Sitting Bull lesen, um zu sehen, dass er ebenso viel Wert auf das Zählen von Coups legte, wie

Plenty Coups es tat.[56] Doch mit den Vereinigten Staaten als ihrem Verbündeten – einem in vielerlei Hinsicht zweifellos fragwürdigen und treulosen Verbündeten – begaben sich die Crow in eine Lage, in der ihre Welt auseinanderbrach.[57]

Es ist beim Ausarbeiten dieser Deutung nicht meine Absicht gewesen, die menschliche Hoffnung auszuschließen. Insbesondere möchte ich Hoffnung *für die Crow* nicht ausschließen. Tatsächlich wird sich ein Großteil des restlichen Buches Plenty Coups' Hoffnungswillen widmen – und der Frage, was als seine Rechtfertigung dienen könnte. Doch für den Augenblick will ich nur eines klarstellen: Wenn ich behaupte, dass das Errichten eines Coup-Stabes seine Verständlichkeit verloren hat – dass nichts mehr als eine solche Handlung gelten könnte, da ihre Möglichkeiten ausgeschöpft sind –, dann will ich damit nicht sagen, dass nichts jemals wieder als eine solche Handlung gelten könnte. Dafür wäre allerdings ein neuer Dichter der Crow erforderlich: jemand, der die Vergangenheit der Crow aufgreift und nicht nur für nostalgische Zwecke oder behelfsmäßige Nachahmungshandlungen nutzt, sondern sie geistig in neuen, lebendigen Lebens- und Seinsweisen für die Crow verortet. Mit »Dichter« meine ich hier im weitesten Sinne jemanden, der neuen Raum für Bedeutung zu schaf-

56 Vgl. Matthew Williams Stirling, *Sitting Bull. Drei piktographische Autobiographien*, Wyk auf Foehr 1993.

57 Eine solche Handlung wird von Aristoteles eine Handlung »gemischter Natur« genannt. Als Beispiel nutzt er Menschen, die ihre Güter über Bord werfen, um ihr Schiff vorm Sinken zu retten; vgl. *Nikomachische Ethik*, 1110a8-15. Die Crow fällten ihre Entscheidung vor dem Hintergrund schrecklicher Alternativen. Sie waren bedroht vom Verhungern und vom Erfrieren. Dennoch waren sie in der Lage, eine Entscheidung zu treffen und nach ihr zu handeln. Für Aristoteles ist das alles, was erforderlich ist, damit eine Handlung freiwillig ist.

fen vermag. Die Möglichkeit eines solchen Dichters ist genau die Möglichkeit der Erschaffung eines neuen Feldes an Möglichkeiten. Niemand ist in der Lage, diese Möglichkeit auszuschließen.

Mit Blick auf diese Möglichkeit kann man Plenty Coups' Geste in einem weiteren Licht sehen. Er bezeugt zwar sehr wohl den Tod des Crow-Subjekts – aber nur, um den Weg für eine Wiedergeburt zu bereiten. Denn wenn der Tod nicht eingestanden wird, werden vermutlich etliche leere Formen entstehen, in denen man weiter »als ein Crow« vorzugehen versucht. Nur wenn man eingesteht, dass kein Weg mehr offensteht, auf dem sich *so* vorgehen lässt, können neue und echte Wege entstehen, auf denen man wieder *so* vorgehen kann. Diese nahezu ausweglose Situation könnte erklären, warum Plenty Coups so erpicht darauf war, seine Geschichte einem weißen Mann zu erzählen. In einer Zeit des kulturellen Zusammenbruchs würde schließlich die lebendige Erinnerung an jene florierende Lebensweise nur einige Jahre überdauern. Die wichtigste Errungenschaft, die der weiße Mann dem Indianer bieten konnte – viel besser als Schusswaffen –, war die Schreib- und Druckkunst. Im *Phaidros* behauptet Sokrates, dass das Schreiben einer Form des Vergessens statt des Erinnerns gleichkommen kann, da es zum Glauben verleitet, man würde sich an etwas erinnern, während man nur Phrasen umherbewegt. Wo auch immer hier Gefahren lauern mögen: Wenn jemandes gesamte Lebensweise am Rande des Zusammenbruchs steht, wird alle Sorge über das Schreiben zum Luxus. Die gesamte Kultur ist im Begriff, vergessen zu werden; die einzige Hoffnung liegt darin, sie schriftlich festzuhalten, damit »sie« hoffentlich einst durch eine zukünftige Generation wiederbelebt wird.

Plenty Coups war Zeuge davon, wie die Zukunft der Crow zusammenbrach: Er erlebte eine Zeit, in der »nichts mehr geschehen« ist. Ein solcher Zeuge bringt eine neue und vertiefte Form von Crow-Subjektivität zum Vorschein: Er nimmt die Verantwortung auf sich, offen Rechenschaft darüber abzulegen, ob diejenigen Ideale, mittels derer er seinem eigenen Leben Form gegeben hat, noch gelebt werden können. Das heißt, dass er willens ist, das Wort hinsichtlich der Gesundheit und Gangbarkeit jener alten Weisen zu führen, in denen man sich einst als Subjekt konstituieren konnte.[58] Doch dies kann in der Hoffnung geschehen, den Weg für die Schaffung neuer Formen von Crow-Subjektivität zu bereiten. Es besteht Grund zur Annahme, dass Plenty Coups seine Geschichte erzählte, um sie zu bewahren; und dass er dies in der Hoffnung auf eine Zukunft tat, in der einst wieder etwas – etwas, das den Crow angehört – geschehen kann.

58 Nach Haugelands Heidegger-Deutung ist eine solche Person ein Beispiel für das, was Heidegger *Eigentlichkeit* nennt; vgl. »Truth and Finitude«.

Plenty Coups (Richard Throssel Collection, American Heritage Center, The University of Wyoming, Acc. 2394).

# 2. Ethik am Horizont

## 2.1. Das Ende der praktischen Vernunft

Die Crow hatten eine Auffassung des Glücks – eine Auffassung davon, *wofür* das Leben es wert war, gelebt zu werden. Sie lebten in Ausrichtung auf eine spirituelle Welt, in der Gott sie ihrem Glauben nach dazu auserwählt hatte, einer bestimmten Lebensführung nachzugehen. Glück bestand darin, dieses Leben in seinen vollen Zügen zu leben. Das bedeutete, aktiv und unbehelligt einem nomadischen Jägerleben nachzugehen, in dem das Familienleben und die gesellschaftlichen Rituale der Crow gedeihen konnten. Da der Stamm von anderen Stämmen bedroht war, entwickelte er eine Kriegerkultur, um seine Lebensweise zu verteidigen. Die Werte jener Kriegerkultur – Tapferkeit in der Schlacht, die Herausbildung eines angemessenen Charakters bei jungen Männern und die Unterstützung der Krieger durch den gesamten Stamm – waren wichtige Bestandteile des Glücks, wie die Crow es verstanden. Mit der Zerstörung dieser Lebensweise wurden auch der Zweck oder das Ziel – das *Telos* – eines entsprechenden Lebens zerstört. Das Problem der Crow lag also nicht nur darin, dass sie nicht mehr auf traditionelle Weise nach Glück streben konnten. Vielmehr konnte ihre Auffassung davon, *was Glück ist*, nicht mehr als ein Leben vollzogen werden. Die charakteristischen Tätigkeiten, die einst das gute und gelingende Leben ausgemacht hatten, waren keine verstehbaren Handlungen mehr. Der Verlust der Begriffe, mit denen die

Crow ein Verständnis von Glück erlangten, war auch ein empfindlicher Rückschlag für jenes Glück.

Eine Reihe von führenden Stammesmitgliedern verlieh dieser verwirrenden Lage Ausdruck. Die Medizinfrau Pretty Shield sagte gegenüber Linderman: »Ich versuche ein Leben zu führen, das ich nicht verstehe.«[1] Auch Two Leggings, ein Unterhäuptling, gab eine ähnliche Darstellung vom Reservatsleben: »Nichts ist danach mehr geschehen. Wir lebten einfach. Niemand zog mehr gemeinsam mit anderen auf den Kriegspfad oder stahl Pferde von den Piegan und den Sioux, es gab keine Büffel mehr zu jagen. Weiter gibt es nichts zu erzählen.«[2] Wir haben bereits Plenty Coups' außergewöhnliche Behauptung kennengelernt: Er sagte, dass hinsichtlich der Zeit, nachdem die Büffelherden »verschwanden, [...] du diesen Teil meines Lebens ebenso gut [kennst] wie ich«. Es scheint uns gemeinhin unentbehrlich dafür, dass eine Person *ein Leben* hat, dass er oder sie ein gewisses Vorrecht auf die Erzählung beansprucht, was in diesem Leben vorgeht. Plenty Coups war bei klarem Verstand und seine Sinneswahrnehmung war unversehrt: Er war sicherlich imstande, zu sagen, was er tat. Sein Problem war, dass die wesentlichen Begriffe, durch die sein Leben in seinen Augen Bedeutung erlangt hätte – Coups zählen, seinen Coup-Stab errichten, Büffel jagen, die Sioux zurückschlagen –, nicht mehr in ein Leben umgesetzt werden konnten. Deswegen konnte er zu einem weißen Mann

1 Frank B. Linderman, *Pretty-Shield. Medicine Woman of the Crows*, Lincoln 1974, S. 8 [Übersetzung J. P.]. Sie machte diese Aussage gegenüber Linderman 1931 in einem Interview.

2 Peter Nabokov, *Two Leggings. The Making of a Crow Warrior*, Lincoln 1967, S. 197 [Übersetzung J. P.]. Siehe auch Nabokovs meisterliche Arbeit *Native American Testimony. A Chronicle of Indian-White Relations from Prophecy to the Present, 1492-2000*, New York 1999.

sagen, »du [kennst] diesen Teil meines Lebens ebenso gut wie ich«: Die Kategorien, durch deren Vermittlung Plenty Coups sein Leben geführt hätte, wurden unzugänglich. Diejenigen Kategorien, die nun übrig blieben, standen Weißen und Indianern gleichermaßen offen; sie waren keine Begriffe, mit denen Plenty Coups *seine* Geschichte hätte erzählen wollen. Und dennoch oblag es ihm, in genau dieser Lage zu handeln.

## 2.2. Vernunftdenken am Abgrund

Plenty Coups musste unter diesen Bedingungen darüber nachdenken, wie er leben sollte – und mehr noch, wie er seinen Stamm zu führen hatte. Doch in einer solchen Lage ist die praktische Vernunft wichtiger Grundlagen beraubt. Candace Vogler hat dafür argumentiert, dass wir im praktischen Vorausdenken stets entweder darüber nachdenken, wie wir einen bestimmten Zweck erfüllen können; oder darüber, was gerade die passende Verhaltensweise ist; oder darüber, wie wir einen bestimmten Lustgewinn aufrechterhalten können.[3] Das heißt, dass die praktische Vernunft stets auf das abzielt, was nützlich ist, was richtig bzw. angemessen ist oder was angenehm ist. Während der Umstellung auf das Reservatsleben bestand immer noch die Gelegenheit zur Ausübung all dieser Formen praktischer Vernunft. Die Crow dachten in dieser neuen Lage zweifel-

3 Vgl. ihre hervorragende Darlegung in *Reasonably Vicious*, Cambridge, Mass./London 2002, S. 26-52. Sie ist hierbei angeregt von der Erläuterung praktischer Vernunft, die Thomas von Aquin in der *Summa theologica* gibt; vgl. *Die deutsche Thomas-Ausgabe. Vollständige, ungekürzte deutsch-lateinische Ausgabe der Summa theologica*, 34 Bde. ff., übers. v. Dominikanern u. Benediktinern Deutschlands u. Österreichs, Salzburg u. a. 1933ff.

los darüber nach, wie sie Nahrung und ein Obdach finden konnten, ob es richtig war, ihre Kinder in die Schulen des weißen Mannes zu schicken, und wie sie sich diejenigen Freuden erhalten konnten, die ihnen im Reservat noch offenstanden. Und doch gab es nun nicht mehr allzu vieles, worauf sich die praktische Vernunft noch erstrecken konnte.

In Ermangelung einer Auffassung des guten Lebens, nach der sich hätte leben lassen, verringerte sich die Reichweite der praktischen Vernunft. Im letzten Kapitel haben wir gesehen, dass unter den Crow zu Zeiten des florierenden nomadischen Stammeslebens selbst ein alltägliches Ereignis wie das Zubereiten einer Mahlzeit auf ihre Lebensweise rückbezogen war. Eine solche Tätigkeit konnte zumindest prinzipiell neu beschrieben werden – als »Stärkung für eine Jagd«, »Stärkung für eine Schlacht«, »Vorbereitung darauf, weiterzuziehen« oder »Sicherstellen, dass wir für den Tanz heute Nacht bereit sind«. Doch nach der Zerstörung des *Telos* gab es keine Auffassung des guten Lebens mehr, die einen übergreifenden Zusammenhang für die Bedeutung hätte bereitstellen können, die den Handlungen einer Person zukam. Die Menschen bereiteten immer noch Mahlzeiten zu, doch nun handelte es sich dabei nur noch um den Akt des *Kochens, um am Leben zu bleiben*. Ich nehme an, dass Two Leggings ebendies im Sinn hatte, als er sagte: »Nichts ist danach mehr geschehen. Wir lebten einfach.« Die Menschen führten immer noch praktische Handlungen aus, doch sie hatten das reichhaltige Bezugssystem verloren, in dem solche Handlungen einen Sinn ergaben.[4]

4 Tatsächlich schoss in dieser anfänglichen Phase im Reservat die Sterblichkeitsrate in die Höhe. Frederick Hoxie berichtet, dass die Bevölkerungsgröße der Crow in der Mitte des 19. Jahrhunderts

Um ein historisches Beispiel heranzuziehen: Im Kontext nomadischen Lebens war es sinnvoll, seine Pferde in einem guten Zustand zu halten. Doch mit dem Zusammenbruch jenes Lebens wurde es eine problematische Frage, warum Pferde weiterhin wichtig sein sollten. Natürlich hätten sie aus nostalgischen Beweggründen weiterhin eine gewisse Wichtigkeit behalten können, doch in dem Fall wäre ihnen nur noch eine sentimentale Rolle zugekommen. Der Historiker Joseph Medicine Crow beschreibt, wie schwer es den Stamm traf, als die US-Regierung in den 1920ern auf Beschwerden weißer Farmer hin die Entscheidung fällte, alle sogenannten Wildpferde in den westlichen Plains zu vernichten. Das schloss Pferde ein, die innerhalb des Reservates umherzogen und die der Stamm als seine eigenen Pferde erachtete. Die Schlachtung jener Tiere geschah gegen den Willen der Stammesmitglieder und verursachte ihnen großen Schmerz.

recht beständig blieb, obwohl sie sich stets im Konflikt befanden. Dementgegen besagen offizielle Angaben, dass nahezu ein Drittel der Bevölkerung, die in einer Zählung 1887 erfasst worden war, im darauffolgenden Jahrzehnt verstarb: »Das Volk der Crow erlitt den Verlust nahezu einer gesamten Generation junger Menschen zu genau jener Zeit, als Indianeragent Armstrong und seine Nachfolger sie auf den Weg der ›Zivilisation‹ führten.« (Frederick E. Hoxie, *Parading through History. The Making of the Crow Nation in America, 1805-1935*, Cambridge 1997, S. 133 [Übersetzung J. P.]) Der Anstieg in der Sterblichkeitsrate wird dem Leben auf engem Raum unter schlechten Hygienebedingungen und dem Auftreten neuer Krankheiten zugeschrieben, gegen die die Crow nicht widerstandsfähig genug waren. Es kam in Folge der veränderten Ernährung zum stark vermehrten Ausbruch von Magenerkrankungen. Häufig führten Typhus, Diphterie und Tuberkulose zu Todesfällen. All das war eine ungeheuerliche Tragödie. Doch jemand mit Einblick in das menschliche Herz muss auch die Frage stellen, ob ein Einfluss in der angestiegenen Sterblichkeitsrate – selbst unter den Erkrankten – in dem Verlust des Lebenswillens begründet lag.

Bei dem ersten Abschlachten wurden nach Angaben der Regierung etwa vierzigtausend Stück vernichtet, aber die Crow sagen, es seien viel mehr gewesen, einschließlich vieler zahmer Weidepferde, an denen sich die Schützen vergriffen, als es schwierig wurde, wilde Pferde zu finden. So wurden bis 1930 die Absarokee, diese großen und stolzen Pferdezüchter, aller ihrer Pferde beraubt. Durch das Verschwinden des Pferdes wurde die Kultur der Crow schwer geschädigt. Vorsichtig ausgedrückt, war dies eine traumatische und tragische Erfahrung für einen stolzen, pferdeverbundenen Stamm; es war schlimmer als die tatsächliche militärische Niederlage, die einige der Präriestämme erlitten hatten.[5]

Wenn wir uns mit diesem Schmerz auseinandersetzen und fragen wollen, woher er rührte, genügt es nicht, in ihm nur den Schmerz ohnmächtiger Wut auszumachen – Wut darüber, dass man offenkundig nichts gegen die Tötung der Pferde unternehmen konnte, die der Stamm so liebte. Ebenso wenig genügt es, ihn als Schmerz über die Zerstörung der traditionellen Lebensweise der Crow zu bezeichnen. Das alles mag zutreffen, und doch lag in den Ereignissen eine besondere Grausamkeit, die benannt sein will. Es handelte sich um den Schmerz darüber, zur Anerkennung einer Tatsache gezwungen zu sein: dass die eigene traditionelle Lebensweise *bereits vorüber war*. Man mochte über die Ver-

5 Joseph Medicine Crow, *Mein Volk, die Krähen-Indianer. Die Stammesgeschichte der Absarokee*, übers. v. Friedrich Baadke, München 1994, S. 119. Aus dieser Unterdrückung erwuchs ein beißend sarkastischer Humor. Der Autor berichtet uns, dass ein neuer Indianeragent im nahegelegenen Reservat der Cheyenne eintraf und verkündete, er werde die Bewohner wieder auf die Beine bringen. »Der Agent redete auch nicht mit gespaltener Zunge [...]. Binnen kurzer Zeit wurden alle Pferde der Cheyenne abgeschossen, und die Cheyenne gingen wieder zu Fuß.« (Ebd., S. 120)

nichtung der Pferde klagen, doch man konnte nicht mehr denjenigen Grund anführen, der einer solchen Klage einst ihre Rechtmäßigkeit verliehen hätte: dass die Pferde für das nomadische Jäger- und Kriegerleben der Crow *gebraucht* wurden. Ein Teil des Schmerzes lag darin, anerkennen zu müssen, dass sich kein Nutzen mehr für die Pferde angeben ließ.[6]

Eine ähnliche Verwirrung entsteht um die Vorstellung, dass es *angemessen* für die Crow war, gute Pferde zu haben. Einst war es ein Teil ihrer lebendigen Auffassung des guten Lebens gewesen, hierin eine gebührende Quelle von Stolz zu sehen. Als dieses gute Leben nicht mehr gelebt werden konnte, wurde unklar, auf welcher Grundlage entschieden werden sollte, ob es nun passend war oder nicht, gute Pferde zu haben. Für die Crow stellte sich noch immer fortwährend die Frage, wie es sich geziemte zu handeln – sie lastete nun sogar noch schwerer auf ihnen. Doch sie waren des Bezugssystems beraubt, innerhalb dessen sie eine traditionelle Antwort hätten geben können. Als die Crow noch ein florierender nomadischer Stamm waren, war Mut die paradigmatische Tugend. Es geziemte sich für einen jungen Mann der Crow immer und überall, mutig zu handeln. Allerdings lag die paradigmatische Auffassung von Mut wiederum in der Kriegerkultur begründet. Mut war Tapferkeit in der Schlacht – vor allem in Form des Errichtens eines Coup-Stabes und des Zählens von Coups. Anders gesagt wurde die Tugend des Mutes mittels der *dichten* Begriffe der Crow-Kultur verstanden.[7] Andere

6 Nach dem Zweiten Weltkrieg wurde das jährliche Volksfest der Crow wiederbelebt, und seine Beliebtheit hat seitdem stets weiter zugenommen. In jüngerer Zeit ist das Rodeo zu einem wichtigen Bestandteil des Festes geworden, und für diesen sportlichen Wettbewerb haben Pferde wieder Eingang in das Reservatsleben gefunden.

7 Vgl. Clifford Geertz, »Dichte Beschreibung. Bemerkungen zu einer

Verhaltensweisen galten ebenfalls als mutig – etwa Tapferkeit während einer Jagd, die plötzlich gefährlich wurde –, doch sie alle waren auf die Paradigmen der Tapferkeit ausgerichtet, die die Crow für das Verhalten in der Schlacht kannten. Auf diese Weisen konnte die praktische Vernunft sich mit der Frage auseinandersetzen, was sich für einen Krieger der Crow geziemte: welche Handlungsweisen schmachvoll waren, was dem Handelnden Ehre einbringen würde, welche Art von Kleidung für eine solche Person angemessen war, wie er sich innerhalb der Siedlung betragen sollte und so weiter. Die Schwierigkeit lautete nun, was zu tun war, sobald jene Lebensweise zusammenbrach. Es konnte nicht mehr angemessen sein, einen Coup-Stab zu errichten, wenn diese Handlung grundsätzlich unmöglich geworden war. Doch wie sollte man stattdessen über ein angemessenes Verhalten nachdenken?

Inmitten dieses kulturellen Zusammenbruchs ersann und vollbrachte Plenty Coups eine außerordentlich angemessene Handlung. Am Grabmal des Unbekannten Soldaten legte er feierlich seinen Coup-Stab nieder. Im letzten Kapitel habe ich nahegelegt, dass er ihn begrub. Angesichts des Lebens, das der Stamm mit dem Coup-Stab geführt hatte, war genau diese Handlung mit ihm nun angemessen. Doch diese außergewöhnliche Handlung bringt auch eine allgemeine Einsicht auf den Punkt: Es gab unter jenen radikal neuartigen Gegebenheiten noch immer Spielraum für Überlegungen darüber, welche Handlungsweise angemessen ist. Und es war noch immer möglich, eine verblüffende Ant-

deutenden Theorie der Kultur«, in: ders., *Dichte Beschreibung. Beiträge zum Verstehen kultureller Systeme*, übers. v. Brigitte Luchesi u. Rolf Bindemann, Frankfurt/M. 1987, S. 7-43. Siehe auch Bernard Williams, *Ethik und die Grenzen der Philosophie*, übers. v. Michael Haupt, Hamburg 1999, S. 197-217.

wort zu formulieren. Doch Plenty Coups' Handlung war auf so unheimliche Weise angebracht und passend, weil er mit ihr symbolisch dem Gedanken Ausdruck verlieh, dass die traditionellen Weisen angemessenen Verhaltens selbst zu Grabe getragen werden mussten. Es war eine angemessene Handlung geworden, den Niedergang traditioneller Auffassungen darüber, was angemessen war, symbolisch zum Ausdruck zu bringen.

Man könnte meinen, dass in einer traditionellen Gesellschaft wie jener der Crow mehr Beständigkeit innerhalb der sozialen Rollen herrschte, die Frauen zugewiesen waren. Selbst nach dem Zusammenbruch des nomadischen Lebens mussten doch nach wie vor Mahlzeiten zubereitet und Familien versorgt werden. Doch auch in den schriftlichen Aufzeichnungen der Erfahrungen von Frauen finden sich Bekundungen von Verwirrung. Agnes Yellowtail Deernose sagte über jenen Zeitraum: »Nach der Vernichtung der Büffelherden und dem Umzug in ein Reservat befanden sich junge Männer und Frauen gesellschaftlich in der Schwebe.«[8] Und Pretty Shield berichtete von einem schmerzlichen Ereignis. In der traditionellen Erziehung, sagte sie, »sprachen wir mit unseren Kindern, wir erzählten ihnen Dinge, die sie wissen mussten, aber wir schlugen niemals ein Kind, niemals«. Dann hielt sie inne.

> ›Neulich habe ich ein Kind geschlagen‹, sagte sie erbittert. ›Mir schien, als bliebe mir nichts anderes übrig. Die Zeiten und die Kinder haben sich so verändert. Eine meiner Enkelinnen rannte fort, um mit einem schlechten jungen Mann zu tanzen, nachdem ich ihr gesagt hatte, dass sie nicht gehen darf. Ich lief ihr nach. Es war ein langer Weg, aber

8 Fred W. Voget, *They Call Me Agnes. A Crow Narrative Based on the Life of Agnes Yellowtail Deernose*, Norman 1995, S. 26 [Übersetzung J. P.].

ich erwischte sie noch rechtzeitig. Ich brachte sie nach Hause und bestrafte sie mit einem Sattelgurt. Ich schlug feste zu, Zeichensprecher. Ich hoffe, dass es ihr geholfen hat, aber zugleich schäme ich mich, weil ich meine Enkelin geschlagen habe.‹[9]

Es war dieser Augenblick, in dem sie sagte: »Ich versuche ein Leben zu führen, das ich nicht verstehe.« Zu bemerken ist die Mischung aus Scham und Verwirrung. Scham ist eine der grundlegenden Emotionen, mit denen wir unseren Sinn dafür steuern, was angemessenes Verhalten ist und was nicht. Sie entspringt aus sehr frühen Erfahrungen, in denen wir uns entblößt fühlen.[10] Mit der Zeit wird sie durch kulturelle Vorstellungen darüber angeleitet und geformt, was angemessen und was tadelnswert ist. Pretty Shield schämte sich, weil sie in einer Kultur groß geworden war, in der man *niemals* ein Kind schlug – und doch verprügelte sie nun ihre Enkelin. Dieser Augenblick wäre niemals eingetreten, wenn die alte Kultur beständig geblieben wäre. Sie war keine Person, die Anlass zur Scham gehabt hätte, denn sie war keine Person, die jemals ihre Enkelin geschlagen hätte – wenn nicht der Zusammenbruch ihrer Lebensweise eingetreten wäre. Daher empfand sie die Scham, die in der alten Welt eine Tracht Prügel begleitet hätte; doch zugleich sah sie, dass sie ihre Enkelin vor einer der Entwür-

9 Linderman, *Pretty-Shield*, S. 8 [Übersetzung J. P.].

10 Vgl. Gabriele Taylor, *Pride, Shame and Guilt*, Oxford 1984, S. 53-84; Bernard Williams, *Scham, Schuld und Notwendigkeit. Eine Wiederbelebung antiker Begriffe der Moral*, übers. v. Martin Hartmann, Berlin 2000, S. 88-119, S. 195-199; Max Scheler, *On Feeling, Knowing, and Valuing. Selected Writings*, Chicago 1992; Richard Wollheim, *The Thread of Life*, Cambridge, Mass. 1984, S. 212-221; ders., *Emotionen. Eine Philosophie der Gefühle*, übers. v. Dietmar Zimmer, München 2001, S. 181-262.

digungen bewahrte, die nun im Reservatsleben neu entstanden. Sie tat all das vor dem Hintergrund eines Lebens, das sie nicht verstand – und das sie deswegen nicht recht beurteilen konnte.

Ich weiß nicht, welche ihrer Enkelinnen Pretty Shield verprügelte. Eine von ihnen – ich vermute, dass es nicht dieselbe Enkelin war – schrieb jedoch eine Denkschrift über ihre Großmutter. Alma Hogan Snell berichtet, dass ihre Großmutter *regelmäßig* die Beschwerde »Ich lebe ein Leben, das ich nicht verstehe« äußerte:

> Sie sagte immer: ›Ich lebe ein Leben, das ich nicht verstehe.‹ Oftmals befand sie sich mitten in der Arbeit und im Gespräch – und plötzlich wurde sie ganz still. Dann machte sie mit der Arbeit weiter, aber sie blieb still. Ich war dann bei ihr und saß ruhig da, während ich auf sie wartete. Ich gewöhnte mich daran, und so wurde ich mitunter selbst zu einem recht stillen Menschen. Und dann machte sie immer dieses Geräusch, ›Hmm, aaahh.‹ Sie sagte schwermütig, so als ob diese Sache, über die sie innerlich nachdachte, ganz überwältigend sei: ›Wieso ist das alles hier über uns gekommen? Jetzt müssen wir ›Ja‹ und ›Nein‹ sagen. Wenn der weiße Mann zu uns kommt, sagen wir einfach ganz natürlich ›Ja‹. Wir sind nicht gezwungen, das anzunehmen, was er bereithält, aber meine Kinder und Enkelkinder sind stets zur Stelle und sagen ›Ja, wir machen das. Wir machen das.‹ Sie scheinen es gerne zu machen. Was sie sehen, scheint ihnen zu gefallen. Ich fühle mich, als ob ich meine Kinder an diese neue Welt verliere; und an das Leben in dieser Welt, das ich nicht kenne.‹[11]

11 Alma Hogan Snell, *Grandmother's Grandchild. My Crow Indian Life*, Lincoln 2000, S. 42 [Übersetzung J. P.]. Snell berichtet zwar davon, geschlagen worden zu sein – jedoch vom Direktor ihrer Schule als Strafe für Fehlverhalten. Als Pretty Shield davon erfuhr, tröstete sie nicht nur ihre Enkelin; sie zog mit einem Beil in das Schulge-

Es fällt schwer, sich eine deutlichere Bekundung für die Trauer vorzustellen, die jemand empfindet, weil die eigene Kultur ihren Sinn für das Angemessene verliert.[12]

### 2.3. Ein Problem für die Moralpsychologie

Eine Frage für uns lautet, wie jemand psychologisch darauf gefasst sein kann, sich einem kulturellen Zusammenbruch zu stellen. Denker der westlichen Tradition haben seit Platon und Aristoteles betont, wie wichtig die frühkindliche Erziehung für die Charakterausbildung ist. Und wie wir

bäude und jagte den panischen und schreienden Direktor um seinen Schreibtisch herum (vgl. ebd., S. 98).

12 Ich bin nicht darauf eingegangen, wie die praktische Vernunft dafür eingesetzt werden kann, einen Lustgewinn zu erhalten, denn auch nach der Umstellung auf das Reservatsleben standen immer noch Freuden wie Essen, Trinken und Sex offen, und sie konnten auch längerfristig verfolgt werden. Es ist jedoch lohnenswert, auf einen dabei eingetretenen Zerfall hinzuweisen. Alkoholismus ist seit dem Einsetzen des Reservatslebens stets ein großes Problem für die Crow gewesen, und die Methamphetamin-Abhängigkeit hat nun die Ausmaße einer Epidemie angenommen. Vgl. Neela Bearcomesout, »Crank on the Rez«, ⟨https://web.archive.org/web/20060709024800/http://www.montana.edu/wwwai/imsd/rezmeth/mainpage.htm⟩, letzter Zugriff 29.10.2019. Eine Person kann darüber nachdenken, wie sie sich solche Formen von Lustgewinn erhalten kann, das Problem liegt also nicht per se in der Anwendung dieser Form praktischer Vernunft. Doch diese Einschränkung praktischen Vernunftdenkens zeigt, welche gravierenden ethischen und psychologischen Probleme entstehen können, wenn jene Form praktischer Vernunft in einem Zusammenhang angewandt wird, dem es an den Werten und Bedeutungen einer stabilen Kultur mangelt. Wenn Lust alles ist, woran man denkt, und wenn die traditionellen Auffassungen des Nützlichen und des Angemessenen zusammengebrochen sind, ist irgendeine Form von Zerfall als Ergebnis abzusehen.

im ersten Kapitel gesehen haben, stimmten die Crow diesem Befund zu.[13] Die Erziehung der Kinder war darauf angelegt, in ihnen diejenigen Charakterzüge zur Ausbildung zu bringen, die von den Crow als Vortrefflichkeiten angesehen wurden.[14] Diese beiden Traditionen mögen sich zwar hinsichtlich einzelner Tugenden – oder Vortrefflichkeiten – unterscheiden, aber sie sind sich einig, dass die tugendhafte Person diejenigen charakterlichen und körperlichen Fähigkeiten aufweist, die sie in die Lage versetzen, ein vortreffliches und glückliches Leben zu führen. Die Traditionen sind sich außerdem darüber einig, dass der Charakter einer Person sich durch Erziehung und Eingewöhnung formt – und dass dies insbesondere für den Charakter und die Sichtweise einer tugendhaften Person gilt. Diese Sichtweise ist tief verwurzelt und psychologisch stabil. Eine solche Person hegt nicht nur eine Auffassung davon, was vortrefflich, vornehm und gut ist – sondern auch davon, was beschämend ist. Diese Auffassung ist nicht *bloß* eine Auffassung: Sie ist ein psychologisch verwurzelter Nexus aus Wahrnehmung und Motivation. Eine tugendhafte Person bedarf nicht der tatsächlichen Demütigung durch andere, um Scham zu empfinden. Sie meidet beschämende Handlungen ganz natürlicherweise. Tugendhafte Personen streben nicht nur tugendhafte Handlungen an; sie sind auch überaus motiviert, beschämende Handlungen zu meiden. Und sie sind gut darin, vorauszusehen, welche Handlungen Scham mit sich bringen könnten. Eine mutige Person

13 Vgl. Platon, *Politeia*, in: ders., *Sämtliche Werke* Bd. 2, übers. v. Friedrich Schleiermacher u. hrsg. v. Ursula Wolf, Reinbek [34]2013, hier 357a-417b; Aristoteles, *Nikomachische Ethik*, übers. v. Eugen Rolfes u. hrsg. v. Günther Bien, Hamburg [4]1985, 1103a1-1105b19.

14 Vgl. Frank B. Linderman, *Plenty-Coups. Chief of the Crows*, Lincoln 1962, S. 11-43; Robert H. Lowie, *The Crow Indians*, Lincoln 1983, S. 33-71.

hat beispielsweise nicht nur ein geschultes Urteil darüber, was als beschämende Handlung gilt; sie wird solche Handlungen als *unmöglich* (für sich selbst) ausschließen. Wenn jemand also etwa in Entsprechung zu den Vortrefflichkeitsvorstellungen der Crow erzogen worden ist, hat er wahrscheinlich einen verinnerlichten Mechanismus der Scham, der die Auffassung der Crow von Mut widerspiegelt.

Was aber, wenn diese Auffassung von Mut aufgrund konkreter historischer Gegebenheiten keine vollziehbare Lebensweise mehr darstellt? Angesichts dieses historischen Krisenmoments scheint es so, dass es möglich sein sollte, dem Zusammenbruch traditioneller Formen des Mutes dennoch mutig entgegenzutreten. Wenn wir jedoch den psychologischen Aufbau einer Person miteinbeziehen, stellt sich die ernstzunehmende Frage, wie ein mutiger Crow diesen mutigen Übergang bewältigen sollte. Alles in seiner Erziehung hat auf die Herausbildung einer stabilen psychologischen Struktur hingearbeitet. Er kann sie nicht einfach kraft seines Willens oder einer Entscheidung ändern. Der Charakter einer Person steht nicht unmittelbar unter ihrer bewussten Kontrolle. Ein Teil dessen, was es heißt, mutig zu sein, besteht darin, die Welt auf bestimmte Arten und Weisen zu sehen. Wenn jemand seit seiner Kindheit dazu erzogen worden ist, bestimmte Handlungen als beschämend anzusehen, wie soll er dann schlagartig in der Lage sein, einzusehen, dass Scham nun nicht mehr die angemessene Reaktion ist? Genau hierin liegt das Problem: Wenn er seit seiner frühesten Jugend darin eingeübt wurde, dass Mut darin besteht, *so und so*... vorzugehen, dann ist nicht klar, wie wir von ihm erwarten können, diejenigen psychologischen Veränderungen zu durchlaufen, mittels derer er die Dinge anders sehen kann.

Diese Sachlage ist ein Problem für die Moralpsychologie. Wenn wir grob gesagt davon ausgehen, dass gilt: *Sollen impliziert Können* – wenn wir also glauben, dass Menschen in diesen fordernden Zeiten neue Wege finden sollten, nicht nur zu überleben, sondern *gut* zu leben –, dann müssen wir auch ausweisen, wie dies psychologisch möglich sein könnte. Es wäre in der Tat sehr bedrückend, wenn wir herausfänden, dass im Falle des Zusammenbruchs einer Zivilisation zwar ehrbare Möglichkeiten bestehen, weiterzuleben – doch dass gerade die besten Angehörigen jener Zivilisation am wenigsten dazu in der Lage wären, diese Möglichkeiten ausfindig zu machen. Liegt es im Wesen unserer psychologischen Struktur begründet, dass mein Gedeihen als Mitglied einer Kultur mich *weniger* fähig dazu macht, den Herausforderungen einer radikal neuen Zukunft entgegenzutreten?

Als die Crow ins Reservat verwiesen wurden, waren sie mit einer schwierigen Wahl konfrontiert: Entweder mussten sie die Vorstellung aufgeben, dass ihnen noch eine mutige Lebensweise offenstand, oder sie mussten ihre Auffassung davon ändern, was Mut ist. Wie könnte man sich für letztere Option entscheiden und dieser Entscheidung auch tatsächlich nachkommen? Bei dieser Frage geht es nicht allein um die psychologische Umsetzbarkeit dieses Übergangs, sondern auch um seine Rechtmäßigkeit. Mut ist ein Charakterzug, der sich in einer gewissenhaften und verbindlichen Lebensform zeigt. Diese Verbundenheit weist notwendigerweise eine zeitliche Dimension auf. Im gewöhnlichen Lauf der Dinge müsste eine mutige Person ihrer Vergangenheit verpflichtet bleiben: Der mutige Crow-Krieger müsste in seiner Entscheidungsfindung darüber, wie und wann er seinen nächsten Schritt macht, von den Traditionen zehren, in denen er erzogen wurde. Nach dem plötzlichen Übergang zum Reservatsleben war offenkundig nicht mehr klar, wie das geschehen sollte. Und nun, da sich die Crow den dichten Begriffen einer fremden Kultur gegenübersahen – wie konnte irgendeiner von ihnen noch *als mutig* anerkannt werden? Sollte jemand schlicht einen Sprung von den dichten Begriffen seiner eigenen Kultur zu den ethischen Begriffen einer anderen Kultur machen, so würde er wohl nicht nur einen radikalen Bruch mit seiner Vergangenheit erleben, sondern auch einen Riss im Gefüge seines Selbst. Wenn wir uns das Selbst so vorstellen, dass es zum Teil durch seine grundlegendsten Verpflichtungen konstituiert ist, dann zerrüttet man mit dem Abwerfen jener Verpflichtungen auch seinen grundlegendsten Sinn für das eigene Dasein.[15] Es ist schwer vorstellbar, wie man *das* auf mutige Weise tun sollte.

Unsere Frage wird dadurch in praktischer Hinsicht ebenso dringlich, wie sie in theoretischer Hinsicht bedeutsam ist: Könnte die dichte Auffassung von Mut, die in einer Kultur vorherrscht, eine gewisse Verformbarkeit aufweisen? Könnte also eine Person, die im traditionellen Verständnis von Mut in ihrer Kultur erzogen worden ist, auf ihre eigenen inneren Hilfsmittel zurückgreifen, um ein weiterreichendes Verständnis davon zu erlangen, was Mut sein kann? In diesem Fall würde man mit der dichten Auffassung beginnen, die eine Kultur von Mut hat, doch man würde sich Mittel und Wege erschließen, diese Auffassung *auszudünnen*: Mittel und Wege also, um sich mutig mit Gegebenheiten auseinanderzusetzen, die jene alte dichte Auf-

15 Vgl. Martin Heidegger, *Sein und Zeit*, in: ders., *Gesamtausgabe* Abt. 1 Bd. 2, hrsg. v. Friedrich-Wilhelm von Herrmann, Frankfurt/M. 1977, S. 316-323; Bernard Williams, »Personen, Charakter und Moralität«, in: ders., *Moralischer Zufall. Philosophische Aufsätze 1973-1980*, übers. v. André Linden, Meisenheim 1984, S. 11-29. Siehe in der psychoanalytischen Tradition Wilfrid Bion, »Attacks on Linking«, in: Elizabeth Bott Spillius (Hrsg.), *Melanie Klein Today. Developments in Theory and Practice. Volume 1: Mainly Theory*, London/New York 1988, S. 87-101.

fassung nie vorhergesehen hat. Das Problem bestünde dann nicht darin, schlicht zu den dichten Begriffen einer anderen Kultur überzugehen, sondern darin, sich der eigenen Traditionen auf neuartige Weisen und angesichts neuartiger Herausforderungen zu bedienen. Wenn das eine mögliche Handlung darstellt, dann ist es gut zu wissen, welche psychologischen Anpassungen sie erfordert. Ich werde versuchen zu zeigen, dass Plenty Coups genau eine solche Wandlung vollzog.

### 2.4. Die Traumdeutung

Die Crow hatten eine bewährte Praxis, um die Grenzen ihres Verstehens zu erweitern: Sie ermutigten jüngere Stammesmitglieder (zumeist Jungen) dazu, hinaus in die Natur zu ziehen und zu träumen. Für die Crow konnten die Visionen, die jemand im Traum hatte, einen Zugang zur Ordnung der Welt eröffnen, der alles gewöhnliche und bewusste Verstehen überstieg. Der junge Plenty Coups griff auf das traditionelle Hilfsmittel einer Traumvision zurück und führte es mit Hilfe der Stammesältesten einem neuen Zweck zu. So verschaffte er dem Stamm neue Grundlagen zum Denken – zum praktischen Vernunftdenken –, die ihm anderenfalls nicht zur Verfügung gestanden hätten. Und er verschaffte sich selbst die Grundlagen zu einer Umwandlung der Tugend des Mutes.

Um eine Traumvision herbeizuführen, nahm ein junger Mann in der Regel ein Schwitzbad und zog sich an einen abgelegenen Ort zurück, um dort zu fasten. Dieses Vorgehen sollte dazu dienen, die Empfänglichkeit für einen bedeutsamen Traum zu steigern. Dem jungen Plenty Coups wurde aufgetragen, loszuziehen und zu träumen, als er neun Jahre alt war. Das geschah im Jahr 1855 oder vielleicht 1856. Er zog auf eine Bergspitze. In der ersten Nacht träumte er nicht und schnitt sich daher ein Stück seines Fingers ab, um eine Vision herbeizuführen.[16] Ein solches Verhalten war nicht ungewöhnlich: Lowie berichtet, dass es zu Beginn des 20. Jahrhunderts schwierig war, einen erwachsenen männlichen Crow anzutreffen, der noch alle seine Finger hatte.[17] Ein klassisches Gebet zu Gott begann mit der Bitte »Hab Mitleid mit mir!«, und die Annahme war, dass es hilfreich sein könnte, wenn man sich als jemand zeigte, der Mitleid verdiente. Wie Plenty Coups Linderman berichtete, wusste er, dass er einer Tradition folgte, in der vorige Generationen ihr »Fleisch und Blut geopfert hatten, um zu träumen«.[18]

Wie andere amerikanische Indianerstämme hatten auch die Crow eine Traumtheorie. Sie fassten Träume als bedeutsam auf: Diese sollten – oft in der Form von Rätseln – eine Ordnung im Universum offenbaren, die dem gewöhnlichen Bewusstsein in der Regel verborgen war. Die Crow sahen, dass ihre Träume mit ihren Wünschen in Verbindung standen. Mehr noch: Sie gingen ihren Träumen gerade deswegen nach, weil sie in ihnen Werkzeuge sahen, gültige Auskunft über die Erfüllung ihrer Wünsche zu erhalten. Two Leggings zufolge unterschieden die Crow zwischen vier verschiedenen Stufen von Träumen:[19]

> »Nicht-erzählende Träume«, in denen der Träumende nur einen bestimmten Vorfall sah.
> »Wunschträume«, in denen eine Hoffnung wahr wurde. Diese Träume hatten eine besondere spirituelle

16 Vgl. Linderman, *Plenty-Coups,* S. 59.
17 Vgl. Lowie, *The Crow Indians,* S. 68.
18 Linderman, *Plenty-Coups,* S. 59 [Übersetzung J. P.].
19 Vgl. Nabokov, *Two Leggings,* S. 61.

Kraft, die man »Medizin« nannte, doch sie wurden nicht immer wahr.
»Eigentumsträume«, in denen der Träumende Pferde, Wolldecken und dergleichen sah, die er später im Laufe wirklicher Ereignisse erwerben sollte.
»Medizinträume« oder Visionen. Träume von dieser Art verliehen dem Träumenden einen wirkmächtigen Einblick in die Zukunft.

Erwartungsmäßig setzte ein junger Häuptling sich meist einer Vision aus, um zu entscheiden, ob gegenwärtig ein guter Zeitpunkt war, in die Schlacht zu ziehen. Ebenso erwartete man von jungen Männern, dass diese ihren Traumvisionen nachgingen, um herauszufinden, wo man Jagd auf Büffelherden machen konnte. Die Crow dachten also, ganz wie Freud, dass Träume eine Reaktion auf menschliche Wünsche waren. Auch dachten sie, ebenfalls ganz wie Freud, dass die tiefergehende Bedeutung von Träumen häufig nicht offen zutage lag – und dass wichtige Träume daher der Deutung durch weisere, ältere Stammesmitglieder bedurften. Im Kontext unserer Untersuchung besteht der wichtigste Unterschied zwischen Freud und den Crow darin, dass Freud glaubte, die Menschen seien allein im Universum, während die Crow dies weder damals noch heute glauben. Für Freud sind Träume nichts weiter als eine menschliche Reaktion auf menschliche Wünsche: Sie verschaffen dem Träumenden eine versteckte Befriedigung.[20] Für die Crow hingegen nehmen die Menschen

20 Freud ist daher vor allem interessiert an der Vorstellung, dass die Wünsche selbst verborgen liegen könnten. Doch auch für einen Crow ist es nicht unbekannt, einen Traum zu haben, in dem Wünsche erst hervortreten oder sich weiterentwickeln. Im Gegensatz zu anderen Stämmen im Osten befanden sich die Crow nicht jahrhundertelang in Gesellschaft jesuitischer Missionare. Entsprechend

einen bedeutungsvollen Platz in einer bedeutungsvollen Welt ein.[21] Die Welt ist nicht nur bevölkert von Geistern, es gibt auch einen einzigen Gott, Ah-badt-dadt-deah. Vor dem Hintergrund dieser Weltsicht bestand für einen Crow, der ein starkes Bedürfnis oder einen starken Wunsch hegte, guter Grund zur Annahme, dass dieses Bedürfnis oder dieser Wunsch entstanden war, weil die Welt selbst ein wenig aus dem Gleichgewicht geraten war. Wenn ein Crow also hinaus in die Berge zog, um zu Gott zu beten »Hab Mitleid mit mir!«, dann war dies ein Versuch, die Aufmerksamkeit der spirituellen Welt auf die eigene Notlage zu lenken. In einer Traumvision konnte man von einem Geist aufgesucht werden, der darlegte, auf welche Weise die Ordnung der Welt angeglichen würde, um den Wunsch der Person zu erfüllen. Die Crow nutzten also Träume, um herauszufinden, ob sie in ihrem wirklichen Leben mit der Erfüllung ihrer Wünsche rechnen konnten.

verfügen wir heute nicht über ähnlich weit zurückreichende Aufzeichnungen, wie sie für östliche Stämme vorliegen. Bereits im Jahre 1649 schrieb Pater Ragueneau, der unter den Huronen lebte: »Ergänzend zu den Begierden, die wir gemeinhin haben und die frei oder zumindest gewollt in uns sind, und die aus einem Vorwissen erstehen, das wir hinsichtlich einer bestimmten vorgestellten Güte des beschriebenen Gegenstands haben, glauben die Huronen, dass unsere Seelen weitere Begierden hegen, die gleichsam angeboren und verborgen sind. Sie sagen, diese kommen aus den Tiefen der Seele, nicht durch irgendeine Erkenntnis, sondern vermittels einer gewissen blinden Versetzung der Seele hin zu gewissen Gegenständen. [...] Sie glauben, dass unsere Seele uns diese natürlichen Begierden durch Träume mitteilt, die ihre Sprache bilden.« (Siehe A.C. Wallace, *The Death and Rebirth of the Seneca*, New York 1972, S. 61 [Übersetzung J.P.]) Für eine eingehende Darstellung der Traumtheorie vgl. ebd., S. 59-75.

21 Vgl. Timothy P. McCleary, *The Stars We Know. Crow Indian Astronomy and Lifeways*, Longrove 1997.

Am Traum des jungen Plenty Coups – und an der Deutung, die der Stamm ihm gab – ist bemerkenswert, dass er nicht bloß dazu genutzt wurde, ein zukünftiges Ereignis vorauszusagen: Die Crow rangen mit seiner Hilfe um das Verständnis von Ereignissen, die sich am Horizont ihres Verstandesvermögens befanden. Träume wurden vom Stamm häufig eingesetzt, um die Zukunft vorauszusagen – etwa, indem eine Person auf eine Traumvision wartete, die ihr mitteilte, ob es vielversprechend war, zur gegebenen Zeit in die Schlacht zu ziehen.[22] Der Traum des jungen Plenty Coups war jedoch von anderer Art. Er sagte kein einzelnes Ereignis voraus, sondern den Umbruch der Weltordnung. Er war daher in dem Sinne prophetisch, dass der Stamm sich mit ihm einer radikal neuartigen Zukunft stellte.

In seiner zweiten Nacht in der Wildnis hatte der junge Plenty Coups folgenden Traum: Er sieht einen Büffelbullen, doch er weiß, dass dieser eine Person ist, die nach ihm verlangt. Er reist an einen bestimmten Ort, und der Bulle verwandelt sich in eine menschliche Person, die ein Büffelfell als Gewand trägt. Er folgt ihr in ein Erdloch. Dort sieht er unzählige Büffel. Er wird durch ihre Mitte und dann zurück ins Sonnenlicht geführt. Die Menschenperson schüttelt ihre zeremonielle rote Rassel.

›Sieh dort!‹, sagte sie.

Aus dem Loch in der Erde kamen die Büffel, unzählige Bullen und Kühe und Kälber. Sie breiteten sich auf der Prärie aus und verdunkelten sie. Überall, wo ich hinsah, zogen große Büffelherden in alle Richtungen, und immer noch folgten ihnen zahllose andere aus dem Erdloch nach und

22 Vgl. etwa Phenocia Bauerle (Hrsg.), *The Way of the Warrior. Stories of the Crow People*, übers. u. kompil. v. Henry Old Coyote u. Barney Old Coyote Jr., Lincoln 2003, S. 12, S. 39, S. 77, S. 80.

strömten auf die Präriegründe. Als sie endlich aufhörten, aus dem Loch hervorzukommen, waren sie plötzlich alle verschwunden, *alle!* Nirgendwo war auch nur ein Büffel in Sicht, auch nicht weit draußen auf den Ebenen. Ich sah einige Gabelböcke auf einem Abhang, doch keine Büffel – nicht ein Bulle, nicht eine Kuh und nicht ein Kalb befand sich irgendwo auf den Gründen der Prärie.

Ich drehte mich um und blickte die Menschenperson neben mir an. Sie schüttelte erneut ihre rote Rassel. ›Sieh dort!‹, sagte sie.

Aus dem Loch in der Erde kamen nun wieder Bullen und Kühe und Kälber, und es waren erneut unzählig viele. Wie die anderen breiteten sie sich über die gesamten Gründe der Prärie aus. Doch sie hielten alle schließlich in kleineren Gruppen inne und begannen das Gras zu fressen. Viele von ihnen legten sich nieder, doch anders als ein Büffel es tut, und viele waren gefleckt. Selten waren auch nur zwei von ihnen von gleicher Farbe oder Größe. Und die Bullen brüllten anders, nicht tief und weithallend wie Büffelbullen, sondern schneidender und doch schwächer in meinen Ohren. Ihre Schwänze waren anders, länger, sie streiften nahezu den Boden. Das waren keine Büffel. Es waren eigenartige Tiere aus einer anderen Welt. [...]

›Verstehst du, was ich dir gezeigt habe, Plenty Coups?‹, fragte sie mich.

›Nein!‹, antwortete ich. Wie konnte die Menschenperson von mir erwarten, so etwas zu verstehen, wo ich doch noch keine zehn Jahre alt war?

Während all der Zeit, in der die Fleckenbüffel zurück in das Loch in der Erde verschwanden, hatte mich die Menschenperson nicht ein einziges Mal angesehen. Sie stand mit dem Gesicht gen Süden, als ob die Fleckenbüffel dorthin gehörten.[23]

23 Linderman, *Plenty-Coups*, S. 63 f. [Übersetzung J. P.].

An dieser Stelle sollte noch ein weiterer Teil des Traumes erwähnt werden. Die Menschenperson fordert Plenty Coups auf, sich einen sehr alten Mann anzusehen, der im Schatten eines Baumes sitzt. »Ich empfand Mitleid mit ihm, denn er war so alt und gebrechlich. ›Kennst du ihn, Plenty Coups?‹, fragte sie mich. ›Nein‹, sagte ich. […] ›Dieser alte Mann bist du selbst, Plenty Coups‹, sagte sie zu mir.« Anschließend zieht ein gewaltiger Sturm auf, in dem die vier Winde einen Krieg gegen den Wald führen. Alle Bäume werden umgerissen, bis auf einen.

> ›Hör zu, Plenty Coups‹, sagte eine Stimme. ›In diesem Baum hat die Meise ihre Unterkunft. Sie ist ihresgleichen der Stärke nach unterlegen; dem Geiste nach ist sie jedoch allen anderen weit voraus. Sie ist bereit, Anstrengungen auf sich zu nehmen, um Weisheit zu erlangen. Die Meisenperson ist eine gute Zuhörerin. Nichts entgeht ihren Ohren, die sie durch steten Gebrauch geschult hat. Immer, wenn andere von ihren Erfolgen und Niederlagen sprechen, wirst du dort auch die Meisenperson antreffen, die ihren Worten aufmerksam folgt. Doch während sie zuhört, kümmert sie sich dennoch nur um ihre eigenen Angelegenheiten. Sie drängt sich niemals auf, spricht nie in fremder Gesellschaft, und doch lässt sie sich keine Gelegenheit entgehen, von anderen zu lernen. Erfolge erringt sie und Niederlagen wendet sie ab, indem sie Kenntnis darüber erlangt, wie andere siegten oder versagten, und dabei muss sie selbst sich keinem großen Ungemach aussetzen. […] Die Unterkünfte zahlloser Vogelpersonen befanden sich im Wald, als die vier Winde ihn stürmten. Nur eine Person bleibt unversehrt – die Meisenperson in ihrer Unterkunft. Bilde also deinen Körper aus, Plenty Coups, doch vernachlässige nicht deinen Geist. Es ist der Geist, der einem Mann Macht verleiht, nicht seine körperliche Stärke.‹[24]

24 Ebd., S. 65-67 [Übersetzung J. P.].

Offenkundig müssen wir berücksichtigen, dass es sich hier um einen Traum aus früher Jugend handelt, der durch einen alten Mann wiedergegeben wird. Wahrscheinlich ist es über all die Male, die der Traum erzählt wurde, zu Abänderungen gekommen. Zudem wurde der Traum seinerzeit dem Stamm vorgetragen. Die Stammesgemeinschaft selbst mag daher gemeinsam den Traum auf verschiedene Weise umgestaltet haben. Und doch: Nachdem Plenty Coups im Alter von neun Jahren seinen Traum öffentlich nacherzählte, wurde dieser unverzüglich in das Selbstverständnis des Stammes aufgenommen. Das gibt uns guten Grund zu glauben, dass der hier wiedergegebene Inhalt zumindest in einem weiten Sinne dem entspricht, was Plenty Coups zu jener Zeit durch seine Vorstellungskraft hervorbrachte.

Im Traum sieht der Träumer ein, dass er nicht imstande ist, die Bedeutung des Traumes zu begreifen. Es ist fast so, als ob der Traum selbst auf seinen eigenen Stellenwert verweist. Der junge Träumer wurde, erschöpft von seiner aufreibenden Erfahrung, zurück zum Stamm geführt, wo ihn großer Jubel empfing. In einer feierlichen Zusammenkunft trug der Junge seinen Traum den Stammesältesten vor. Es ist faszinierend, wie die Crow Träume gemeinschaftlich zu ihrem Nutzen einsetzten. Die jungen Männer wurden zum Träumen ausgesandt, und zu einem späteren zeremoniellen Anlass wurden die Träume der Jungen durch die Alten gedeutet. Der Stamm stützte sich einerseits auf eine Fähigkeit, die er in jungen Männern vermutete: die Fähigkeit, die eigene Vorstellungskraft empfänglich für die Botschaften der Welt zu machen. Die Aufgabe der Alten war es andererseits, zu sagen, was diese Botschaften bedeuteten.

Die Stammesältesten hörten Plenty Coups' Traumschilderung zu. Yellow Bear, »der weiseste Mann unter den Anwesenden«, deutete sie so:

›Es wurde ihm kundgetan, dass die Büffelherden zu seinen Lebzeiten für immer verschwinden werden‹, sagte Yellow Bear, ›und dass an ihrer statt die Bullen, Kühe und Kälber des weißen Mannes auf den Präriegründen weiden werden. Ich habe selbst gesehen, wie diese Fleckenbüffel die Güterladungen des weißen Mannes hinter sich herziehen. Und einst, in einem großen Fort, […] sah ich auch Kühe und Kälber vom gleichen Stamm wie die Bullen, die die Lasten ziehen.

Der Traum von Plenty Coups bedeutet, dass der weiße Mann sich dieses Land aneignen wird, und dass seine Fleckenbüffel die Präriegründe übersäen werden. Dem Jungen wurde aufgetragen, eigenständig zu denken, zuzuhören und von den Erfahrungen anderer zu lernen, um das Verderben abzuwenden. Ihm wurde geraten, seinen Körper auszubilden, doch dabei nicht seinen Geist zu vergessen. Die Bedeutung dieses Traumes ist für mich eindeutig. Ich sehe seine Warnung. Diejenigen Stämme, die den weißen Mann bekämpft haben, sind alle geschlagen und ausgelöscht worden. Wenn wir zuhören, so wie es die Meise tut, können wir womöglich diesem Schicksal entgehen und unsere Gebiete behalten.‹[25]

Während des 19. Jahrhunderts hatten die Crow zwar bereits mit Pelzhändlern zu tun gehabt, und der Stamm hatte sicherlich Kenntnis davon, welche Herausforderungen der weiße Mann dem Indianer auferlegte. Diese Deutung von Plenty Coups' Traum macht jedoch deutlich, dass der Stamm der Crow Mitte des 19. Jahrhunderts der Lebensweise des weißen Mannes noch nicht häufig ausgesetzt gewesen war.[26] Yellow Bear galt unter anderem genau des-

25 Ebd., S. 73 [Übersetzung J. P.].

26 Frederick Hoxie schreibt, dass die meisten Crow zu jener Zeit wenig Kontakt zur Zivilisation der Weißen hatten, weil ihr Stamm zu-

halb als weise, weil er nach den Maßstäben der Crow bereits weit gereist und herumgekommen war. Er hatte tatsächlich die »Fleckenbüffel« gesehen, die die Wagen des weißen Mannes zogen. Und was noch wichtiger war: Er war in einem Fort des weißen Mannes gewesen und hatte dort die Kühe und Kälber gesehen, die »vom gleichen Stamm« waren wie die Bullen. Er hatte also gesehen, dass der weiße Mann über Mittel verfügte, die Fleckenbüffel zu züchten und zu vermehren. Für ihn war dies die herannahende Welle der Zukunft.

Es scheint also, dass die Traumdeutung im Verständnis der Crow darin bestand, zu zeigen, wie eine Traumvision auf die Wirklichkeit zutraf – oder einst auf sie zutreffen würde. Zur Zeit von Plenty Coups' Traum gab es noch reichlich Büffel in der Prärie, doch die Crow sahen Anlass zur Sorge. Wie Richard White hervorhebt, steigerte sich die durchschnittliche Anzahl an Gewändern aus Büffelfell, die über den Mississippi gen Süden verschifft wurden, von ungefähr 2600 im Jahr 1830 auf ungefähr 50000 im Jahr 1833. Ein Geistlicher vor Ort schätzte 1848, dass ungefähr 110000 Gewänder flussabwärts verschifft wurden.[27] Die Büffelherden verschwanden von den Jagdgründen, die traditionell den Sioux gehörten, und deswegen waren die Sioux gezwungen, in die Gebiete der Crow vorzudringen. Vor diesem Hintergrund hatte der junge Plenty Coups seinen Traum, und dieser wurde vom Stamm daher als Schlüssel zur Bewältigung der Herausforderungen angesehen, die sich in jener Zeit stellten. Sie einigten sich auf eine Au-

meist nur mit den Trappern der Berggegenden Handel betrieb; vgl. *Parading through History*, S. 69.

27 Vgl. Richard White, »The Winning of the West: The Expansion of the Western Sioux in the Eighteenth and Nineteenth Centuries«, in: *Journal of American History* 65/2 (1978), S. 319-343, hier S. 330.

ßenpolitik, die ihr Handeln für das nachfolgende Jahrhundert prägen sollte. In einer offiziellen Ältestenratssitzung erkannten sie an, dass ihre Lebensweise auf Grundlage der Büffeljagd im Begriff war, an ein Ende zu gelangen, und sie entschieden sich dazu, sich mit dem weißen Mann gegen ihre traditionellen Feinde zu verbünden. Auf diese Art wollten sie den herannahenden Sturm überstehen und ihr Stammesgebiet behalten.

### *2.5. Die Angst der Crow*

Die Crow nutzten Träume, um die Reichweite der praktischen Vernunft auszudehnen – doch es handelte sich dabei nicht bloß um eine einfache Erweiterung. Die Crow behandelten Träume nicht lediglich als eine Büchse voller Zusatzinformationen, die im gewöhnlichen und wachenden Leben unter Verschluss stand. Für sie eröffneten Träume den Zugang zu einem Reich der Geister, und es war ein wesentliches Merkmal dieses Reiches, dass es in menschlichen Begriffen nicht vollends zu fassen war. Einer Nachricht, die man aus der Geisterwelt erhielt, war es daher eingeschrieben, dass sie zunächst noch zu einem bestimmten Maße rätselhaft blieb.[28]

28 Hierbei ist interessant, dass auch Freud in seiner säkularen Auffassung der Traumdeutung darauf besteht, dass ein gewisser Teil des Traumes unverständlich bleiben muss. Auch wenn Träume gedeutet werden können, gilt dennoch: »Jeder Traum hat mindestens eine Stelle, an welcher er unergründlich ist, gleichsam einen Nabel, durch den er mit dem Unerkannten zusammenhängt« (Sigmund Freud, *Die Traumdeutung*, in: ders., *Gesammelte Werke* Bd. 2/3, hrsg. v. Anna Freud et. al., Frankfurt/M. [9]2008, S. 1-642, hier S. 116, Anm. 1). Vgl. auch ebd., S. 530. Für eine hervorragende Beschreibung des Umgangs mit Träumen unter den Indianerstämmen der Plains vgl.

Betrachten wir etwa die Erzählung der Crow von ihrem Ursprung als Stamm. Sie handelt von einer Botschaft, einem Rätsel und dessen Auflösung. Der traditionellen Überlieferung zufolge hatte der erste Anführer der Crow, No Vitals, eine Vision von Gott – dieser verwandelte sich in eine Tabakpflanze und verkündete ihm, dass die Crow sie im Frühjahr aussäen und mit ihr tanzen sollten.[29] »Die Menschen, die ich erschaffe, sollen auf der ganzen Erde verteilt leben; aber jene, denen ich diese Pflanze gebe, sollen wenige an der Zahl sein, und sie sollen Stärke von ihr empfangen.«[30] Beim betreffenden Tabak handelte es sich um eine seltene Sorte, *Nicotiana multivalvis*, und die Crow rauchten ihn tatsächlich niemals: Er wurde als heilig erachtet. In der mündlichen Überlieferung der Crow heißt es weiter, dass der Stamm sich nach No Vitals' Vision von den Hidatsa abspaltete und fortwanderte. Zunächst zogen die Crow aus dem Gebiet des heutigen Minnesota nördlich nach Kanada (in die Gegend des heutigen Alberta), dann tiefer gen Süden bis nach Utah, östlich nach Oklahoma, und schließlich nordwestlich durch Nebraska und South Dakota bis nach Wyoming und Montana. Joseph Medicine Crow vermutet, dass die Wanderung ein Jahrhundert dauerte. Natürlich ist es nicht sicher, wann genau die Geschichte von No Vitals' Vision in das Stammesleben der Crow einging. Womöglich trug sie sich tatsächlich am Anfang der Stammesgeschichte der Crow zu, möglicherweise spielte sie sich irgendwann während ihrer Wanderungen ab, oder vielleicht geschah sie erst in Montana. Entscheidend ist: Wann auch immer die

Lee Irwin, *The Dream Seekers. Native American Visionary Traditions of the Great Plains*, Norman 1994.

29 Diese Schilderung erhielt Robert Lowie Anfang des 20. Jahrhunderts von Medicine Crow; vgl. Lowie, *The Crow Indians*, S. 274.

30 Frederick E. Hoxie, *The Crow*, New York 1989, S. 28 [Übersetzung J.P.]; vgl. Hoxie, *Parading through History*, S. 40.

Geschichte erstmals aufkam, sie musste in engem Zusammenhang mit den Wanderungen des Stammes stehen. Die Crow wussten, dass sie ein von Gott erwähltes Volk waren, und sie wussten, dass ihre besondere Beziehung zu Gott mit ihrer Fähigkeit einherging, jene seltene Tabaksorte anzupflanzen und zu ernten. Wo aber befand sich das Land, in dem dieser Tabak angebaut werden konnte? Das blieb zunächst unklar. Erst nach einer langen Zeit des Wanderns kamen die Crow in dem Gebiet an, das sie fortan als das verheißene Land ansahen. Sie konnten ihrem eigenen Dasein als Stamm also nur einen Sinn abgewinnen, indem sie die ursprüngliche Vision als rätselhaft auffassten. Erst rückblickend – als sie ihre Wanderung abgeschlossen hatten – konnten sie begreifen, was ihnen anfangs zuteilgeworden war. Die Crow hatten also von Beginn ihres Stammesdaseins an eine Tradition, mit rätselhaften Verheißungen zu leben.

Vor diesem Hintergrund bildete der Traum des jungen Plenty Coups ein schmerzliches Gegenstück zu jener ursprünglichen Vision. Sagte No Vitals' Vision seinerzeit den Beginn der Geschichte der Crow als nomadischer Stamm voraus, so war Plenty Coups' Traum nun eine Voraussage ihres Endes: Er prophezeite das Ende einer Lebensweise. Auch das war ein Grund, den Traum – *und seine Deutung* – als rätselhaft anzusehen. Sofern die Lebensweise der Crow zu Ende ging und ein gewaltiger Sturm aufzog, legte der Traum ihnen nahe, dass sie vieles an diesen herannahenden Ereignissen noch nicht verstanden. Sie glaubten von sich, unter göttlicher Führung zu stehen, und sie begriffen, dass sie überleben würden, wenn sie dieser Führung nachfolgten. Gleichwohl mussten sie davon ausgehen, dass sie nicht vollends wussten, was das bedeutete. Schließlich besagte der Traum, dass der gesamte Wald zerstört würde. Auch wenn ihr Baum – der Baum der Meise – stehen bleiben sollte, mussten sie sich dennoch fragen, wie eine waldlose Welt aussehen würde. In seinem Traum wurde Plenty Coups aufgetragen, sich am Vorbild der Meise zu orientieren. Sie ist ein Vogel, der von anderen lernt. Was jedoch Plenty Coups genau lernen sollte, lag noch im Dunkeln. Obwohl sich die Crow also von seinem Traum die Mittel zu ihrem eigenen Überleben erhofften, musste vieles an ihm für sie rätselhaft bleiben. Wegen ihres übergreifenden Traumverständnisses fassten die Crow Plenty Coups' Traum wohl als etwas auf, das einem *Orakelspruch* gleichkam. Aufgrund ihrer Überzeugung, dass der Traum eine Nachricht aus der Geisterwelt darstellte, wegen der träumerischen Form jener Nachricht und weil sie einen Umbruch in ihrer gesamten Lebensweise verhieß, konnten die Stammesmitglieder zur begründeten Annahme gelangen, dass sie nur ein eingeschränktes Verständnis vom *Inhalt* des Traumes hatten. Wir können also mit Recht sagen, dass Plenty Coups' Traum ein Ausdruck von Angst war.

In der westlichen philosophischen Tradition wird Angst zumeist als Affekt oder Emotion behandelt, die kein bestimmtes Objekt hat.[31] Manche gehen so weit, zu sagen, Angst sei »auf gar nichts« gerichtet, aber diese Behauptung scheint zu stark. Vielmehr herrscht angesichts der Angst eine durchgehende und rätselhafte Unklarheit darüber, worauf sie eigentlich gerichtet ist. Damit wäre sie also eine angemessene Reaktion von Menschen, die der Vorstellung gewahr werden, am Ende ihrer eigenen Welt zu leben. Wenn

31 Vgl. Sören Kierkegaard, *Der Begriff der Angst. Eine schlecht und recht psychologisch-hinweisende Überlegung in Richtung auf das dogmatische Problem der Erbsünde*, in: ders., *Die Krankheit zum Tode. Furcht und Zittern. Die Wiederholung. Der Begriff der Angst*, übers. v. Rosemarie Lögstrup u. hrsg. v. Hermann Diem u. Walter Rest, München 2005, S. 441-640; Heidegger, *Sein und Zeit*, insb. § 40.

ein Volk tatsächlich an der geschichtlichen Grenze seiner Lebensweise angelangt ist, gibt es nicht viel, was seine Mitglieder tun könnten, um »einen Blick auf die andere Seite« zu erhaschen. Eben weil sie kurz davorstehen, einen geschichtlichen Umbruch durchzumachen, muss sich das genaue Gefüge eines Lebens auf der anderen Seite noch außerhalb ihres Gesichtskreises befinden. Im Angesicht einer solchen kulturellen Herausforderung erweist sich das Träumen als außergewöhnliches Hilfsmittel. Es setzt die Träumenden instand, sich eine radikal neue Zukunft vorzustellen, ohne allzu detailliert darauf einzugehen, wie genau sich diese Zukunft gestalten wird.

Man könnte sich abstrakt ein Mitglied des Stammes vorstellen, das sich vom Lagerfeuer erhebt und verkündet: »Also, das war's dann wohl: Das Büffeljagen ist vorbei, Ackerbau ist angesagt. Wo kann ich hier gutes Saatgut kaufen?« Realistisch betrachtet kam eine so abrupte Handlung jedoch nicht infrage. Das lag unter anderem daran, dass der Stamm nicht allein dem Inhalt des Traumes, sondern auch der Form seiner Übermittlung Beachtung schenkte. Er wurde Plenty Coups – und damit den Crow – *als Traum* dargetan. Indem wir ihn als einen angstvollen Traum deuten, tragen wir dem Umstand Rechnung, dass den Crow ein klares Verständnis seines Inhalts fehlte. Sie nutzten den Traum eindeutig, um Vorkehrungen für die Zukunft zu treffen. Tatsächlich sahen sie den Traum als ihren Übergang in die Zukunft an, der ihnen eine gänzlich neue Lebensweise verhieß. Doch weil sie begriffen, dass sie einen Traum deuteten, konnten sie ebenfalls einsehen, dass sie einstweilen nur ein spärliches Verständnis von dem hatten, was sie ins Auge fassten.

Es ist also möglich, Plenty Coups' Traum als Reaktion auf ein gemeinschaftliches Angstgefühl zu sehen – und als Anzeichen dafür, wie es angesichts dieser Angst nun weitergehen sollte. Plenty Coups erzählte von seiner Kindheit als einer glücklichen Zeit, während deren er inmitten eines florierenden Stammeslebens aufwuchs. Dabei handelt es sich um eine aufrichtige Schilderung seiner bewussten Erinnerung an eine unschuldige Kindheit. Wie wir jedoch bereits gesehen haben, mussten die Crow während jener Zeit auch verheerende Krankheiten und schreckliche Angriffe vonseiten ihrer Feinde ertragen. Die Sioux waren widerstandsfähiger gegen die Pockenausbrüche gewesen als die Crow, und so standen sie ihnen in großer Zahl entgegen. Sowohl die Sioux als auch die Blackfeet betrieben aktiven Handel um Waffen, weswegen die Crow einerseits stetig mehr Land aufgeben mussten. Andererseits mussten sie auch ihren eigenen Handel steigern und gerieten so mehr und mehr in die Abhängigkeit von Händlern und ihren Waren.[32] Es ist keine unvernünftige Annahme, dass ein feinfühliger Neunjähriger empfänglich für die Angst in seiner Gemeinschaft war, und dass er in der Lage war, das zu träumen, was er noch nicht denken konnte. Er hatte seinen Traum im Namen des gesamten Stammes.

Es scheint, dass Plenty Coups' Traum ein wesentlicher Bestandteil eines Vorgangs war, in dessen Rahmen der Stamm seine geteilte Angst umwandelte. Meines Erachtens ist es hilfreich, diese Angst nicht als die Angst dieser oder jener Person aufzufassen, sondern als unter dem gesamten Stamm zerstreute Angst. Der Stamm als solcher ist ängstlich. Oder vielleicht ist es noch genauer zu sagen, dass eine Lebensweise ängstlich ist – auch wenn sie noch nicht in Worte fassen kann, weswegen sie ängstlich ist. Der junge Plenty Coups nahm diese unausgeformten Ängste auf und verwandelte sie in die Form eines Traumes. Er träumte *stellvertretend* für den Stamm, und der Traum gab diesen

32 Vgl. Hoxie, *Parading through History*, insb. S. 72-77.

Ängsten und Sorgen eine narrative Form.[33] Damit begann eine Entwicklung, in der Plenty Coups sich tief mit der Stammesgeschichte verwob – und in der er die Last einer ängstlichen Lebensweise auf sich nahm. Bereits zu diesem ersten Anlass war er als kleiner Junge imstande, dem Stamm dessen eigene Ängste offenzulegen: Nun hatten sie die Form einer Geschichte, die erzählt und weitergegeben werden konnte – und die zur Deutung offenstand. Die Stammesältesten konnten sich daher des Traumnarrativs annehmen und es in einen deutlichen, bewussten Gedanken über die anstehenden Herausforderungen verwandeln.

Der Traum und seine Deutung waren äußerst nützlich zur praktischen Planung. Und doch waren sie alles andere als eine einfache und unkomplizierte Anwendung praktischer Vernunft. Plenty Coups war durch den Traum – ebenso wie die Stammesältesten, die ihn deuteten – aufgefordert, eine Zukunft zu antizipieren, von der noch niemand wusste, wie sie in Gedanken gefasst werden sollte. Das Problem des Stammes lag nicht einfach darin, dass sie nicht wussten, was die Zukunft bereithielt – ihnen fehlten die Begriffe, mittels derer sie jene Zukunft erfahren konnten. Ihre Lage weist einige Ähnlichkeit zu jener auf, in der sich Wissenschaftler kurz vor einer wissenschaftlichen Revolution befinden.[34] Die Herausforderungen häufen sich; es entsteht mehr und mehr Druck, die Dinge auf traditionelle

33 Ich maße mir nicht an, ein Urteil darüber zu fällen, ob Plenty Coups eine spirituelle Anleitung erhielt, wie er glaubte. Meine Darstellung ist sowohl mit einer säkularen als auch mit einer religiösen Interpretation kompatibel. Tatsächlich ist sie mit Freuds unerbittlich säkularer Traumtheorie und auch mit jener der Crow vereinbar. In beiden Fällen kann man den zugrundliegenden Vorgang als Umformung der Angst des Stammes ansehen. Der einzige Unterschied ist, dass der Stamm hierbei laut der Theorie der Crow spirituelle Hilfe hatte.

34 Vgl. Thomas S. Kuhn, *Die Struktur wissenschaftlicher Revolutio-*

Weise zu erklären; und es keimt das Gefühl auf, dass die alten Erklärungsmuster irgendetwas unausgesprochen lassen. Zugleich verfügt jedoch niemand über die Begriffe, mit denen das Unausgesprochene in Worte gefasst werden könnte. Der Unterschied ist, dass wissenschaftliche Revolutionen in der Regel auf eine Theorie mit dem Ziel der Erklärung beschränkt bleiben, während die Crow alle Aspekte ihres Lebens infrage gestellt sahen. Der Traum des jungen Plenty Coups war daher ein Akt *radikaler Antizipation* im folgenden Sinne: Er suchte nicht bloß zukünftige Ereignisse vorauszusagen; vielmehr gab er der Vorstellungskraft des Stammes Mittel an die Hand, um mit diesen einem begrifflichen Anschlag standzuhalten. Die Crow erfuhren durch den Traum, dass »ein Sturm« bevorstand – doch niemand sah hierin die Ankündigung eines wohlverstandenen Ereignisses wie etwa eines schrecklichen Blizzards oder Tornados. Das Problem der Crow zur Mitte des 19. Jahrhunderts bestand nicht darin, dass es ihnen an Satelliten oder Fernsehern ermangelte. Die Verheißung des Traumes gehörte einer grundlegend anderen Ordnung an als alles, was wir vom Wetterkanal erfahren könnten. Dort könnten wir hören, dass ein schrecklicher Sturm aufzieht, und uns fragen, ob er Stufe 10 oder gar Stufe 12 erreichen wird. Vielleicht fragen wir uns, ob die Dämme halten. All das sind vertraute Fragen, auf die wir womöglich noch keine Antwort haben. Für alle, an die sich Plenty Coups' Traum richtete, diente der »Sturm« hingegen als rätselhafter Platzhalter für eine Verwüstung, die sie erst nachträglich würden begreifen können – im Rückblick auf das Geschehene mittels Begriffen, die ihrerseits durch die Verwüstung verändert worden waren. Ähnliches galt für die Traumdeutung

*nen*, Frankfurt/M. [13]1996. Ich schulde John Haugeland Dank, der mich auf diese Analogie hingewiesen hat.

durch die Stammesältesten, laut der die Crow dem Vorbild der Meise folgen sollten, um ihre Gebiete zu behalten: Was es etwa im Jahr 1955 bedeuten würde, *ihre Gebiete zu behalten*, konnte niemand zur Zeit des Traumes gut hundert Jahre zuvor erahnen. »Unsere Gebiete behalten« bedeutete zu jener Zeit, weiterhin frei und im Rahmen eines nomadischen Lebens umherzuziehen – in einem Land, das aus Sicht des weißen Mannes einen großen, doch nur unklar umrissenen Bereich um den Little Bighorn River bildete. Kein Crow hätte damals gedacht, dass »unsere Gebiete behalten« einst bedeuten würde, auf einen Bereich von 800 000 Hektar begrenzt zu leben, der von außen aufgeteilt und einzelnen Bodenbesitzern zugewiesen wird, teils an weiße Farmer geht und so weiter. Und doch, alledem zum Trotz, können die Crow heute stolz – und mit Recht – von sich sagen, im Gegensatz zu anderen Stämmen ihre Gebiete behalten zu haben. (Das werde ich im nächsten Kapitel erörtern.) Obwohl also die Stammesältesten der Crow seinerzeit dieses Ergebnis nicht hätten vorhersehen können: Durch den Umstand, dass sie ihre Planungen von einer Traumvision leiten ließen, wird klar, dass sie versuchten, sich gedanklich in eine rätselhafte Zukunft zu versetzen.

## 2.6. Die Tugend der Meise

Der Traum des jungen Plenty Coups richtet einen Aufruf an ihn und gibt ihm zugleich einen ethischen Rat – einen Rat, der ihm scheinbar dabei helfen soll, den herannahenden und verheerenden Umbruch zu überstehen: *Werde eine Meise!*

> Sie ist ihresgleichen der Stärke nach unterlegen; dem Geiste nach ist sie jedoch allen anderen weit voraus. Sie ist bereit,

> Anstrengungen auf sich zu nehmen, um Weisheit zu erlangen. Die Meisenperson ist eine gute Zuhörerin. Nichts entgeht ihren Ohren, die sie durch steten Gebrauch geschult hat. Immer, wenn andere von ihren Erfolgen und Niederlagen sprechen, wirst du dort auch die Meisenperson antreffen, die ihren Worten aufmerksam folgt.

Eine Meise zu werden, ist also eine Tugend – eine Form menschlicher Vortrefflichkeit. Man bildet sich, indem man seine Ohren schult; man erwirbt die Fähigkeit, von der Weisheit anderer zu lernen. Und sobald man sich diesen Charakterzug erarbeitet hat, eröffnet sich eine neue Form der Vortrefflichkeit: Man vermag den herannahenden Sturm zu überstehen. »Die Unterkünfte zahlloser Vogelpersonen befanden sich im Wald, als die vier Winde ihn stürmten. Nur eine Person bleibt unversehrt – die Meisenperson in ihrer Unterkunft.«[35]

Die Tugend der Meise verlangte nach einer neuen Form des Mutes, doch hierfür bediente sie sich zugleich traditioneller Bestandteile der Kultur der Crow. »Die Meise ist große Medizin«, erzählte Pretty Shield ihrem Gesprächspartner. Die Crow orientierten sich am Gesang der Meisen, um herauszufinden, in welchem Wintermonat sie sich gerade befanden. Meisen galten außerdem als besonders mächtig: Eine Meise hatte Pretty Shields Großmutter einst erzählt, dass »große Macht in den kleinen Dingen liegt«, als diese noch eine junge Frau war. Und unter den Crow war es bekannt, dass es böse enden konnte, wenn man eine Meise kränkte. Pretty Shields Großmutter erhielt von der Meise den Rat, niemals Eier zu essen – doch ihr Mann und zwei ihrer Söhne weigerten sich, dieser Anweisung Folge zu leisten, und sie alle wurden von den Sioux getötet. Nur

35 Linderman, *Plenty-Coups*, S. 67 [Übersetzung J. P.].

einer ihrer Söhne überlebte, ganz wie die Meise es vorhergesagt hatte.[36]

Im traditionellen Stammesleben der Crow hatte die Meise also einen wohlbestimmten Platz, doch durch Plenty Coups' Traum wurde sie einem neuen Nutzen zugeführt. Dem jungen Plenty Coups wurde aufgetragen, sich darin zu schulen, wie er zuhört und von anderen lernt. Allerdings fehlte dieser Anweisung die zusätzliche Auskunft, was genau es überhaupt noch bedeuten sollte, diese Fähigkeiten auszubilden. Für gewöhnlich wäre dies offensichtlich gewesen: Jemand, der bereits in einer Kriegerkultur lebte, hätte von anderen Ratschläge darüber einholen können, welche militärische Strategie angemessen war, wie man am besten mit Pfeil und Bogen umging und so weiter. Jemand, der bereits in einer landwirtschaftlichen Kultur lebte, hätte von seinen Nachbarn Ratschläge darüber einholen können, wie er am effizientesten Felderwirtschaft betrieb, welcher Dünger gut für seinen Boden geeignet war und so weiter. Der im Traum gegebene Ratschlag, eine Meise zu werden, erfolgte hingegen in völliger Klarheit darüber, dass die bevorstehenden Ereignisse gänzlich aus dem Rahmen fallen würden. Ein Sturm zieht auf, der alle Bäume bis auf einen niederreißen wird. Und es wird nichts weiter darüber gesagt, worin die Weisheit anderer besteht, was ihre Erfolge sind oder wie man von ihnen lernen sollte. Insbesondere findet sich nirgendwo ein direkter Ratschlag – ein Ratschlag erster Ordnung –, sich einfach die Fähigkeiten und Werte des weißen Mannes anzueignen. Tatsächlich wird überhaupt kein Ratschlag erster Ordnung gegeben – es sei denn, man rechnet es als reguläres oder erststufiges Verhalten, »Zuhören zu lernen«. Ein Teil dessen, was es be-

36 Vgl. Linderman, *Pretty-Shield*, S. 87-91.

deutet, die Tugend der Meise zu erwerben, liegt genau darin, die »Erfolge« und »Weisheit« anderer als solche zu erkennen – und von ihnen zu lernen. Die Weisheit einer Meise besteht darin, die wirkliche Weisheit anderer ausmachen zu können. Im nächsten Kapitel werde ich besprechen, wie das möglich ist, doch für den Augenblick genügt es festzuhalten, dass Plenty Coups die Meise einsetzte, um eine Tugend zweiter Ordnung zu radikalisieren. Es mag sein, dass die Meise vom weißen Mann lernt, indem sie sich seine Fähigkeiten und Werte aneignet; es mag ebenso gut sein, dass sie Niederlagen in dem entdeckt, was der weiße Mann als seine Erfolge ansieht, und auf diese Weise von ihm lernt. Oder aber es mag sein, dass die Meise auf Weisen »von anderen lernt«, die es ihr ermöglichen, in vollkommen neue Richtungen fortzuschreiten. Die einzige maßgebliche Festlegung, die in der Tugend der Meise zum Ausdruck kommt, lautet: Wenn man *auf die richtige Weise* zuhört und von anderen lernt – selbst unter ganz neuartigen Bedingungen und selbst noch angesichts des Zusammenbruchs der eigenen Welt –, wird daraus etwas Gutes hervorgehen.

## 2.7. Die Umwandlung psychologischer Strukturen

Es hat den Anschein, dass genau diejenigen Charakterzüge, die eine mutige Person ausmachen, auch diejenigen Züge sind, aufgrund derer eine solche Person besonders ungeeignet dafür ist, einen mutigen Übergang *heraus* aus den traditionellen Formen des Mutes zu machen. Der mutige Crow-Krieger gab bereitwillig sein Leben, sodass sein Coup-Stab nicht entwurzelt würde – all seine Erziehung und aller Zuspruch seit frühester Kindheit waren darauf ausgerichtet, einen solchen Charakter auszubilden. Es scheint daher, dass es ihm – mehr als anderen – schwierig oder gar unmöglich scheinen musste, alles zu entwurzeln, was er über Mut gelernt hatte.

Hierbei handelt es sich um ein Problem, das in philosophischen Untersuchungen über die Tugenden bislang weitgehend unbeachtet geblieben ist. Schließlich gehen wir zu Recht davon aus, dass die Tugend des Mutes eine gewisse Anpassungsfähigkeit erfordert. Eine mutige Person muss sich darauf verstehen, unter allen nur erdenklichen Bedingungen gut zu handeln. Wir sehen also, dass es im Leben zu Situationen kommen kann, in denen die vorgefertigten Bilder von Mut unbrauchbar werden, und die wahrhaft mutige Person begreift diese außergewöhnliche Lage als solche und handelt auf unübliche und dennoch mutige Weise. Aber diese Art von Bereitschaft wird unserem derzeitigen Problem nicht ganz gerecht. Angesichts der Art und Weise, wie Tugenden oder menschliche Vortrefflichkeiten tatsächlich in Kulturen aller Geschichtsepochen gelehrt werden, kann man zwar mit Recht erwarten, dass eine tugendhafte Person die gesamte Breite an Herausforderungen meistern wird, die das Leben für sie bereithält. Es ist jedoch durchaus nicht klar, dass irgendetwas in einer solchen Erziehung sie auf den Zusammenbruch der Lebensform selbst vorbereitet. Unsere Ethik sollte sich auf den wirklichen psychologischen Verhältnissen gründen. Sofern also Anpassungsfähigkeit von einer tugendhaften Person gefordert ist, sollte diese ihr im Rahmen der Bildung und Erziehung innerhalb ihrer Kultur beigebracht werden können. Aber eine Kultur neigt selten dazu, ihre jüngsten Mitglieder auf ihren eigenen Zerfall vorzubereiten – und der Grund dafür ist einfach einzusehen. Eine Kultur verkörpert ein Gespür für die Möglichkeiten des Lebens, und sie will den Jüngeren dieses Gespür vermitteln. Ein hervorragendes Mitglied jener Kultur wird lernen, die Möglichkeiten gut zu bewältigen. Wir befassen uns nun jedoch mit dem Zusammenbruch eines kulturell verorteten Gespürs für Möglichkeit überhaupt.

Diese Unfähigkeit, sich ihre eigene Zerstörung vorzustellen, ist tendenziell der blinde Fleck einer jeden Kultur. Im Großen und Ganzen wird eine Kultur ihren jungen Mitgliedern nicht beibringen: »Diese Wege führen zum Erfolg und diese zum Scheitern; dies sind die Gefahren, die sich euch bieten können, und dies die wertvollen Gelegenheiten; diese Handlungen sind beschämend und diese glorreich – ach ja, und noch was, diese gesamte Struktur, mit der ihr die Welt bewerten sollt, könnte demnächst keinen Sinn mehr ergeben.« Es wäre sicher nicht unmöglich, diesen Gedanken zu vermitteln, doch kulturgeschichtlich handelt es sich bei ihm um eine recht neue Vorstellung, und es ist leicht zu verstehen, warum eine robuste Kultur ihn meidet. Eine Kultur hat die Neigung, sich weiterzuverbreiten, und das tut sie, indem sie ihr charakteristisches Gespür für Möglichkeiten an die Jüngeren weitergibt. Mit Blick auf die Jungen im Stamm der Crow hätte es etwa eher widersinnig geschienen, ihnen beizubringen: »Auf diese Weisen könnt ihr den feindlichen Sioux gegenüber standhaft bleiben – es sei denn natürlich, Kämpfen und Krieg werden gegenstandslos; dann sollten wir uns nach einer anderen Lebensweise umsehen.« Der erste Teil dieser Unterweisung – die traditionelle Erziehung zum Mut – scheint hier durch den zweiten Teil untergraben zu werden.

Wir können dieses Problem besser in den Blick nehmen, indem wir uns das innere psychologische Kräftespiel einer mutigen Person vor Augen führen. Mut erfordert, dass man sein Gefühl für Ehre und Scham steuern kann. In einer traditionellen Gemeinschaft wie dem Stamm der Crow wurzelten die Maßstäbe für Ehre und Scham in den Werten der Gemeinschaft – und in den rituellen Praktiken, mittels derer man einander verspottete und ehrte. Eine typische

Weise, Spott zu erfahren, lag darin, dass man eine Person aus dem Clan des eigenen Vaters zugeteilt bekam, die einen nun als persönlicher Possenreißer aufs Korn nahm. »Im Gegensatz zum eigenen Clan eines Mannes, der ihn vor der Schmach durch seinesgleichen bewahren soll, zielen die Scherzverwandten absichtlich darauf ab, ihn zu beschämen, indem sie ihn öffentlich verhöhnen und ihn mit seinem ungebührlichen Verhalten aufziehen.«[37] Es handelte sich um eine Art Spottpolizei, und sie war da, damit die Leute die Gefilde annehmbaren Verhaltens nicht verließen. »In den alten Zeiten vor der Reservation«, berichtet Joseph Medicine Crow, »bestand die Hauptform des Humors der Crow in dem Singen von Scherzliedern.«[38] Die gegnerischen Clans verfassten Lieder, mit denen sie einander dafür verspotteten, die Tabus des Stammes zu brechen und vielerlei weitere Verfehlungen zu begehen.

Wenn aus einer Gesellschaft eine mutige Person hervorgeht, sind bei ihr die Maßstäbe des Mutes zu Maßstäben der *Selbst*steuerung geworden. Der mutige Crow-Krieger vermied beschämende Handlungen nicht etwa, weil er fürchtete, von seinen Stammesgenossen erwischt zu werden und vor ihnen Scham zu empfinden. Er vermied sie, weil sie beschämend waren. Es ist Teil davon, eine mutige Person zu

37 Lowie, *The Crow Indians*, S. 22f. [Übersetzung J. P.]. Um zwei geschlechtsspezifische Beispiele zu nennen: (1) Ein Mann wurde dafür verspottet, an nur einer Frau zu hängen, stets alte Kleidung zu tragen oder von einem Streifzug ohne Beute zurückzukehren. (2) Einer Frau sagte man: »Du bist nicht gut genug, um irgendeinen Mann für dich zu gewinnen«, »Du baust nie selbst ein Zelt auf«, »Du hast noch nie eine Decke mit Perlen verziert«, »Du bist wieder und wieder entführt worden«, »Du bist übermäßig faul, du verrichtest nie irgendwelche Schmuckarbeit oder machst Mokassins für deinen Mann.«

38 Joseph Medicine Crow, *Mein Volk, die Krähen-Indianer*, S. 136.

sein, dass man einen inneren Sinn dafür hat, was beschämend ist – und solche Handlungen als unmöglich ausschließt. Das bedeutet, dass man ein gutes Ermessen dafür benötigt, welche Handlungen gut und welche schändlich sind. Philosophisch gesprochen muss man nachverfolgen können, worin Scham besteht – doch ebenso bedarf es eines inneren Antriebs, sich von allem abzuwenden, was beschämend ist. Hierin liegt dann die zweite Natur einer Person: Die Fähigkeit, das Beschämende zu erkennen, es abstoßend zu finden und es als unmöglich auszuschließen, trägt wesentlich zu dem bei, was es heißt, eine mutige Person zu sein.

Diese Fähigkeit ist das Ergebnis von Erziehung. Der Scherzverwandte bildete nur einen Teil des Erziehungsprozesses, mit dem die Crow in ihren Kindern einen eigenen, inneren Sinn dafür weckten, was beschämend war, und ihnen eine eigene, innere Motivation gaben, entsprechende Handlungen zu meiden.[39] Um dies zu erreichen, bedarf es der Herausbildung einer psychologischen Struktur. Das bedeutet, dass bestimmte psychologische Muster und Vorstellungen im Geist bestimmte Funktionen und Rollen übernehmen können. Wie Bernard Williams betont: »Auch wenn sich die Scham und ihre Motivation in der einen oder anderen Weise immer auf den Blick des Anderen bezieht, ist es wichtig, festzuhalten, daß für viele ihrer Operationen der vorgestellte Blick eines vorgestellten Anderen ausreicht.«[40] Ein junger Crow könnte also etwa sei-

39 Bernard Williams schreibt: »Wenn alles nur an der Furcht vor dem Entdecktwerden hinge, dann würde das Motiv der Scham überhaupt nicht verinnerlicht werden. Niemand hätte dann de facto einen Charakter, und die Idee der Scham*kultur*, also eines zusammenhängenden Systems der Verhaltensregulierung, wäre unverständlich.« (*Scham, Schuld und Notwendigkeit*, S. 95 f.)

40 Ebd., S. 96 [Übersetzung abgeändert, J. P.].

nen Scherzverwandten geistig verinnerlichen: Sobald er kurz davorsteht, eine fragwürdige Handlung auszuführen, stellt er sich diese Person vor. Um sein Verhalten zu steuern, benötigt er nun nicht mehr die Aussicht darauf, tatsächlich verspottet zu werden. Und er hält sich nicht mehr deshalb im Zaum, weil er wirklich entdeckt werden könnte. In gewissem Sinne ist er bereits entdeckt worden – durch seine Vorstellung. Er steuert sich selbst durch ein verinnerlichtes Schamgefühl. Diese Selbststeuerung kann bewusst erfolgen: Jemand mag sich etwa ausdrücklich vor Augen führen, was seine Mutter oder sein Vater denken würden; oder er könnte eine innere Stimme hören, die er mit einem Elternteil assoziiert, sobald er genauer über sie nachdenkt; oder er könnte träumen, unter dem Blick eines Anderen zu stehen. Doch es muss kein derart bewusster Vorgang vorliegen. Entscheidend ist nur, dass man ein Vermögen zur Selbststeuerung erworben hat, mit dem man das eigene Handeln auf einen inneren Richter bezieht und so stetig überprüft. Freud nennt diesen verinnerlichten Anderen ein *Ichideal*.[41] Es handelt sich um die Verinnerlichung von Idealen, denen wir gerecht werden wollen; und wenn wir zu weit hinter sie zurückfallen, empfinden wir Scham.

Der Entwicklungsprozess zum Erwerb eines solchen Vermögens weist drei wichtige Aspekte auf: Erstens ist dieser vorgestellte Blick eines vorgestellten Anderen nicht einfach nur ein Vorstellungsinhalt, sondern erfüllt eine strukturelle Funktion. Jemand sieht, dass eine mögliche Handlung Scham hervorrufen würde, und meidet sie genau

41 Vgl. Sigmund Freud, *Zur Einführung des Narzißmus*, in: ders., *Gesammelte Werke* Bd. 10, hrsg. v. Anna Freud et. al., Frankfurt/M. [8]1991, S. 137-170. Richard Wollheim behandelt die Bedeutung des Ichideals in *The Thread of Life*, S. 219-224.

dadurch. Zweitens ist eine Person sich des Vorgangs, über den sie jenen Sinn für Scham erwirbt, nicht vollends bewusst. Und drittens ist diese Struktur recht beständig, sobald sie einmal geformt worden ist. Zwar mögen sich die Identität und die Ansichten des verinnerlichten Anderen mit der Zeit ändern, doch solche Veränderungen dauern für gewöhnlich lange, hängen von äußeren Gegebenheiten ab und unterliegen nicht dem Willen der jeweiligen Person.

Plenty Coups' Problem war, dass er zwar genau solch eine psychologische Struktur ausbildete, die ihm dabei half, beschämende Handlungen zu meiden und mutige zu verfolgen – doch er tat dies in einer Welt, die im Zusammenbruch begriffen war. Sofern er ein Ichideal hatte, unter dessen Blick er Scham empfand, so musste dieser Andere für eine Welt stehen, die – zu Plenty Coups' Lebzeiten – unterging. Vielleicht begann das Ideal mit seinem Scherzverwandten oder vielleicht formte sich diese innere Gestalt im Laufe der Zeit, als der junge Plenty Coups von den tapferen Taten älterer Häuptlinge lernte. Wir wissen nicht, wer genau seine Vorbilder waren, doch es ist klar, dass sie Angehörige einer Welt waren, die bald nicht mehr sein würde. Und wenn diese Welt einmal zusammengebrochen war, wie sollte er sich dann zu einem inneren Anderen verhalten, der weiterhin ihr Vertreter war? Wenn nun sein innerer Anderer anklagend auf ihn herabblickte, was lag noch daran? Die psychologische Wirkung wäre wohl immer noch, dass er Scham empfände – aber inwiefern war eine solche Reaktion jetzt noch gerechtfertigt? Dieser Frage widme ich mich im nächsten Kapitel ausführlich.

Bereits jetzt können wir jedoch sehen: Der bloße Umstand, dass Plenty Coups weiterhin angesichts bestimmter Handlungen Scham empfand, könnte zunächst auch nur anzeigen, dass er in einer vergangenen Welt festsaß und psychologisch nicht dazu in der Lage war, sich den radikal neuen Gegebenheiten zu stellen, die ihn nun umgaben. Wie soll man schließlich auch seine zweite Natur ändern? Sehen wir uns zum Vergleich Aias aus Sophokles' Tragödie an. Athena belegte ihn mit einem Zauber, sodass er sich einbildete, griechische Krieger zu töten, während er eigentlich eine Herde Schafe schlachtete. Erst nach der Tat werden ihm die Augen für das geöffnet, was er getan hat, und in seiner Schande nimmt er sich das Leben: »Mich führt mein Weg dorthin, wohin ich gehen *muß*.«[42] Williams erläutert hierzu:

> Daß er nicht weiterleben wollte, [...] lag an dem Verhältnis zwischen dem, was er von der Welt erwartet und dem, was die Welt von einem Mann erwartet, der das von ihr erwartet. ›Die Welt‹ wird hier durch einen verinnerlichten Anderen repräsentiert, und dabei handelt es sich nicht um irgendeinen Anderen. Aias wäre durch die Verachtung einiger Leute so unbeeindruckt, wie er es durch die Ermutigung von anderen Leuten wäre. Aber der Andere in ihm repräsentiert eine reale Welt, in der er leben müßte, wenn er sich zum Weiterleben entschiede.[43]

Dazu zitiert Williams diejenigen Zeilen, mit denen uns Sophokles Einblick darein gewährt, wer Aias' verinnerlichter Anderer ist: »Wie schlag' ich dann vor meinem Vater Telamon die Augen auf? Wie wird er es ertragen, wenn er mich erblickt: entblößt von jedem Siegespreis, indes er selbst

42 Sophokles, *Aias*, in: ders.: *Dramen*, hrsg. u. übers. v. Wilhelm Willige u. überarb. v. Karl Bayer, Düsseldorf [5]2007, S. 8-95, hier S. 49 (Vers 690) [Hervorhebung durch J. L.]. Siehe auch Williams, *Scham, Schuld und Notwendigkeit*, S. 88.

43 Williams, *Scham, Schuld und Notwendigkeit*, S. 100 [Übersetzung abgeändert, J. P.].

den höchsten Kranz des Ruhms empfing? Das ist nicht zu ertragen.«[44]

Aias unterscheidet sich in einer wichtigen Hinsicht von Plenty Coups: Die Welt der griechischen Krieger, der Aias angehörte, blieb während seines gesamten Lebens stabil. Diese Welt wurde in ihm durch einen verinnerlichten Anderen vertreten, der hier die Gestalt seines Vaters annahm. Es war ihm unerträglich, sein Leben weiterzuführen – denn würde er weiter ausharren, so befände er sich stets unter dem vorgestellten Blick eines vorgestellten Anderen, den er achtet, und der unmöglich achten kann, was er getan hat. Hierin liegt die psychologische Grundlage der Notwendigkeit des Aias: Aus diesem Grund *muss* er gehen.

Stellen wir uns jedoch einen modernen Aias vor. Es gibt keine Athena, die seine Sicht vernebelt. Stattdessen übernimmt seine eigene psychologische Struktur eine ähnliche Rolle: Sie bleibt beständig, während die Welt um ihn herum sich bis hin zur Unkenntlichkeit verändert. Stellen wir uns einen Aias vor, der immer weiter Menschen tötet, ohne einem einzigen Schaf das Leben zu nehmen. Irgendwann werden seine Handlungen irrwitzig, da die Welt der griechischen Krieger zu Ende gegangen ist, doch er macht weiter. Plenty Coups sah sich mit einer Herausforderung von genau dieser Art konfrontiert. Hätte seine psychologische Struktur ihn starr in einer Welt festgehalten, in der er weiterhin Coup-Stäbe errichten musste, wäre auch sein Verhalten irgendwann irrwitzig geworden. Es wäre ganz so gewesen, als ob er fortwährend Schafe angreift. Plenty Coups hätte sich in solch einem grausamen Szenario gerade durch diejenigen inneren Mechanismen, mit denen er

44 Sophokles, *Aias*, S. 37 (Vers 462ff.). Siehe auch Williams, *Scham, Schuld und Notwendigkeit*, S. 100.

Scham meiden wollte, in eine absurde Lage führen lassen. Das wäre eine Tragödie ganz eigener Art gewesen.

Sofern es möglich ist, auf mutige Weise einer Wirklichkeit zu begegnen, in der die alten Formen des Mutes weichen müssen, gehört hierzu notwendigerweise ein Veränderungsprozess der alten psychologischen Strukturen. Man muss seinen Mechanismus umwandeln, durch den man Scham empfindet. Und sofern man wahrhaft mutig ist, muss man diesen Wandel in einer Weise vollbringen, die einen weiterhin *zu den richtigen Anlässen und auf die richtige Art* Scham empfinden lässt. Es ist alles andere als klar, worin eine solche Handlung bestehen sollte oder wie sie umgesetzt werden könnte. Eine besondere Schwierigkeit liegt hierbei in dem Gefühl psychologischer Notwendigkeit, das in der mutigen Person verkörpert ist. Wenn eine mutige Person sieht, dass ein bestimmter Akt beschämend wäre, schließt sie diese Handlung (für sich) als unmöglich aus. Wenn aber eine Zivilisation zusammenbricht, gibt es sicherlich Handlungsweisen, die in der alten Welt beschämend gewesen wären – die allerdings unter den jetzigen, radikal neuartigen Gegebenheiten nicht mehr als beschämend gelten sollten. So hätte es etwa in der alten Welt als beschämend gegolten – *es wäre nicht infrage gekommen* –, einfach damit aufzuhören, den Sioux ihre Pferde zu stehlen. In der alten Welt war das ein Paradigma dessen, was es bedeutete, Coups zu zählen. Wie sollte man es nun einfach aufgeben und keine Scham deswegen empfinden? Wie sollte einem das gelingen – insbesondere, da eine Person ihre psychologische Struktur nicht unmittelbar kraft ihres Willens beeinflussen kann?

Plenty Coups zog als Junge hinaus in die Natur, um zu träumen. Kehren wir noch einmal zu seinem Traum zurück und betrachten wir ihn nicht nur hinsichtlich seines prophetischen Inhalts, sondern unter dem Gesichtspunkt der Entwicklung psychologischer Strukturen. In dem Traum wurde Plenty Coups von einer Büffelperson aufgesucht, die sich in eine Menschenperson verwandelte. Es war diese Menschenperson, die ihm die radikal neuartige Zukunft offenbarte, der er sich bald würde stellen müssen. Sie war eine Lehrmeisterfigur, die Plenty Coups mit einer neuen Welt konfrontierte und ihn fragte, ob er sie verstand. Was auch immer letztlich der geistige Ursprung dieser Menschenperson gewesen sein mag, wir müssen sie uns als einen von Plenty Coups' verinnerlichten Anderen vorstellen. Sie war ein Wesen in Plenty Coups' Vorstellungswelt, dessen Autorität er achtete und dessen Rat er annahm. Sie war eine Stimme und eine Erscheinung, die ihm Respekt einflößte. Und diese Menschenperson rief den jungen Plenty Coups dazu auf, der Zerstörung seiner vertrauten Welt mit Offenheit zu begegnen und sie anzunehmen.

Die Menschenperson erteilte ihm zudem einen bestimmten und dennoch rätselhaften Ratschlag: *Höre der Meisenperson zu!* Die Meisenperson verfügt über das besondere Vermögen, anderen zuzuhören und von ihnen zu lernen. »Sie ist bereit, Anstrengungen auf sich zu nehmen, um Weisheit zu erlangen.« Sie ist also die Philosophin unter den Vögeln – in dem Sinne, den Platon mit dieser Bezeichnung verband: Sie weiß, dass sie nicht über Weisheit verfügt, doch sie sehnt sich nach ihr, und daher ist es ihr aufgegeben, sie bei anderen zu suchen.[45] Aus psychologischer Sicht wies die innere Gestalt der Menschenperson den jungen träumenden Plenty Coups dazu an, die Meisenperson

45 Platon erinnert uns an den wichtigen Umstand, dass der Philosoph nicht derjenige ist, der Weisheit hat, sondern derjenige, der weiß, dass er sie nicht hat und nach ihr verlangt. Ein *philo-sophos* (φιλόσοφος) ist jemand, der die Weisheit liebt.

als ein neues und entscheidendes Ichideal auszubilden. Nehmen wir an, er hätte in dieser Aufgabe für seine Vorstellungskraft Erfolg. Dann hätte er einen Anderen verinnerlicht, unter dessen Blick er niemals Scham empfinden würde, wenn er von anderen lernte. Tatsächlich wäre es ein Ichideal, das ihn stets dazu ermutigen würde, zuzuhören und keine Gelegenheit auszulassen, von anderen zu lernen. Nehmen wir weiterhin an, dass die Tugend des Mutes es unter diesen radikal zerstörerischen Zuständen verlangte, jener neuen Kultur mit Offenheit und Lernbereitschaft zu begegnen. Wenn dem so wäre, hätte der junge Plenty Coups sich in eine neue Tugend des Mutes hineingeträumt. Und er hätte dabei ein traditionelles Symbol verwendet – jenes der Meise.

Scheinbar erzählte Plenty Coups Linderman nicht alles, was ihm am Tag seiner Traumvision widerfuhr. Ihm gegenüber sagte er, dass Folgendes geschah, nachdem er sich ein Stück seines Fingers abgeschnitten hatte: »Vier Adler saßen entlang meiner Blutspur aufgereiht, genau über mir. Doch sie sprachen nicht zu mir und gaben mir gar nichts.«[46] Andere Darstellungen wissen jedoch zu berichten, dass Plenty Coups von einem Steinadler besucht wurde, der ihm seine Macht anbot. Der Historiker Timothy McCleary schreibt:

> Warum Plenty Coups nicht mit Linderman über diese Macht sprechen wollte, ist nun nicht mehr herauszufinden. Es ist jedoch bekannt, dass ihm die Steinadler zeit seines Lebens zu Diensten waren und dass jene Macht ihm dabei half, als Krieger und Anführer zu bestehen. Das Symbol dieser Macht war eine gelb gefärbte Adlerfeder. In seinen späteren Jahren trug Plenty Coups eine solche Feder an seiner Kopfbedeckung, um ihre Hilfe stets bei sich zu haben.

46 Linderman, *Plenty-Coups,* S. 60 [Übersetzung J.P.].

> Ganz wie die Meise leisteten ihm die Mächte der Steinadler große Dienste.[47]

Wir werden an dieser Stelle nicht klären können, warum Plenty Coups seinem Gesprächspartner diesen Teil seiner Traumsuche vorenthielt. Für die Zwecke unserer gegenwärtigen Erörterung ist jedoch nur eines entscheidend: Plenty Coups vermochte es, eine psychologische Welt zu erschaffen, der die traditionellen Tugenden des Steinadlers und die neuen Tugenden der Meise gemeinsam angehören konnten. Vögel, die nicht vom gleichen Schlag waren, konnten gleichwohl im Angesicht der neuen Welt und ihrer Herausforderungen zusammenleben.[48]

## 2.8. Radikale Hoffnung

Wenn ein Traum göttlichen Ursprungs ist *und* uns mitteilt, dass unsere Lebensweise zu Ende geht, *und* uns mitteilt, wie wir die Zerstörung unserer traditionellen Lebensweise überleben, dann steht zu erwarten, dass wir vieles an seiner Verheißung zunächst noch nicht verstehen. Und doch: Die

47 Timothy McCleary, »Afterword«, in: Frank B. Linderman, *Plenty-Coups. Chief of the Crows. New Edition*, Lincoln/London 2002, S. 173-183, hier S. 174 [Übersetzung J. P.].

48 Ich habe zwar in der Literatur der Crow keinen Verweis darauf gefunden, doch ein Student an der University of Chicago, der in Kanada Vögel beobachtet und beringt hat, hat mich auf etwas hingewiesen: Die Meise hat ein zweifaches Wesen. Nicht nur ist sie ein intelligenter Vogel, der seine Umgebung aufmerksam beobachtet – sie ist auch überaus aggressiv. Deutlich größere Vögel, die in ihr Revier eindringen, werden von ihr verscheucht oder sogar getötet. Wenn Plenty Coups dies wusste (wovon ich ausgehe), dann ergeben die Meise und der Adler ein ausgezeichnetes (und auf unheimliche Weise neuartiges) Paar. Ich danke Moshe Zvi Marvit.

Verheißung erhebt Anspruch darauf, einer Quelle mit uneingeschränkter Gültigkeit zu entstammen; und dieses Maß an Autorität verspricht festen Halt im Angesicht überwältigender Schwierigkeiten. Den Crow wurde offenbart, dass ihre traditionelle Lebensweise kurz vor dem Zusammenbruch stand. Diese Nachricht muss unglaublichen Druck auf das ethische Leben ausgeübt haben. Wir müssen uns das ethische Leben der Crow als eines vorstellen, das seinen Ausdruck in den Normen und Regeln des guten und gelingenden Lebens findet; in zeremoniellen Bräuchen und gängigen sozialen Rollen; und vor allem in ihrer geteilten Auffassung davon, was es bedeutete, das Leben eines Crow auf hervorragende Weise zu führen.

Plenty Coups' Traum könnte als göttlicher Aufruf aufgefasst worden sein, das traditionelle ethische Leben aufzugeben. Um zu überleben – und einst vielleicht wieder zu gedeihen –, mussten die Crow bereit sein, nahezu alles aufzugeben, was sie vom guten und gelingenden Leben verstanden. Es war nicht möglich, eine solche Entscheidung in Begriffe zu fassen, die der vorangegangenen Auffassung des guten Lebens angehörten. Vielmehr benötigten die Crow dazu eine Auffassung – oder eine Verpflichtung – hinsichtlich einer Form der Güte, die ihr gegenwärtiges Verständnis des Guten überstieg. Kierkegaard hat den Ausdruck »teleologische Suspension des Ethischen« geprägt, um damit Abrahams Antwort auf Gottes Befehl zu beschreiben, seinen eigenen Sohn zu opfern.[49] Gemeint ist damit, dass die ethische Pflicht, sein eigenes Kind zu behüten, im Lich-

49 Vgl. Sören Kierkegaard, *Furcht und Zittern. Dialektische Lyrik*, in: ders., *Die Krankheit zum Tode. Furcht und Zittern. Die Wiederholung. Der Begriff der Angst*, übers. v. Günther Jungbluth u. hrsg. v. Hermann Diem u. Walter Rest, München 2005, S. 179-326, hier S. 237-253.

te einer höheren Berufung aufgehoben werden muss. An Plenty Coups' Lage ist außergewöhnlich, dass wir von ihr eine nichtmythische, realistische und glaubhafte Erzählung über jemanden empfangen, der göttlich dazu berufen wird, das ethische Leben ungehindert zusammenbrechen zu lassen. Dazu sollte sogar ein *Zusammenbruch der Begriffe* gehören, mittels derer das ethische Leben bislang verstanden worden war.

Offenkundig wissen wir nicht genau, was in Plenty Coups und den Stammesältesten vor sich ging, während sie um eine Entscheidung rangen. Plenty Coups' Traum stellte ihnen jedoch die Mittel dazu bereit, den folgenden Gedankengang zu formulieren:

1. Mein Traum legt uns offen, dass unsere traditionelle Lebensweise zu Ende geht. So wurde er von den Weisesten unseres Stammes gedeutet – und der Stamm in seiner Gesamtheit ist sich einig, dass dies die Bedeutung des Traumes ist. Es gibt nichts, was wir tun könnten, um das zu ändern.
2. Unsere Vorstellung davon, was ein Gut ist, ist auf das Engste verwoben mit unserer Lebensweise. Was gut ist, verstehen wir nur in Entsprechung zu unserem Verständnis des guten und gelingenden Lebens. Dieses besteht jedoch darin, nomadisch zu leben und Jagd auf Büffelherden zu machen – und dieses Leben ist im Begriff, zu verschwinden.

Also:

3. Ich erkenne, dass wir in einem bedeutenden Sinne unwissend darüber sind, worauf wir noch unsere Hoffnungen und Absichten richten können. Es werden Veränderungen eintreten, die alles übersteigen, was wir uns derzeit vorstellen können. Sicher wissen wir nur, dass wir uns der Zukunft nicht auf jene Weisen stellen können, die uns bisher offen-

standen. Nun geht es nicht mehr darum, die nächste Büffeljagd oder den nächsten Überfall auf die Sioux zu planen. Wir müssen alles tun, was in unserer Macht steht, um unsere Vorstellungskraft für radikal andersartige zukünftige Möglichkeiten zu öffnen.

Dennoch:

4. Es besteht Hoffnung auf mehr als bloßes biologisches Überleben. Es genügt mir nicht, einfach zu überleben. Jemand anders mag sagen: »Alles, was mich kümmert, ist, zu überleben. Wenn ich zur anderen Seite des Abgrunds gelange, gibt es dort andere Güter, und dann begehre ich eben sie.« Das ist mir aber nicht genug. Wenn alles, was mir wichtig ist, alles, was ich als kostbar erachte, alles, was ich an mir selbst als wertvoll und als lebenswert ansehe – wenn alles das zunichte wird, dann ziehe ich es vor, ruhmreich unterzugehen. Ich ziehe es vor, ein Märtyrer für diese Lebensweise zu werden. Soll ich weiterleben, so muss ich einen wirklichen, eindeutigen und ehrenwerten Weg vor mir sehen. Ich muss also einerseits den Bruch erkennen, der mir bevorsteht – ob ich mag oder nicht, es wird zu einer radikalen Wende in unserer Lebensform kommen. Andererseits muss ich mir über diesen Bruch hinweg ein Maß an Integrität erhalten. Mancher Ausgang wäre schlimmer als der Tod. Doch ich habe Grund zur Hoffnung, diesen Abgrund ehrenhaft zu überqueren, denn:
5. Gott – *Ah-badt-dadt-deah* – ist gut. Dass ich mich der wahren Transzendenz Gottes verschrieben habe, offenbare ich dadurch, dass ich mich ebenso der Güte der Welt verschrieben habe, die all unsere notwendigerweise begrenzten Versuche, sie zu be-

greifen, übersteigt. Meine Verpflichtung auf Gottes Transzendenz und Güte wird dadurch offenbar, dass ich mich ebenso dem Gedanken verschrieben habe, dass etwas Gutes hervortreten wird – selbst wenn es mein gegenwärtiges und begrenztes Vermögen übersteigt, zu begreifen, was dieses Gute ist.

6. Ich verpflichte mich also dem Gedanken, dass wir Crow zwar die Güter aufgeben müssen, die unserer Lebensweise angehören – und dass wir also die Auffassung des guten Lebens aufgeben müssen, die unser Stamm über Jahrhunderte entwickelt hat. Doch *wir werden das Gute wiedererlangen*, wenn uns auch gegenwärtig nur eine leise Spur davon gegeben ist, was das heißen könnte.

So *könnte* Plenty Coups gedacht haben. Natürlich wissen wir nicht, was er tatsächlich dachte; aber es handelt sich hier um einen bemerkenswerten Vollzug praktischer Vernunft, für den seiner Vorstellungskraft die Mittel zur Verfügung standen und der mit seinen Handlungen vereinbar ist. Der Gedankengang gesteht ein, dass der Denkende sich an einem praktischen Horizont befindet, *ohne* dabei zu versuchen, einen Blick über ihn hinaus zu werfen. Er ist bereit, in die Zukunft weiterzudenken, obwohl er zugleich einräumt, dass er über keine wirkliche Auffassung von Gütern verfügt, auf die er sich stützen könnte. Er verschreibt sich dem bloßen Gedanken, *dass etwas Gutes hervortreten wird*. Doch das tut er eingedenk des Umstandes, dass der Denkende bald sein dichtes Verständnis des guten Lebens verlieren wird. Damit offenbart er eine Verpflichtung auf den Gedanken, dass die Güte der Welt die begrenzten und fehlbaren Versuche des Denkenden übersteigt, sie zu begreifen. Es wird nirgendwo angedeutet, dass man einen Blick auf das erhaschen kann, was jenseits aller Horizonte des eigenen, geschichtlich verorteten Verständnisses liegt. Es wird nirgendwo behauptet, einen Zugriff auf unaussprechbare Wahrheiten zu haben. Tatsächlich ist diese Art der Verpflichtung gerade deswegen so eindrucksvoll, weil sie anerkennt, dass es keinen solchen Zugriff geben kann. Trotzdem zeigt diese Form des Denkens, dass eine bestimmte Art der Verpflichtung sehr wohl möglich und verständlich ist: Sie liegt darin, dass Plenty Coups zwar einsehen kann, dass sein Verständnis von Selbst und Welt auf einer Reihe von Verpflichtungen beruht, die verletzlich sind, doch dass es ihm dennoch möglich ist, sich einer Güte zu verpflichten, die dieses Verständnis übersteigt. Er muss dabei nicht behaupten, in irgendeinem Maße zu erfassen, was diese Güte ist. Sein Verstehen wird durch seine Verpflichtung auf sie übertroffen.

In einer Zeit, in der säkulare Leser häufig glauben, dass eine religiöse Bindung zu Arroganz und Intoleranz führt – ganz so, als ob Gläubige eine »Direktverbindung zu Gott« hätten –, ist zu beachten, dass Plenty Coups' Verpflichtung – zumindest so, wie wir sein Denken gedeutet haben – ihn demütig machen sollte. Er muss eingestehen, dass er wenig davon ahnt, was als Nächstes kommt – abgesehen davon, dass ein »gewaltiger Sturm« naht, der alle Bäume bis auf einen niederreißen wird. Der Traum sagte nicht einmal ausdrücklich voraus, dass die Crow überleben würden – das war die Deutung, die die Stammesältesten ihm gaben. Vor diesem Hintergrund kann Plenty Coups zugleich das Ende einer traditionellen Lebensweise bezeugen und sich einem Gut verpflichten, das über diese endlichen ethischen Formen hinausgeht. Gerade weil Plenty Coups erlebt, wie eine traditionelle Lebensweise zu Ende geht, kann er sich eine besondere Form der Hoffnung zu eigen machen. Im Grunde ist es eine Hoffnung auf *Wiedererweckung*: auf eine Rückkehr ins Leben, die noch nicht ganz begreifbar ist.

Diese Verpflichtung hat etwas Radikales und Merkwürdiges an sich, das nur schwer zu fassen ist. Einerseits wird Plenty Coups Zeuge davon, wie eine traditionelle Lebensweise stirbt. Es ist der Tod der Möglichkeit, sich als ein Crow-Subjekt zu konstituieren – zumindest so, wie es traditionell verstanden wurde. Doch andererseits verschreibt er sich dem Gedanken, dass er und die Crow in noch unbekannter Weise überleben werden, wenn sie »so zuhören, wie die Meise zuhört«. Was könnte das bedeuten? Wir müssten die Crow als Menschen begreifen, die auf irgendeine Art ihre eigene Subjektivität hinter sich lassen. Das heißt, dass wir sie als einen Stamm auffassen müssen, der den Niedergang der traditionellen Wege überlebt, auf denen man sich als Crow-Subjekt konstituieren konnte. In diesem Sinne ist es nicht mehr möglich, ein Crow zu sein. Und doch werden die Crow irgendwie ihren eigenen Tod überleben. Natürlich haben sie im biologischen Sinne überlebt, wie wir bereits wissen; und es gibt sie ebenso nach wie vor als gesellschaftliche Gruppe. Diese dürftigen Formen des Überlebens sind aber nicht die höchste Vollendung von Plenty Coups' Hoffnung. Er hat sich einer Form des Gedeihens verschrieben, die robuster ist. Worin aber diese zukünftige Form genau bestehen wird, in der die Crow einst wieder gedeihen sollen, kann er noch nicht sagen – gerade weil er Zeuge des Todes ist, der die traditionelle Crow-Subjektivität ereilt. Gleichwohl verpflichtet er sich auf der Grundlage seines Traumes dem Gedanken, dass die Crow – auf der anderen Seite des Abgrunds – überleben und vielleicht einst wieder gedeihen werden. *Die Crow sind tot, lang leben die Crow!* Das ist eine Form der Hoffnung, die die Zerstörung einer Lebensweise zu überdauern scheint. Auch wenn es unglaublich schwierig sein muss, dieser Verpflichtung inmitten der subjektiven Katastrophe treu zu bleiben, ist es doch nicht unmöglich.

Und es ist zumindest vorstellbar, dass Plenty Coups genau das tat.

Mit der Verpflichtung auf diese Möglichkeit legt man sich keineswegs auf den Gedanken fest, dass die Welt Ausdruck einer Theodizee ist. Ebenso wenig verschreibt man sich der politisch hochproblematischen Ansicht, die westliche Zivilisation sei höhergestellt und die Crow täten besser daran, sich ihr anzupassen. Plenty Coups hätte sich durchaus seinem Traum verpflichten und zugleich den Anbruch westlicher Zivilisation als eine Katastrophe erachten können. Er hätte sich einem Gut verschreiben können, das seine gegenwärtige Auffassung übersteigt, und zugleich hoffen können, dass die Crow als radikale Alternative zur weißen Kultur wiedererstehen. Seine Verpflichtung gilt nicht dem Gedanken, dass die Geschichte eine positive Richtung aufweist oder dass ihre gegenwärtige Ordnung eine göttliche Rechtfertigung genießt. Schließlich erklärt Plenty Coups innerhalb der Möglichkeit, der wir uns hier widmen, dass die Geschichte ihr Ende erreicht hat. Vielmehr gilt die Verpflichtung einzig und allein der bloßen Möglichkeit, dass aus dieser Katastrophe etwas Gutes hervorgehen wird: Die Crow werden irgendwie überleben. Warum oder wie das gelingen soll, wird dabei offen gelassen. Die Hoffnung besteht im Angesicht des Eingeständnisses, dass vor dem Abgrund niemand weiß, was Überleben bedeutet.

Aus Sicht dieser Verpflichtung ist Wraps His Tails Aufstand nicht nur zwecklos – er ist eine nostalgische Ausflucht. Wraps His Tail erkannte ganz richtig, dass die traditionelle Lebensweise der Crow bedroht war. Ebenso richtig erkannte er, dass er, *falls* er diese Lebensweise verteidigen wollte, seinen Coup-Stab errichten musste. Er musste Coups zählen. Jede andere Form des Widerstands hätte ihrerseits mit der Tradition brechen müssen – und das war für ihn unmöglich. Für ihn *gab es für einen Crow keinen anderen Weg*, auf dem er hätte voranschreiten können. Und in einem gewissen Sinne hatte er Recht. Die Vortrefflichkeit, die für die Crow als Maßstab galt – und damit die Möglichkeit, sich als Crow-Subjekt zu konstituieren –, fand Ausdruck in einer Welt lebendiger Möglichkeiten. Wraps His Tail nahm eine Stellung in jener Welt ein, die er ausfüllen musste: die eines Crow-Kriegers. Zumindest versuchte er, eine solche Stellung einzunehmen. Das Problem bestand darin, dass die Welt um ihn herum zusammenbrach. Er versuchte seiner Stellung treu zu bleiben, obwohl sie ihre Verständlichkeit verlor. Plenty Coups' Stellung war im Gegensatz dazu ironisch: Der einzige Weg nach vorne für einen Crow bestand darin, einzugestehen, dass die traditionelle Lebensweise in einem Sturm fortgerissen werden sollte. Erst nach dem Sturm würden sich neue Möglichkeiten für die Crow eröffnen. Das war die Form von Plenty Coups' Verpflichtung: auf die Möglichkeit neuer Möglichkeiten für die Crow. Auch wenn die Crow eine Lebensweise aufgeben mussten – und damit auch die Subjektivität, die in jene Lebensweise eingebunden war –, sollten sie dennoch überleben. Was das jedoch bedeutet, war – zumindest zur Zeit des Traumes und seiner Deutung – nicht vollends verständlich.

Und obwohl dieser im Traum gegebene Ratschlag für die Crow göttlich gerechtfertigt war, gab es selbst für die Beständigkeit dieses Göttlichkeitsverständnisses keine Gewähr. Vielleicht würde sich sogar die Auffassung Gottes in Weisen verändern, die – zur Zeit des Traumes – unvorstellbar waren. Plenty Coups hätte vermutlich in jedem Fall darauf bestehen müssen, dass sein Traum eine irgendwie geartete Quelle von Wahrheit war, doch ansonsten musste wenig in seiner Perspektive fest verankert bleiben. Wir wissen heute etwa, dass er im Erwachsenenalter eine Vereinbarung mit katholischen Missionaren traf, in der Nähe seines Zuhauses in Pryor eine Schule zu gründen, damit die Kinder seines Clans nicht die Schule bei der Crow Agency besuchen mussten, die nahezu 100 Kilometer entfernt war.[50] Er selbst ließ sich kirchlich taufen und trauen. Und in einer Zukunft, die Plenty Coups sich nicht hätte vorstellen können, gewann die Hip-Hop-Gruppe Rezawrecktion, deren Mitglieder Crow sind, 2005 den Native American Music Award in Los Angeles.[51] Der Traum erhielt seine Autorität von göttlicher Seite, doch das genaue Wesen dieser göttlichen Quelle – wie auch die Frage, welche Narrative und Rituale für sie angemessen waren – blieb ebenfalls offen. Alles, was die Crow grundsätzlich brauchten, war die Einsicht, dass der Traum ihnen eine gerechtfertigte Anleitung gab. Und sie mussten sich an dieser Einsicht festhalten können, während sie im Sturm ausharrten. Dies sollte ihnen die Mittel bereitstellen, sich dem minimalen Gedanken zu verschreiben, dass es nach dem Sturm *für sie* etwas Gutes geben würde.

Es ist die Aufgabe einer neuen Generation von Crow, neue Wege zu finden, als Crow zu gedeihen. Plenty Coups selbst wurde Landwirt und ermutigte andere, es ihm gleichzutun. Andere Crow sind Anwälte geworden und haben erfolgreich die Interessen der Crow vor Gericht vertreten. Vielleicht wird es einst Raum für eine neue Interpretation des Coup-Stabes und seiner Funktion geben. Oder vielleicht werden der Coup-Stab und seine metaphorischen Ableitungen irrelevant. Ein Historiker der Crow hat Gründe für die Annahme angeführt, dass die Crow ursprünglich ein landwirtschaftlich geprägter Stamm waren, und dass

50 Vgl. Hoxie, *Parading through History*, S. 203.

51 Vgl. »Native music award thrills victors«, ⟨https://billingsgazette.com/news/local/native-music-award-thrills-victors/article_71551f99-794e-5db7-8f80-5da5a33d51e1.html⟩, letzter Zugriff 10.11.2019.

ihre nomadische und jagende Phase eine Entfremdung von ihrem Ursprung darstellt. Mit der Rückkehr zum Ackerbau hätten die Crow demnach also nicht den Pfad des weißen Mannes betreten, sondern wären vielmehr zu ihren Wurzeln zurückgekehrt. Barney Old Coyote führt in der *Encyclopedia of North American Indians* aus:

> Die Crow begannen als landwirtschaftlicher und nahezu sesshafter Stamm. Sie wurden später zu einem nomadischen Stamm von Jägern, und heutzutage bilden sie eine ländliche Gemeinschaft mit Sitz in ihrem anerkannten Indianerreservat, deren Mitglieder innerhalb und außerhalb des Reservats leben. Bis in die 1930er Jahre sprach die Mehrheit der Mitglieder nur die Sprache der Crow, doch mittlerweile spricht die Mehrheit Englisch. Moderne Lebensgewohnheiten und Sitten mischen sich mit der althergebrachten Kultur, Tradition und den religiösen Praktiken der Crow.[52]

In einem weiteren vorstellbaren Narrativ wäre es die Annahme amerikanischer Werte, die den Crow dazu verhelfen würde, wieder zu gedeihen. In einem wiederum anderen würden sie gerade durch ihre neuartigen Schritte der US-amerikanischen Bevölkerung wertvolle Einsichten vermitteln. Ich will keine Aussage darüber treffen, wie die Crow voranschreiten sollten. Ich weise nur auf die radikale Form der Hoffnung hin, die sich in Plenty Coups' Traum wiederfindet: eine Hoffnung darauf, dass die Crow selbst nach dem Tod aller traditionellen Formen der Crow-Subjektivität überleben können – und einst auch wieder gedeihen.

52 Barney Old Coyote, »Crow«, in: Frederick E. Hoxie (Hrsg.), *Encyclopedia of North American Indians. Native American History, Culture, and Life From Paleo-Indians to the Present*, Boston 1996, S. 146-148, hier S. 148 [Übersetzung J. P.].

Plenty Coups gelang es, sich selbst und sein Volk in eine unvorstellbare Zukunft hineinzuführen, indem er sich dem Gedanken verpflichtete, dass etwas Gutes entstehen würde. Er führte sich selbst und sein Volk in die Zukunft und hielt daran fest, dass dieser Weg es wert war, weiter beschritten zu werden, und das obwohl er einräumte, dass sein eigenes gegenwartsbezogenes Verständnis des guten Lebens verschwinden würde. Das ist eine gewaltige Form der Verpflichtung: Sie betrifft eine Güte in der Welt, die das eigene gegenwärtige Vermögen übersteigt, sie zu erfassen. Wir kennen nicht die Tiefen in Plenty Coups' Denken. Er könnte einer oberflächlichen Form instrumentellen Vernunftdenkens gefolgt sein; er könnte tiefgreifende Einsichten in die Geschichte gehabt haben; und er könnte einer religiösen Überzeugung Ausdruck verliehen haben, als er versuchte, seinem Volk dabei zu helfen, ihr verheißenes Land zu behalten. Die geschichtlichen Anhaltspunkte sind mit all diesen – und weiteren – Interpretationen vereinbar. Und doch offenbaren all diese Deutungen ein Fundament an Hoffnung. Man mag gewillt sein, verschiedene ethische Einwände gegen diese Form der Hoffnung zu erheben: dass sie zu willfährig war; dass sie sich nicht mit dem Übel auseinandersetzte, das dem Stamm der Crow angetan worden war. Doch es steht außer Frage, dass diese Hoffnung eine bemerkenswerte menschliche Leistung war – nicht zuletzt, weil sie sich der Verzweiflung widersetzte. Was wir davon halten sollen, ist das Thema des nächsten Kapitels.

Plenty Coups mit seiner adoptierten Tochter (Mary Man with the Beard) (Fotografie von Norman Forsyth. Smithsonian Institution, Office of Anthropology, Bureau of American Ethnology Collection).

# 3. Kritik der abgründigen Urteilskraft

## 3.1. Die Berechtigung radikaler Hoffnung

Was dürfen wir hoffen? Kant stellte diese Frage in der ersten Person Singular zusammen mit zwei weiteren – »Was kann ich wissen?« und »Was soll ich tun?« –, von denen er glaubte, dass sie die *conditio humana* im Wesentlichen kennzeichnen.[1] Nach zwei Jahrhunderten philosophischen Nachdenkens scheint es am besten, diese Fragen in der ersten Person Plural neu zu formulieren. Ausgehend von dieser rückblickenden Einsicht, möchte ich daher auch keine Untersuchung a priori vornehmen, sondern einen Blick auf jene Hoffnung werfen, wie sie an einer der Grenzen des menschlichen Daseins entstehen kann. In dem Szenario, das im vorhergehenden Kapitel beschrieben wurde, reagierte Plenty Coups auf den Zusammenbruch seiner Zivilisation mit radikaler Hoffnung. Diese Hoffnung ist genau deswegen *radikal*, weil sie sich auf eine Güte richtet, die das gegenwärtige Vermögen übersteigt, einzusehen, worin sie besteht. Radikale Hoffnung antizipiert ein Gut, für das allen, die eine solche Hoffnung hegen, bislang die angemessenen Begriffe zum Verständnis fehlen. In welchem Sinne kann eine solche Hoffnung gerechtfertigt sein?

1 Vgl. Immanuel Kant, *Kritik der reinen Vernunft*, in: ders., *Werkausgabe* Bd. 3/4, hrsg. v. Wilhelm Weischedel, Frankfurt/M. 1974, A 805/B 833. Die Frage nach der Hoffnung ist Kant zufolge theoretisch und praktisch zugleich.

Im vorigen Kapitel habe ich die Vermutung geäußert, dass Plenty Coups stellvertretend für seinen Stamm träumte. Der Stamm war ängstlich – tatsächlich hatte eine Lebensweise Angst um ihre eigene Beständigkeit. Durch die Deutung des Traumes gelangte der Stamm zu der Annahme, dass die traditionellen Weisen, das eigene Leben zu führen – und damit die Weisen, ein Crow zu sein –, bald ihr Ende erreichen sollten. Dennoch schöpften sie Zuversicht, dass sie überleben würden. Die Crow hofften auf das Hervortreten einer Crow-Subjektivität, die es noch nicht gab. Irgendwann sollte es wieder möglich sein, sich als ein Crow-Subjekt zu formen – als ein Crow zu gedeihen –, obwohl die traditionellen Formen hierfür dem Untergang geweiht waren. Diese Hoffnung ist insofern radikal, als sie auf eine Subjektivität abzielt, die den Crow angehört und zugleich noch nicht existiert.

Hierbei geht es nicht darum, eine historische Behauptung als wahr auszuweisen, nach der Plenty Coups tatsächlich eine solche radikale Hoffnung hegte. Ich vermute, dass er das tat – und der überlieferte Geschichtsverlauf stimmt mit dieser Annahme zusammen –, doch ich bin nicht in der Lage, die Tiefen seiner Seele auszuloten. Auch ist das Ziel nicht, Plenty Coups zu verteidigen. Das Ziel ist, auszuweisen, was *wir* berechtigterweise hoffen dürfen, wenn unser Gefühl der Zweckhaftigkeit und des Sinns zusammenbricht, das uns von unserer Kultur vermittelt wurde. Daher lautet unsere zentrale Frage nicht, ob Plenty Coups in seiner Hoffnung gerechtfertigt war, sondern vielmehr: In welchem Sinne hätte Plenty Coups gerechtfertigt sein können? Auf diese Weise kann ein geschichtliches Beispiel einen Beitrag zu einer Überlegung leisten, die eindeutig philosophischer Art ist. Wenn irgendetwas den Namen *Moralpsychologie* verdient, dann eine Untersuchung darüber, wie die Strukturen (und Strukturveränderungen) der Psyche dabei helfen, ein gutes Leben in einer Welt mit anderen zu führen.[2] Ein faktisches geschichtliches Beispiel kann – zusammen mit einer Konstruktion der Vorstellungskraft, die sich auf die konkreten geschichtlichen Gegebenheiten stützt – die notwendige Greifbarkeit schaffen, die einer informativen moralpsychologischen Untersuchung zugrunde liegt. Wir können von Plenty Coups lernen, und zwar nicht so sehr etwas über ihn als vielmehr etwas über uns selbst. Und der Grund dafür, dass wir von ihm lernen können, lautet nicht etwa, dass er über irgendeine besondere und exotische Weisheit verfügte, an der es dem westlichen Geist mangelt: Diese Vorstellung ist ein rein westliches Bild, das über »den Indianer« vorherrscht.[3] Der Grund ist vielmehr, dass Plenty Coups ein beispielhafter Mensch war, der in einer außergewöhnlichen Zeit lebte. Er erlebte tatsächlich einen zivilisatorischen Zusammenbruch, und im Angesicht dieses Anschlags gegen ihn und die Seinen führte er seinen Stamm an. Deswegen kann er uns dabei helfen, eine der abseitigeren, aber dennoch wichtigen Möglichkeiten des Lebens besser zu verstehen.

Für Plenty Coups war die Frage der Hoffnung eng mit der Frage verbunden, wie man leben sollte. Weil er diese Hoffnung als gerechtfertigt ansah, traf er bestimmte Entscheidungen hinsichtlich seiner eigenen Lebensführung – und hinsichtlich der Führung der Crow. Deswegen entpuppt sich die Frage der Hoffnung als wegweisend für eine ethische Verständigung über das Leben an den Grenzen, die dem Verstehen einer Person gesetzt sind. Und damit er-

2 Vgl. Iris Murdoch, *The Sovereignty of Good*, London 1974.

3 Vgl. Philip J. Deloria, *Playing Indian*, New Haven 1998. Für eine niederschmetternde Darstellung der politischen Konsequenzen, die dieses Bild nach sich gezogen hat, vgl. Vine Deloria, *Custer Died for Your Sins. An Indian Manifesto*, Norman 1988.

halten wir einen Hinweis darauf, wie wir in einer Untersuchung vorgehen sollten, mit der wir die Berechtigung einer Hoffnung prüfen wollen. Schließlich scheint es so, als ob man nicht immer lobend davon reden kann, dass eine Person ein hoffnungsvolles Leben geführt hat. Wir nennen jemanden, dessen hoffnungsvoller Optimismus daher rührt, dass er seinen Blick von der verheerenden Wirklichkeit abwendet, einen »Traumtänzer«. Tatsächlich hegen wir bisweilen den Verdacht, dass jemand gerade *durch* seine hoffnungsvolle Perspektive seinen Blick abwendet. Das mag eine wirksame Strategie sein, um mit einer furchtbaren Situation umzugehen – und wir mögen daher Mitleid empfinden –, aber wir sehen es nicht als ausgezeichnetes oder lobenswertes Verhalten an. Und natürlich besteht eine besondere Gefahr für jeden, der eine Entscheidung trifft, wie Plenty Coups sie traf. Im Angesicht einer überlegenen Zivilisation, die sich im Angriff befand, entschloss sich Plenty Coups, mit ihr zu kollaborieren. In bestimmten geschichtlichen Zusammenhängen nutzen wir den Ausdruck »Kollaboration« abwertend, um damit die feige Unterwerfung gegenüber einer böswilligen überlegenen Macht zu bezeichnen (so etwa, wenn wir über Nazi-Kollaborateure im Zweiten Weltkrieg sprechen). In solchen Fällen kann jemandes Hoffnung zu seiner Selbsttäuschung beitragen: Er vermeidet einen klaren Blick auf die eigene Feigheit, indem er sich als jemanden ansieht, der auf eine hoffnungsvolle Zukunft hinarbeitet.

Genau diese Schwierigkeit warf Häuptling Sitting Bull auf. Er war der letzte Oberhäuptling der Lakota-Stämme der Sioux Nation, des traditionellen Feindes der Crow. Seine Bekanntheit rührt vor allem daher, dass er Oberhäuptling war, als die Sioux im Juni 1876 ihren legendären Sieg über das siebte US-Kavallerie-Regiment unter General George Custer errangen. Ein Jahrzehnt später, im September 1886, besuchte Sitting Bull das Reservat der Crow – nachdem er zunächst nach Kanada geflohen war, um schließlich zurückzukehren, sich den US-Streitkräften zu ergeben und seinerseits in das Sioux-Reservat verwiesen zu werden. Er hielt sich etwa zwei Wochen lang bei den Crow auf.[4] Es kann kaum hinreichend betont werden, um was für eine historisch neuartige Situation es sich dabei handelte. Zwei traditionelle Feinde, die einander ein Jahrhundert lang in regelmäßig wiederkehrenden Wellen angegriffen und getötet hatten, kamen zusammen, um die Lage angesichts radikaler geschichtlicher Veränderungen neu zu besprechen. Sitting Bull besuchte das Schlachtfeld am Little Bighorn River, wo nun ein Denkmal für General Custer stand – doch er zog aus seinem Anblick eine Lektion, die jener zuwiderlief, die von den Errichtern des Denkmals vorgesehen war.

> Der charismatische alte Krieger wandte sich seinen Gastgebern zu, nachdem er die Ruhestätte der siebten Kavallerie besichtigt hatte, und verkündete: ›Seht euch dieses Denkmal an. Es ist eine Auszeichnung der Taten, die unser Volk vollbracht hat: Schaut euch an, wie die weißen Männer uns behandeln, und wie sie euch dagegen behandeln. Wir erhalten eineinhalb Pfund Rindsfleisch pro Ration und ihr nur ein halbes Pfund. Euch hält man zu Hause fest und lässt euch wie Sklaven schuften, während wir nicht arbeiten müssen und es uns erlaubt ist, von Agency zu Agency zu reiten und uns zu vergnügen.‹[5]

Vor allem jedoch »bestand Sitting Bull darauf, dass wahre Stammesanführer niemals mit der US-Regierung zusam-

4 Vgl. Frederick E. Hoxie, *Parading through History. The Making of the Crow Nation in America, 1805-1935*, Cambridge 1997, S. 148f.

5 Ebd. [Übersetzung J. P.].

menarbeiten würden. Eine solche Zusammenarbeit sei nichts anderes als die Unterordnung des eigenen Führungsanspruchs und die Auslieferung der Gefolgsleute an die Launen engstirniger Staatsdiener.«[6]

Damit zog Sitting Bull die Urteilskraft und Führungsfähigkeit Plenty Coups' in Zweifel. Insofern dabei radikale Hoffnung eine Rolle spielte, hinterfragte er diese damit ebenso sehr. Er war ein traditioneller Feind der Crow, weswegen die Frage nicht außer Acht gelassen werden darf, wie sehr er ihnen möglicherweise noch Schmerz durch seine Äußerungen verursachen wollte. Womöglich wollte er sich auf ihre Kosten rühmen. Und er war ein gefürchteter Feind der US-Regierung gewesen – vielleicht wollte er dieser also auch weitere Unannehmlichkeiten bereiten. Eventuell wollte er die Crow in ihrer außenpolitischen Haltung aufrütteln und sie dazu bringen, gegen die US-Amerikaner zu kämpfen. In dem Fall hatte er einigen Erfolg: Sein Besuch scheint eine Rolle im Aufkommen der Unzufriedenheit gespielt zu haben, die zu Wraps His Tails Aufstand führte.[7] Offenkundig können wir nicht mit Sicherheit sagen, was Sitting Bull dazu veranlasste, seine Einschätzung der Lage öffentlich zu machen. Wenn wir ihn aber beim Wort nehmen – so wie einige Crow es taten –, dann hinterfragte er Plenty Coups' Urteilsvermögen. Aus seiner Sicht war Plenty Coups ein leichtgläubiger Dummkopf, oder noch schlimmer, ein Kollaborateur mit unheilvollen Mächten.[8] In jedem Fall zeigte er mangelnde Urteilskraft.

6 Ebd., S. 149 [Übersetzung J. P.].

7 Vgl. ebd., S. 155-159.

8 Überreste einer solchen Sicht finden sich noch in Dee Browns Klassiker *Begrabt mein Herz an der Biegung des Flusses*, München 1978. Dort werden Crow-Krieger, die aufseiten der US-Truppen kämpfen, als »Söldner« bezeichnet (vgl. ebd., S. 283, S. 299). Diese Darstellung scheint eher eine Perspektive der Sioux wiederzugeben,

Dieser Einwand weist jedoch den Weg zu einer möglichen Verteidigung und Rechtfertigung radikaler Hoffnung. Eine Antwort an Sitting Bull könnte darin bestehen, dafür zu argumentieren, dass Plenty Coups ganz im Gegenteil ein hervorragendes Urteilsvermögen und einen mutigen Führungsstil an den Tag legte. Um diese Bewertung stark zu machen, müsste man zeigen, dass selbst unter solch extremen Bedingungen immer noch bestimmte Formen menschlicher Vortrefflichkeit möglich sind. Und statt nur nach einer isolierten Rechtfertigung für radikale Hoffnung zu suchen, müsste man Gründe dafür anführen, dass eine solche Hoffnung eine entscheidende Rolle in einem mutigen Leben spielt. So werden wir also zu einer Untersuchung darüber geführt, welche Stellung Mut in so fordernden Zeiten einnimmt. Wenn wir uns davon überzeugen können, dass Mut auch unter diesen extremen Bedingungen eine wahrhafte Tugend ist – also ein Charakterzug, dessen Ausübung zu einer vortrefflichen Lebensführung beiträgt –, und wenn wir uns weiterhin davon überzeugen können, dass Hoffnung ein wichtiger Bestandteil solchen Mutes ist, dann haben wir damit eine Rechtfertigung einer solchen Hoffnung vorgelegt.

Offenkundig waren sowohl Sitting Bull als auch Plenty Coups Männer von außerordentlicher Würde und Begabung, beide rangen um eine ehrbare Lebensweise für ihre Stämme, und beide verdienen unsere Hochachtung. Doch wenn wir eine Rechtfertigung und Verteidigung radikaler Hoffnung formulieren wollen, so wie ich sie für möglich halte, dann müssen wir in Plenty Coups die Verkörperung einer spezifischen Form des Mutes sehen, die Sitting Bull

als dass sie eine umfassendere »Indian History of the American West« wäre, wie der Untertitel der englischen Originalausgabe nahelegt, und damit ist sie sicherlich keine Perspektive der Crow.

nicht begreifen konnte. Die Geschichte hatte das traditionelle, dichte Verständnis von Mut unmöglich werden lassen – sie hatte es sogar seiner Bedeutung beraubt. Doch das bedeutete keinesfalls, dass Mut als menschliche Vortrefflichkeit unmöglich geworden war. Selbst innerhalb dieser kulturellen Verwüstung bestanden weiterhin Möglichkeiten, ein lohnenswertes und bedeutsames Leben zu führen – und Mut sollte dabei eine wesentliche Tugend sein. Doch er musste dabei eine Umwandlung durchlaufen: Insbesondere musste sein Begriff, der zuvor ein dichter Begriff gewesen war, *ausgedünnt* werden. Plenty Coups musste ein neues Verständnis von Mut erlangen, dessen Maßstab über das Zählen von Coups hinausging. In diesem Kapitel will ich die Rolle ausleuchten, die radikale Hoffnung dabei gespielt haben könnte, die Tugend des Mutes auszudünnen.

## *3.2. Aristoteles' Methode*

Für Aristoteles sind Tugenden diejenigen Charaktereigenschaften, deren Ausübung einen Beitrag zu einer vortrefflichen Lebensführung leistet. Er setzt sich nicht mit dem Umstand auseinander, dass verschiedene geschichtliche Epochen auch unterschiedliche Anforderungen hinsichtlich der Frage mit sich bringen mögen, welche Zustände der Seele als Mut gelten können. Die Auffassung von Mut, die ich hier entfalten will, erstreckt sich daher über die Tugend hinaus, die Aristoteles ausdrücklich erörtert. Seine Methode gibt uns dennoch die Mittel, mit denen wir eine solche Untersuchung durchführen können. Aristoteles verstand Tugend als einen mittleren Seelenzustand, der zwischen zwei anderen psychischen Einstellungen liegt, die wiederum – im Lichte dieser Tugend – als Übermaß und Mangel verstanden werden können. Die Pointe liegt für unsere Untersuchung darin, dass wir ein Verständnis dessen, was Mut ist, teils dadurch erlangen, dass wir es von dem abgrenzen, was Mut nicht ist. Mut besteht für Aristoteles in der angemessenen Mitte zwischen Feigheit, die einen Mangel darstellt, und unbesonnener Verwegenheit, die ein Übermaß ist.[9] In der von uns erwogenen Situation könnte der Mangel eine feige Kapitulation gegenüber der überlegenen Kultur sein – also das, was Sitting Bull den Crow vorwarf –, und das Übermaß könnte in dem unbesonnenen und vergeblichen Aufstand bestehen, den Wraps His Tail anzettelte. Man kann zulassen, dass der Inhalt dessen, was Mut ist, sich verändert, und ihn zugleich immer noch in einem Raster aus Übermaß und Mangel verorten.

Mut wird von Aristoteles durch einige weitgefasste Kennzeichen charakterisiert, sodass wir seine Änderungen mit Bezug auf jene Wegmarken nachvollziehen können. Selbst wenn Mut also zunächst eine paradigmatisch militärische Tugend war – was sowohl bei den antiken Griechen als auch bei den Crow der Fall war –, könnte er dennoch allgemeinere Kennzeichen und Merkmale aufweisen, die es erlauben, diese Tugend auszudünnen. Wenn die Welt sich verändert, können sich entsprechende Veränderungen in dem ergeben, was als mutig gelten kann. Und doch muss alles, was überhaupt als Mut gelten kann, in dieses Bezugssystem fallen. Von den Kriterien, die Aristoteles uns gibt, möchte ich fünf hervorheben, die zusammen das Feld eingrenzen, in dem Mut liegen muss.

9 Vgl. Aristoteles, *Nikomachische Ethik*, übers. v. Eugen Rolfes u. hrsg. v. Günther Bien, Hamburg [4]1985, 1104a11-26.

*1. Eine mutige Person hat eine angemessene Haltung gegenüber dem, was beschämend ist und dem, was furchterregend ist.*[10]

Das heißt, dass sie begreift, was wahrhaft beschämend wäre, und genau dadurch dazu motiviert ist, es zu meiden. Sie versteht auch, was wahrhaft furchterregend ist, und »[n]iemand ist ja mehr als [sie] imstande[,] das Schreckliche zu ertragen«, daher ist sie motiviert, im Angesicht des Beängstigenden mutig zu handeln. Inmitten einer kulturellen Zerstörung, wie die Crow sie erlitten, hätte eine mutige Person sich hinsichtlich des Beschämenden und des Furchterregenden neu auszurichten. Aristoteles sagt, dass als mutig gemeinhin derjenige gilt, der furchtlos gegenüber einem ruhmreichen Tod ist.[11] Über Jahrhunderte hinweg bedeutete das für die Crow, dass man seinen Coup-Stab errichtete und Coups zählte. Darin äußerte sich für sie auf grundlegende Weise die Unerschrockenheit einer mutigen Person. Natürlich stellt sich mit diesem Paradigma eine Frage: Wenn Plenty Coups mutig war, warum entschloss er sich dann nicht, kämpfend unterzugehen – seinen Coup-Stab zu errichten – gegen eine Macht, die seinem Volk dessen traditionelle Lebensweise nehmen würde? Wenn wir dem aristotelischen Kriterium folgen, muss unsere Antwort diese Form annehmen: Weil Plenty Coups *richtigerweise* sah, dass es kein ruhmreicher Tod mehr wäre, auf solche Weise zu sterben; und dass es nicht mehr als beschämend gelten sollte, einen solchen Tod zu meiden.

Hiermit gelangen wir zum zweiten Kennzeichen des Mutes:

10 Vgl. ebd., 1115a4-1115b7.
11 Vgl. ebd., 1115a24-30.

*2. Mut zielt auf das ab, was richtig ist.*[12]

Aristoteles betont, dass Menschen mutige Handlungen ausführen können, ohne jedoch selbst mutig zu sein, sofern die Handlung aus der falschen Motivation erfolgt. So kann etwa eine Person angemessen und kühn handeln – dies aber aus Gruppenzwang tun. Ähnlich kann ein Tier, das in die Ecke getrieben wurde, kühn um sein Überleben kämpfen – dabei jedoch seinem Instinkt folgen. »Auch die Menschen empfinden nun im Zorn Schmerz und bei der Rache Freude. Wer aber deshalb kämpft, ist zwar streitbar, aber nicht mutig, weil er nicht wegen des Richtigen und Schönen oder nach Vorschrift der Vernunft, sondern aus Leidenschaft handelt.«[13] Damit also Plenty Coups' Handlungen als mutig bezeichnet werden können, müssen wir sehen, dass er mit ihnen nicht nur um sein eigenes Überleben kämpft. Wir müssen ihn als jemanden begreifen, der so handelt, weil er auf etwas Richtiges abzielt.

*3. Eine mutige Person muss die eigene Situation erfassen und ihr mit einem fähigen Urteilsvermögen begegnen, das durch Erfahrung geschult ist.*[14]

Ich will diese Anwendung eines kundigen Urteils auch als *sich der Wirklichkeit stellen* bezeichnen. Im Rahmen eines militärischen Paradigmas des Mutes hat der mutige Soldat eine gute (und durch Erfahrung erworbene) Vorstellung davon, was eine echte militärische Gefahr darstellt und was nicht. Weil er die Situation zutreffend einschätzen kann,

12 Vgl. ebd., 1115a30-1116b32. Der entsprechende Ausdruck »τὸ καλόν« bezeichnet auch *das Schöne*, *das Ehrenwerte* und *das Gute*.

13 Ebd., 1117a6-9 [Übersetzung abgeändert, J. P.].

14 Vgl. ebd., 1116b4-24.

vermag er es, dem Feind Schaden zuzufügen, die eigene Niederlage zu vermeiden und, wenn möglich, zu siegen. Aristoteles sagt, dass Sokrates den Mut aus diesem Grund für eine Variante von sachkundigem Wissen gehalten hat.[15] Wie wir sehen werden, war es den Crow möglich, auch nach der Umwälzung ihrer Lebensweise noch an diesem kriegerischen Paradigma festzuhalten. Doch damit Plenty Coups' Handlungen als mutig gelten konnten, mussten sie auf einem angemessenen Verständnis der Veränderungen um ihn herum fußen: Die Situation hatte sich so grundlegend gewandelt, dass sich die Anforderungen des Mutes mit ihr wandeln mussten.

> *4. Paradigmatischerweise geht mit Mut das Risiko einher, ernsthafte Verluste und eine Reihe schmerzhafter Belastungen auf sich zu nehmen.*[16]

Auch hier ist das Paradigma sowohl für Aristoteles als auch für die nomadischen Crow der Krieg: Um des Richtigen willen nimmt die mutige Person Entbehrungen und das Risiko auf sich, zu sterben. Sie versteht, dass einige Schicksale schlimmer sind als der Tod, und dass bestimmten Formen von Lust nicht nachgegangen werden sollte, weil sie beschämend sind. In einer Zeit kultureller Zerstörung, wie Plenty Coups und die Crow sie erleiden mussten, ist auch eine radikale Umwandlung der Risiken notwendig, die mit Mut im Zusammenhang stehen. Zu einem solchen geschichtlichen Augenblick sind die üblichen Beispiele da-

15 Vgl. ebd., 1116b4-5. Siehe auch Platon, *Laches*, in: ders.: *Sämtliche Werke* Bd. 1, übers. v. Friedrich Schleiermacher u. hrsg. v. Ursula Wolf, Reinbek [32]2011, hier 178a-201c; sowie ders., *Protagoras*, in: ders., *Sämtliche Werke* Bd. 1, übers. v. Friedrich Schleiermacher u. hrsg. v. Ursula Wolf, Reinbek [32]2011, hier 358d-360e.

16 Vgl. Aristoteles, *Nikomachische Ethik*, 1117a29-35.

für, Risiken auf sich zu nehmen – wie das Zählen von Coups –, eigenartig belanglos geworden. Die Risiken aber, die tatsächlich entstehen, gehören einer anderen Ordnung an: jene Risiken nämlich, die damit einhergehen, dass man einer Zukunft entgegensieht, für deren Verständnis einem bislang die Begriffe fehlen. Bestehen Möglichkeiten, mutig einer Zukunft entgegenzugehen, auf die die traditionelle Auffassung von Mut keine Anwendung mehr findet?

Das ist keine Frage, die Aristoteles jemals gestellt hat, und man kann schnell sehen, dass mit ihr besondere Herausforderungen einhergehen. In einer robusten Kultur geht eine mutige Person Risiken ein, aber sie kann dabei auf ein gefestigtes Bezugssystem zurückgreifen, um zu verstehen, was diese Risiken sind. Im Rahmen dieses Bezugssystems entwickelt sie eine vortreffliche Begabung dafür, Risiken abzuschätzen und in ihrem Lichte gut zu handeln. Doch in einer Zeit des kulturellen Zusammenbruchs muss eine mutige Person sozusagen ein Risiko hinsichtlich des Bezugssystems selbst eingehen. Plenty Coups musste riskieren, sich selbst und sein Volk auf einen beschämenden Weg zu führen – zu einer Zeit, bevor das Bezugssystem zur Bewertung jener Scham fest verankert war. Die alten Maßstäbe, nach denen man etwas Schamvolles beurteilt hatte – etwa das Scheitern darin, seinen Coup-Stab zu errichten –, konnten nicht mehr zur Anwendung kommen, doch zugleich waren noch keine neuen und angemessenen Maßstäbe zur Beurteilung von Scham in Kraft. Deswegen musste Plenty Coups ein Risiko hinsichtlich der Frage eingehen, was unter jenen radikal andersartigen Bedingungen einst als Mut gelten würde. Und wie wir im ersten Kapitel gesehen haben, musste er Entbehrungen und Schmerzen auf sich nehmen, um sich an seine Entscheidung zu halten.

Zuletzt besteht noch ein negatives Kriterium:

*5. Tollkühne Handlungen, die aus bloßem Optimismus erfolgen, sind nicht mutig.*[17]

Sie sind allenfalls ein Scheinbild des Mutes. Wahrhaft mutige Personen handeln aus Beweggründen und Urteilen, wie wir sie oben umrissen haben, wohingegen bloß selbstsichere Personen ihre Haltung allein aus der Annahme ziehen, sie seien die Stärksten und es werde ihnen schon nichts zustoßen.[18] Genau hierin wird eine grundlegende Herausforderung bestehen – zu zeigen, dass Plenty Coups' Handlungen glaubhafterweise aus wahrem Mut erfolgten und nicht aus falschem Optimismus.

### 3.3. Radikale Hoffnung versus bloßer Optimismus

Plenty Coups' Hoffnung offenbart sich in der Treue, die er seinem prophetischen Traum hielt. Niemals gab er die Vorstellung auf, dass er eine Vision aus der spirituellen Welt empfangen hatte. Hierin liegt eine besondere Form der Standfestigkeit. Er hatte nicht nur einen bedeutsamen Traum gehabt, sondern hielt an ihm fest und führte den Stamm in seinem Lichte. Aus psychologischer Sicht besteht kein Zweifel, dass er seinen Traum dafür nutzte, sich seine Hoffnung zu erhalten. Doch aus ethischer Sicht stellte Plenty Coups eine Behauptung auf: Wenn der Stamm sich an den Traum hielt, würde er eine unvermeidliche Verwüstung erleiden, doch er würde überleben. Tatsächlich würden seine Mitglieder an der anderen Seite angelangen und sich mit neuen Möglichkeiten wiederfinden, gut zu le-

17 Vgl. ebd., 1117a9-15. Der altgriechische Ausdruck für »Optimismus« (oder »Hoffnungsfreudigkeit«) ist »εὔελπις«.

18 Vgl. ebd., 1117a13-14.

ben. Darin sollte das Leben unter der Schirmherrschaft und nach dem Beispiel der Meise bestehen – *was auch immer das einst bedeuten würde*. Plenty Coups' Anspruch darauf, seinen Stamm zu führen, stützte sich auf die Behauptung, dass er im Angesicht radikaler geschichtlicher Veränderungen ein gutes Urteil zeigte. Damit erhob er letztlich Anspruch auf eine ungewöhnliche Form der Vortrefflichkeit: Er war derjenige, der es vermochte, sich einer (noch) unbegreiflichen Wirklichkeit zu stellen. Deswegen ist seine Fähigkeit, jenen Traum zu haben und sich an seine Bedeutung zu halten, ein Ausdruck von Mut.

Wir müssen nicht mit Plenty Coups' Traumtheorie übereinstimmen, um seine Hoffnung als Ausdruck von Mut anzusehen. Dafür ist es jedoch durchaus nötig, seinen Traum als eine Form des Umgangs mit der Wirklichkeit zu erachten, und zwar als einen Umgang, in dem sich menschliche Vortrefflichkeit äußert. Es gibt drei grundlegende Arten, auf die man Plenty Coups' Traum als einen Ausdruck menschlicher Vortrefflichkeit ansehen kann, von denen zwei religiös sind und eine säkular ist:

- ein Anschluss an die Traumtheorie der Crow: Plenty Coups wurde von den spirituellen Gestalten aufgesucht, die in seinem Traum vorkommen.
- eine Zustimmung zur Annahme, dass Plenty Coups' Traum eine spirituelle Grundlage irgendeiner Art hat, während man jedoch davon ausgeht, dass er ihm in einer mythischen und leicht verzerrten Form gegeben wurde.
- ein Ausgang von der Annahme, dass Plenty Coups' Traum keiner göttlichen Quelle entspringt, sondern seine Wurzel in menschlichen Wünschen, Ängsten und Wahrnehmungen hat. Man könnte dessen ungeachtet behaupten, dass Plenty Coups seine Vorstellungskraft nutzte, um auf die Wirklichkeit zu-

zugreifen und sie auf ungewöhnliche Weisen in den Blick zu nehmen.

Diese letzte Betrachtungsweise stimmt nicht mit Plenty Coups' Traumtheorie überein, gesteht aber zu, dass sein Traumleben ihm das Führen eines wahrhaft mutigen Lebens ermöglichte. Kurz gesagt wäre die entsprechende Auffassung über ihn, dass er richtig darin lag, seinem Traum treu zu bleiben, und dass er in seinem Handeln Mut an den Tag legte. In diesem Kapitel will ich eine Argumentation vorbringen, die mit allen obigen Optionen vereinbar ist. Sollte dieses Buch unter den Crow einen Leser finden, so könnte dieser gut der ersten Option zugeneigt sein – der Traumtheorie der Crow. Einige religiöse Leser, die aus anderen Glaubensrichtungen stammen, mögen die zweite Möglichkeit plausibel finden. Ich will jedoch darüber hinaus zeigen: Selbst der säkulare Leser, der nicht glaubt, dass Träume irgendeine Verbindung zu einem göttlichen oder übernatürlichen Reich haben, kann dennoch Grund haben, zu glauben, dass Plenty Coups' vorstellungsreiches Innenleben eine wichtige Rolle darin gespielt hat, echten Mut zu fassen. In einer Hinsicht ist die Argumentation für diese dritte, säkulare Deutung die schwierigste. Wäre der Traum eine göttliche Offenbarung gewesen, so wäre es offensichtlich eine menschliche Vortrefflichkeit, sich an diese zu halten. Und wenn dieser göttlich inspirierte Traum jemandem eine Hilfe dabei wäre, sich der Wirklichkeit zu stellen, könnte er wohl als Bestandteil von Mut gelten. Im Rahmen meiner Argumentation will ich solche Erwägungen aber beiseitelassen. In der Verteidigung der säkularen Betrachtungsweise ist es mein Ziel, auszuweisen, dass selbst ein Atheist Grund dazu hat, Plenty Coups' Verhalten als Anführer als mutig gelten zu lassen. Das Urteil über Plenty Coups' Mut hängt nicht an einer religiösen Ausrichtung oder an einem Fehlen derselben.

Im Rahmen der Deutung, der ich mich widme, hatte Plenty Coups seinen Traum inmitten eines gemeinschaftlichen Angstgefühls. Eine Lebensweise hatte Angst um ihre eigene Fähigkeit, einer abgründigen Zukunft entgegenzutreten. Der Traum war eine Erscheinungsform radikaler Hoffnung – und er verlieh dem Stamm die Mittel, sich eine Haltung radikaler Hoffnung anzueignen –, weil er den Crow eine Möglichkeit eröffnete: Sie konnten hoffnungsvoll in eine Zukunft voranschreiten, die sie erst rückblickend würden begreifen können, wenn sie über Begriffe verfügten, um sich selbst und ihre Erfahrungen zu verstehen. Wenn wir aufzeigen können, dass diese Haltung eine Erscheinungsform von Mut war, dann können wir vermutlich auch begreifen, inwiefern radikale Hoffnung nicht bloß psychologisch vorteilhaft ist, sondern eine rechtmäßige Reaktion darstellt – selbst auf ein Verhängnis, das eine ganze Welt ereilt.

Ein Einwand, auf den wir umgehend reagieren müssen, ergibt sich aus den Arbeiten Freuds. In seinem Werk *Die Traumdeutung* plädiert dieser dafür, dass Träume versteckte Erfüllungen unbewusster Wünsche sind.[19] Nach dieser Auffassung besteht alles, was wir von einem Traum lernen können, in der Beschaffenheit unserer eigenen Wünsche und Sehnsüchte. Sofern wir demnach glauben, in Träumen etwas über eine unabhängige Wirklichkeit zu erfahren, bewirken wir, dass uns das eigentliche, wunschartige Wesen unserer Träume unbewusst bleibt. Wenn damit alles über Träume gesagt wäre, müssten wir Plenty Coups' Verpflichtung gegenüber seinem Traum nicht als Mut, sondern als

19 Vgl. Sigmund Freud, *Die Traumdeutung*, in: ders., *Gesammelte Werke* Bd. 2/3, hrsg. v. Anna Freud et. al., Frankfurt/M. [9]2008, S. 1-642.

im Wunschdenken verhafteten Optimismus ansehen. Dieser Darstellung zufolge würde er schließlich fälschlicherweise von sich glauben, er stelle sich der Wirklichkeit (und damit das dritte Kriterium einer mutigen Person verletzen). Statt einen wirklichen Blick in die Zukunft zu erlangen, würde er allein einem Wunschdenken anhängen, in dessen Rahmen er sich seine Sehnsüchte erfüllt. Und wenn der Traum nur eine solche Art der Wunscherfüllung wäre, dann wäre es ein Paradigma dessen, was Freud als *Abwendung von der Wirklichkeit* beschreibt, wenn Plenty Coups sich sein Leben lang standfest am Trauminhalt orientiert, als ob er ihm eine Auskunft über die Welt erteilte.[20] Eine solche Abwendung liegt vor, wenn man, statt sich den Herausforderungen der Welt zu stellen, stur an einer traumartigen Fantasie festhält – um auf diese Weise wunschartig jenen Herausforderungen auszuweichen. Wenn wir uns Tugend wie Aristoteles als angemessene Mitte zwischen Übermaß und Mangel vorstellen, ist diese Abwendung von der Wirklichkeit hinsichtlich des Mutes ein schwerwiegender Mangel. Sie würde auch das zweite Kriterium verfehlen: dass die mutige Person auf das abzielt, was richtig ist. Selbst wenn das Abwenden gute Folgen nach sich ziehen würde, so ist doch nichts daran ehrwürdig, die eigenen Wünsche mit einem höheren Anliegen zu verwechseln. In der Tat kann der freudianische Einwand auch so gelesen werden, dass er uns eine psychologische Darstellung davon liefert, worin »bloßer Optimismus« – aus dem fünften Kriterium – besteht. Wenn Plenty Coups sich nur an seine Wün-

20 Vgl. Sigmund Freud, »Formulierungen über zwei Prinzipien des psychischen Geschehens«, in: ders., *Gesammelte Werke* Bd. 8, hrsg. v. Anna Freud et. al., Frankfurt/M. ⁹1996, S. 230-238, hier S. 230, S. 236. Ich bespreche diese Passagen in *Freud*, New York 2005, S. 145-164.

sche hält, dann ist sein Führungsstil, so nutzbringend er auch sein möge, bloß selbstsicher und nicht mutig.

Diesem freudianischen Einwand muss offenkundig etwas entgegengesetzt werden. Mir scheint auch, dass das möglich ist – und zwar teils unter Rückgriff auf anderes Material, das Freud selbst uns hinterlassen hat. Er verwarf letztlich die Vorstellung, dass jeder Traum die Erfüllung eines Wunsches sei. Insbesondere ließ er die Möglichkeit offen, dass ein Traum eine Erscheinungsform – und eine stellvertretende Äußerung – von Angst sein könnte.[21] Und Angst kann eine realistische Reaktion auf die Welt sein. So kann etwa ein Angsttraum als Warnzeichen für eine echte Gefahr dienen. Sobald man jedoch dieses Zugeständnis macht, löst sich die einschneidende Kraft des freudianischen Einwandes auf. Wenn nämlich ein Traum selbst eine Reaktion auf die Wirklichkeit sein kann, dann ist es zumindest möglich, dass bestimmte Gebrauchsweisen dieser Vorstellungsfähigkeit uns dabei helfen, besser auf die Herausforderungen der Welt zu reagieren, als wir es ohne sie täten. Wäre dem so, dann könnten bestimmte Züge der Vorstellungskraft tatsächlich Bestandteile einer mutigen Seele sein.

Doch selbst, wenn wir einem bestimmten Traum zuschreiben, in einem einzelnen Punkt wunschartig zu sein, schließt ein solcher Aspekt es trotzdem nicht aus, dass

21 Vgl. etwa Sigmund Freud, *Jenseits des Lustprinzips*, in: ders., *Gesammelte Werke* Bd. 13, hrsg. v. Anna Freud et. al., Frankfurt/M. [11]2010, S. 1-69, hier S. 32f.; »Bemerkungen zur Theorie und Praxis der Traumdeutung«, in: ders., *Gesammelte Werke* Bd. 13, S. 301-314; »Einige Nachträge zum Ganzen der Traumdeutung«, in: ders., *Gesammelte Werke* Bd. 1, hrsg. v. Anna Freud et. al., Frankfurt/M. [6]1991, S. 561-573, hier S. 561-564; *Hemmung, Symptom und Angst*, in: ders.: *Gesammelte Werke* Bd. 14, hrsg. v. Anna Freud et. al., Frankfurt/M. [7]1991, S. 111-205.

der Traum eine Erscheinungsform von Mut ist. Stellen wir uns als Analogie eine gewöhnliche und bewusste Handlung vor. Wir fassen solche Handlungen als das Ergebnis von Überzeugungen und Wünschen auf – der bloße Umstand, dass Wünsche eine Rolle spielen, beraubt unsere Handlungen nicht ihrer Beziehung zur Wirklichkeit. Es können manchmal gerade unsere Wünsche sein, die uns dabei helfen, unsere Überzeugungen neu auszurichten oder sie mittels unserer Vorstellungskraft zu ändern, um uns der Situation besser stellen zu können. Solange ein Traum einen kreativen Umgang mit der Wirklichkeit bedeuten kann, kommt es nicht nur darauf an, *ob* in ihm Wünsche zum Ausdruck kommen, sondern *wie* sie in ihm ausgedrückt sind. Insbesondere besteht die Möglichkeit, dass unsere Wünsche sich in die übergreifende Funktionsweise unserer Vorstellungskraft eingliedern lassen – und zwar dergestalt, dass sie uns einen kreativen und angemessenen Umgang mit den Herausforderungen der Welt ermöglichen. Mit Blick auf das ethische Leben ist uns damit Raum für den Gedanken einer *kreativen Vortrefflichkeit* gegeben. Also müssen wir zugunsten von Plenty Coups die folgende Behauptung verteidigen: Sein Traum mag zwar Ausdruck seiner Wünsche gewesen sein – und zwar jener Wünsche, die er für sich und den Stamm hegte –, doch überdies war er eine Reaktion auf die Angst, die sein Stamm gemeinschaftlich verspürte. Diese Angst war ihrerseits eine realistische Reaktion auf die Welt. Und die radikale Hoffnung, die der Traum des jungen Plenty Coups erzeugte, war ihrerseits eine Erscheinungsform kreativer Vortrefflichkeit. Kraft dieser Hoffnung konnte der Stamm sich mutig – *und kreativ* – seiner Zukunft stellen, und zwar zu einer Zeit, als man das Leben nicht mehr nach dem traditionellen Verständnis von Mut führen konnte.

Bislang habe ich dafür argumentiert, dass Plenty Coups' Traum die Wirklichkeit in zwei Hinsichten in den Blick nahm. Erstens nahm er sich der Angst des Stammes an und reagierte auf sie. Sofern die Angst des Stammes gerechtfertigt war und auf eine bedrohliche wie ungewisse Zukunft reagierte, widmete sich Plenty Coups' Traum zweitens dieser Herausforderung des wirklichen Lebens aus einer gewissen Entfernung. Das Plädoyer für kreative Vortrefflichkeit kann aber noch stärker gemacht werden.

In einer Zeit radikaler geschichtlicher Veränderungen bedarf der Begriff des Mutes neuer Formen. Genau dieser Wirklichkeit – dem *Mangel an Begriffen* – muss man sich stellen, und es scheint, dass man kreativ vorgehen muss, um einer solchen Herausforderung gerecht zu werden. Als Charakterzug ist Mut teilweise durch bestimmte Ideale konstituiert – Ideale der guten und mutigen Lebensführung. Diese Ideale haben ihr Leben in der Gemeinschaft, doch sie gehen auch in die Seele einer mutigen Person ein. Wie wir im vorangegangenen Kapitel gesehen haben, konstituieren diese Ideale das Ichideal einer mutigen Person.[22] Zu traditionellen Zeiten musste sich ein mutiger Krieger im Rahmen eines solchen Ideals »der Wirklichkeit stellen« – er musste entscheiden, was angesichts wechselhafter Verhältnisse zu tun war. Nun aber hatte es den Anschein, dass »sich der Wirklichkeit zu stellen« auch bedeu-

22 Vgl. Sigmund Freud, *Das Ich und das Es*, in: ders., *Gesammelte Werke* Bd. 13, hrsg. v. Anna Freud et. al., Frankfurt/M. [11]2010, S. 237-289, hier S. 256-267, S. 277-289; *Massenpsychologie und Ich-Analyse*, in: ders., *Gesammelte Werke* Bd. 13, S. 73-161, hier S. 115-121. Siehe auch Samuel Ritvo, »Late Adolescence: Developmental and Clinical Considerations«, in: *Psychoanalytic Study of the Child* 26 (1971), S. 241-263.

tete, sich einer Situation zu stellen, in der jene traditionellen Ideale keine Anwendung mehr finden konnten. Doch diese Ideale leisteten einen Beitrag dazu, die psychologische Struktur einer mutigen Person zu konstituieren. Wenn es also so etwas wie eine mutige Reaktion auf diese radikal neuartigen Verhältnisse geben soll, muss mit ihr auch eine Umwandlung der psychologischen Struktur einhergehen, mittels derer wir uns »der Wirklichkeit stellen«. In einer Zeit kultureller Zerstörung besteht die Wirklichkeit, der sich eine mutige Person stellen muss, genau darin, dass sie sich der Wirklichkeit auf neue Weisen stellen muss.

Mut scheint daher ganz eigenen Wechselhaftigkeiten unterworfen zu sein. Wir sind alle vertraut mit dem Bild eines »Ewiggestrigen« – eines Menschen, dessen Ideale und Sichtweisen in einer früheren Ära oder Kultur angemessen gewesen wären, der jedoch nicht mit dem Wandel der Zeit gehen kann oder will. Solche Menschen sitzen in der Vergangenheit fest, so unberechtigt sie darin auch sein mögen. Wie wir gesehen haben, scheinen mutige Personen in einer robusten Kultur besonders anfällig für dieses Problem zu sein, denn sie sind diejenigen, die die traditionellen Ideale des Mutes zutiefst verinnerlicht haben. Man kann meinen, dass sie daher am wenigsten dazu in der Lage sind, die psychologischen Veränderungen zu durchlaufen, die ihnen die Tugend des Mutes nun abverlangt. Vielleicht möchte manch einer dafür plädieren, dass bisweilen gerade das sture Beharren auf alten Idealen eine Form von Mut ist: ein mutiges Festhalten an der Wichtigkeit jener Ideale. Unter bestimmten geschichtlichen Umständen trifft das sicherlich zu. Ich will jedoch im Anschluss an Plenty Coups diejenigen Umstände untersuchen, unter denen Mut sehr wohl einen inneren Wandel erfordert, wie wir ihn besprochen haben: Wie kann er zustande kommen und warum sollte er *als Mut* gelten? Wir wollen es für wahr befinden, dass ein solcher Wandel als Anpassung an eine neue Wirklichkeit gelten kann – doch warum sollten wir diese Anpassung als mutig erachten?

Um diese Frage zu beantworten, müssen wir einen Schritt zurücktreten und allgemeiner fragen: Woran liegt es eigentlich, dass Mut eine Tugend ist – eine menschliche Vortrefflichkeit? Ich denke, Mut ist eine Tugend, weil er eine vortreffliche Umgangsweise, Erwiderung und Erscheinungsform einer grundlegenden Tatsache über uns ist: Wir sind endliche erotische Geschöpfe. Mit *endlich* möchte ich auf eine Reihe von Begrenzungen hinweisen, die die *conditio humana* kennzeichnen: Wir sind weder allmächtig noch allwissend; unsere Schöpfungskraft ist begrenzt; das Gleiche gilt für unsere Fähigkeit, das zu bekommen, was wir wollen; mit unseren Überzeugungen können wir falschliegen; und selbst die Begriffe, mittels derer wir die Welt verstehen, sind verletzlich. Für die Crow wurden die Begriffe, in deren Rahmen sie ein Verständnis des guten Lebens erlangten, unbrauchbar dafür, ihr Leben zu verstehen. Selbst wenn wir über die Welt nachdenken wollen, der wir angehören, oder über uns selbst und unser Leben, gehen wir damit das Risiko ein, dass ebenjene Begriffe, durch die wir denken, ihre Verständlichkeit verlieren. Mit *erotisch* folge ich der platonischen Auffassung, dass wir uns in unserer endlichen Unvollkommenheit der Welt entgegenstrecken, um ihrer habhaft zu werden – wir streben verlangend, sehnsüchtig, ehrfurchtsvoll und begehrend nach dem, was wir (wenn auch noch so irrigerweise) für das Wertvolle, Schöne und Gute halten.[23]

Es ist für uns als endliche erotische Geschöpfe daher ein

23 Vgl. Platon, *Symposium*, in: ders., *Sämtliche Werke* Bd. 2, übers. v. Friedrich Schleiermacher u. hrsg. v. Ursula Wolf, Reinbek [34]2013, hier 201d-212c.

wesentlicher Teil unserer Verfasstheit, dass wir bereits Risiken eingehen, indem wir nur auf der Welt sind. Als endliche Geschöpfe sind wir verletzlich: Wir können physisch und emotional verwundet werden, wir können erhebliche Fehler begehen, und selbst die Begriffe, mit denen wir uns und die Welt verstehen, können zusammenbrechen – und doch greifen wir als erotische Geschöpfe nach der Welt und wollen sie annehmen und bejahen. Allen Risiken zum Trotz bemühen wir uns, mit anderen zusammenzuleben, manchmal streben wir nach Intimität, wir wollen die Welt verstehen, bisweilen suchen wir nach Ausdrucksmöglichkeiten für uns selbst und wollen etwas erschaffen, und wir zielen darauf ab, ein (uns so erscheinendes) glückliches Leben zu führen. Es ist für uns als endliche erotische Geschöpfe ein notwendiger Aspekt unseres Daseins, dass unser Leben durch Risiken gekennzeichnet ist. Wir sind vertraut mit der Vorstellung, dass wir Geschöpfe sind, die notwendigerweise einer Welt angehören. Doch *eine Welt* ist nicht bloß die Umgebung, in der wir uns umherbewegen: Sie ist *das, worüber wir keine allmächtige Kontrolle haben; das, worüber wir uns in entscheidender Hinsicht täuschen können; das, was auf uns eindringen kann; das, was die Begriffe übersteigen kann, mittels derer wir es verstehen wollen.* In einer Welt zu leben, bringt also ein innewohnendes und unvermeidliches Risiko mit sich. Wenn wir von den dichten Auffassungen von Mut abstrahieren, die eine Kultur in einem bestimmten geschichtlichen Zeitraum hegen mag – sei es kriegerischer Heldenmut, das Zählen von Coups, das Wahren einer unerschütterlichen Haltung oder die Treue gegenüber dem eigenen Gewissen –, und uns auf grundlegendste Weise fragen, was Mut zu einer menschlichen Vortrefflichkeit macht, dann denke ich, dass die Antwort lautet: Mut ist die Fähigkeit, *gut* mit denjenigen Risiken zu leben, die zwangsläufig mit dem menschlichen

Dasein einhergehen. In Zeiten, in denen eine Kultur auf den Krieg ausgerichtet ist – wie es bei den nomadischen Crow und den homerischen Griechen der Fall war –, wird Mut in Ausrichtung zu den Risiken der Schlacht verstanden. Zur Zeit der protestantischen Reformation in Europa galt Mut dagegen etwa als der Akt, allein mit seinem Gewissen vor Gott zu stehen. Zu unterschiedlichen Zeiten können unterschiedliche Risiken bestehen, doch solange wir leben und Menschen sind, werden wir Risiken in Kauf nehmen und eingehen müssen. Eine mutige Person ist jemand, der vortrefflich darin ist, diese Risiken auf sich zu nehmen. Deswegen gilt Mut als Tugend: Mit ihm bezeichnen wir eine vortreffliche Art, unsere endliche erotische Verfasstheit anzunehmen und mit ihr zu leben.

Wie Platon sah, ist unsere endliche erotische Natur mitbestimmt durch die Ahnung, dass Güte unser Verständnis übersteigt, sie zu erfassen. In der *Politeia* sagt Sokrates: »Gutes [… ist, w]as also jede Seele anstrebt und um deswillen alles tut, ahnend, es gebe so etwas, aber doch nur schwankend und nicht recht treffen könnend, was es wohl ist, noch zu einer rechten Überzeugung gelangend wie auch bei andern Dingen […].«[24] Für die Zwecke unserer gegenwärtigen Erörterung müssen wir uns nicht Platons Metaphysik anschließen, um zu erkennen, dass er eine wichtige Beobachtung macht – eine, der nahezu alle Leser zustimmen werden. Wir müssen nicht mit Platon darin übereinstimmen, dass es eine transzendente Quelle der Güte gibt – also eine Quelle der Güte, die die Welt übersteigt –, um

24 Platon, *Politeia*, in: ders., *Sämtliche Werke* Bd. 2, übers. v. Friedrich Schleiermacher u. hrsg. v. Ursula Wolf, Reinbek [34]2013, hier 505 d-e. Die philosophische Bedeutsamkeit dieses Absatzes wird ausführlich untersucht in Robert Adams, *Finite and Infinite Goods. A Framework for Ethics*, Oxford 2002.

anzunehmen, dass die Güte *der Welt* unser endliches Fassungsvermögen übersteigt. Die Gewichtung liegt hier nicht auf irgendeiner geheimnisvollen Quelle der Güte, sondern auf der begrenzten Beschaffenheit unserer endlichen begrifflichen Mittel. Diese Annahme ist, wie die meisten Leser wohl bestätigen werden, eine *angemessene* Haltung für endliche Geschöpfe wie uns. Tatsächlich scheint es seltsam unangemessen – und wie ein Mangel an Verständnis unserer selbst als endlicher Wesen –, zu glauben, alles Gute an der Welt sei durch unser gegenwärtiges Verständnis von ihr ausgeschöpft und erfasst. Selbst die eifrigsten säkularen Leser sollten gewillt sein, diese Form der Transzendenz zu akzeptieren. Und sie bildet den Kern von Plenty Coups' Verpflichtung. Seine konkreten religiösen Überzeugungen waren für ihn von entscheidender Wichtigkeit, doch in meinen Augen dienten sie als Grundlage für die Standfestigkeit, mit der er durch den Sturm hindurch an dieser Kernverpflichtung festhielt. Die Verpflichtung selbst kann von säkularen und religiösen Menschen gleichermaßen eingegangen werden, sie ist ein angemessener Umgang mit unserem Dasein als endliche Wesen.

Wenn aber diese Verpflichtung einen angemessenen Umgang mit der Welt darstellt, dann ist auch einsichtig, wie unsere erotische Verfasstheit uns zu ihr führen kann. Platon wie auch Freud zufolge – der dieser platonischen Denkrichtung bewusst nachging – werden wir *in einem Zustand des Verlangens* in die Welt hineingeboren.[25] Wir strecken

25 Ich untersuche den platonischen Einfluss auf Freud – insbesondere die Tendenz des späten Freud, den Begriff des Eros statt jenen der Sexualität als einen seiner Grundbegriffe zu verwenden – in *Love and Its Place in Nature. A Philosophical Interpretation of Freudian Psychoanalysis*, New Haven 1999; sowie in *Freud*, S. 55-116; »The Introduction of Eros: Reflections on the Work of Hans Loewald«, in: ders., *Open Minded. Working Out the Logic of the Soul*, Cam-

instinktmäßig unsere Hände nach Elternfiguren aus, um von ihnen emotionale Fürsorge und Nahrung zu erhalten – Formen der Versorgung, für deren Verständnis uns in jenem Augenblick die Mittel fehlen. Das ist die archaische Urform radikaler Hoffnung: Im Kleinkindesalter strecken wir uns unserer Umgebung entgegen, um von einer Quelle der Güte versorgt zu werden, obwohl es uns an Begriffen ermangelt, mit denen wir verstehen könnten, wonach wir uns eigentlich ausstrecken. Lassen wir hier die Fehlschläge und Tragödien menschlicher Erziehung beiseite und betrachten wir stattdessen den Fall, in dem die elterliche Fürsorge »gut genug [*good enough*]«[26] ist. Mit »elterlicher Fürsorge« meine ich nicht nur die Handlungen biologischer Eltern, sondern alle fürsorglichen Handlungen durch jegliche Fürsorgefiguren in einer fürsorglichen Umgebung. Einen Teil der Versorgung, die unsere Elternfiguren uns geben, bilden die Begriffe, mit denen wir zumindest ein anfängliches Verständnis davon erlangen können, *wonach* uns eigentlich verlangt. Hierin liegt ein wesentlicher Bestandteil des Erwerbs einer natürlichen Sprache: Wir erhalten von einer Kultur eine Reihe an Begriffen, durch die wir uns als Wesen verstehen können, die Begierden, Wünsche und Hoffnungen auf bestimmte Dinge hegen. Genau weil wir endlich und erotisch verfasst sind, erlangen wir eine Auffassung unserer selbst als endlicher erotischer Geschöpfe.

Wir können jetzt einsehen, inwiefern Plenty Coups' Reaktion auf die fordernden Umstände seiner Zeit als Mut gel-

bridge, Mass. 1998, S. 123-147; und *Therapeutic Action. An Earnest Plea for Irony*, New York 2003, S. 137-178.

26 Der Ausdruck stammt von dem Psychoanalytiker und Kinderarzt D.W. Winnicott. Vgl. etwa sein »Transitional Objects and Transitional Phenomena«, in: ders., *Playing and Reality*, London 1996, S. 1-25.

ten könnte. Erstens wollen wir von all den vertrauten, dichten Vorstellungen von Mut abstrahieren und ihn als die Fähigkeit ansehen, gut mit den Risiken zu leben, die zwangsläufig das menschliche Dasein begleiten. Ein Mensch zu sein bedeutet wesentlich, ein verletzlicher Risikoträger zu sein; ein mutiger Mensch zu sein bedeutet, gut darin zu sein. Das heißt, dass eine mutige Person über die psychologischen Mittel verfügt, sich den Risiken mit Würde zu stellen und in ihrem Lichte gute Urteile zu fällen. Zweitens umfassen die Risiken in einer Zeit kultureller Zerstörung, wie Plenty Coups sie erlebte, nicht nur Mangelernährung, den Hungertod, Krankheiten, Niederlagen und Gefangenschaft: Sie umfassen auch den *Verlust der Begriffe*. In solch einer Lage schließt Mut es mit ein, gut mit dem Risiko eines Begriffsverlusts leben zu können. Nehmen wir im Rahmen unserer Argumentation an, dass die Hoffnung auf eine Zukunft, die noch nicht zu begreifen war, zu Plenty Coups' Zeiten eine gute Reaktion auf die Verwüstung war, die ihn und die Seinen ereilte. Wenn dem so ist, könnte radikale Hoffnung mehr als nur vereinbar mit Mut sein: In Zeiten radikalen Wandels könnte sie als ein notwendiger und konstitutiver Bestandteil von Mut dienen. Es sei noch einmal gesagt, dass es falsche Scheinbilder des Mutes geben kann: Fälle also, in denen anstelle einer angemessenen Äußerungsform von Hoffnung ein beharrlicher und unempfänglicher »Optimismus« am Werk ist. Um eine Erscheinungsform von Mut zu sein, muss radikale Hoffnung richtig angewandt werden. Doch wir erkennen nun allmählich, wie Plenty Coups' radikale Hoffnung als eine bemerkenswert mutige Reaktion auf seine Zeit gerechtfertigt werden kann.

## 3.5. Tugend und Vorstellungskraft

Ich habe dafür argumentiert, dass einer mutigen Person in Zeiten radikaler geschichtlicher Veränderungen – insbesondere in Zeiten des Zusammenbruchs ihrer Kultur – Anforderungen aufgegeben sein können, die ihre traditionelle Erziehung und die traditionellen Muster zur Charakterbildung übersteigen. Um in solchen Zeiten *weiterhin* mutig zu sein, muss man sich womöglich wesentlichen psychologischen Änderungen fügen oder diese selbst herbeiführen. Man benötigt gegebenenfalls ein Maß an psychologischer Anpassungsfähigkeit, das über alles hinausgeht, was die Kultur in ihren Jüngsten wecken wollte, als sie ihnen die Anpassungsformen vermittelte, die mit Mut einhergehen. Wenn wir Plenty Coups' Traumleben in seinen Einzelheiten betrachten, können wir einen Einblick darein erlangen, wie diese psychologischen Änderungen sich vollziehen könnten.

Zwei wichtige Träume sollten in Betracht gezogen werden. Der erste von ihnen ereignete sich nahezu ein Jahr vor dem prophetischen Traum, den wir im vorausgegangenen Kapitel untersucht haben. Der geliebte Bruder des jungen Plenty Coups war zu einer Kriegsexpedition gegen die Sioux aufgebrochen und dabei getötet worden. In seiner Trauer stieg der damals gerade neunjährige Plenty Coups auf einen nahegelegenen Berg und hatte dort eine Traumvision.[27] Er wurde in seinem Traum vom Zwerghäuptling empfangen, dem Oberhaupt der Kleinen Leute,* der ihm mitteilte,

27 Vgl. Frank B. Linderman, *Plenty-Coups. Chief of the Crows*, Lincoln 1962, S. 33-44.

* Anm. d. Übers.: Die im Originaltext von Lear und Plenty Coups »Little People« genannten Wesen heißen in der Sprache der Crow auch *Nirumbee* oder *Awwakkulé*. Im Folgenden wird der Einfach-

dass sein Volk ihm ein Leben lang Schutz gewähren würde. Die Kleinen Leute waren sagenumwobene Wesen, die in den Hügeln und dem Tal nahe Pryor in Montana lebten, wo Plenty Coups in späteren Jahren sein Zuhause errichten sollte. Die Crow glaubten, dass sie die Verfertiger der steinernen Pfeilspitzen waren, die man in jener Gegend auf dem Boden finden konnte, denn alle Indianerstämme, die ihnen bekannt waren, stellten ihre Pfeilspitzen aus Knochen her. Tatsächlich pries der Zwerghäuptling die Veranlagung des jungen Plenty Coups, es einst zu großer Vortrefflichkeit zu bringen:

›Er wird einmal ein Häuptling‹, sagte der Zwerghäuptling. ›Ich kann ihm nichts geben. Er verfügt bereits über die Kraft dazu, Größe zu erlangen, wenn er sie einsetzt. Lasst ihn seine Sinne schulen, lasst ihn die Kräfte nutzen, die Ah-badt-dadt-deah ihm gegeben hat, und er wird weit kommen. Der Unterschied zwischen Männern erwächst aus dem Gebrauch, oder dem Mangel an Gebrauch, den sie von dem machen, was Ah-badt-dadt-deah ihnen ursprünglich gegeben hat. [...] In dir, wie in allen Männern, liegen natürliche Kräfte. Du hast einen Willen. Lerne, ihn einzusetzen. Lass ihn dir zu Diensten sein. Schärfe deine Sinne, wie du dein Messer schärfst. Erinnere dich, dass der Wolf besser riechen kann als du, weil er gelernt hat, sich auf seine Nase zu verlassen. Sie verrät ihm jedes Geheimnis, das die Winde mit sich tragen, weil er sie stetig benutzt und sich ihre Dienste erweisen lässt. Wir können dir nichts geben. Du besitzt bereits alles, um Größe zu erlangen. Nutze deine Kräfte. Lass sie dir zu Diensten sein, und du wirst ein Häuptling werden.[28]

heit halber eine direkte Übersetzung ihrer englischsprachigen Bezeichnung verwendet.

28 Ebd., S. 42f. [Übersetzung J. P.].

Wir wollen die Frage beiseitelassen, ob es die Kleinen Leute wirklich gibt und ob sie Plenty Coups aufgesucht haben.[29] Aus psychologischer Sicht dienen sie als Übergangsfiguren für den jungen Plenty Coups: Weil sie als Bestandteil der Geisterwelt angesehen werden, wird es unbestimmt gelassen, ob ihre Stimmen von innen oder von außen kommen.[30] Wir können uns diese Stimmen als die Stimmen eines aufkeimenden Ichideals vorstellen. Zu beachten ist, dass sie als Reaktion auf einen Verlust im wirklichen Leben entstehen: den Verlust eines geliebten älteren Bruders, von dem Plenty Coups Ratschläge, ein Vorbild und die richtige Anleitung im Heranwachsen zu einem mutigen Crow-Krieger hätte empfangen können, wenn er überlebt hätte. Was die Stimmen ihm aber letztlich mitteilen, ist, dass er diesen Verlust überleben *und dabei gedeihen* kann. Man könnte sich den älteren Bruder als Stellvertreter – und Verkörperung – der traditionellen Werte der Crow vorstellen. Der Zwerghäuptling gibt Plenty Coups wohlgemerkt keinen gezielten Ratschlag und ermutigt ihn ebenso wenig im engeren Sinne zum Erwerb der traditionellen Tugenden. Er sagt nicht, »Übe fleißig mit Pfeil und Bogen« oder »Ergreife die erste sich bietende Gelegenheit, einen Coup-Stab zu errichten«. Vielmehr ermuntert er Plenty Coups auf allgemeinerer Ebene, seine Sinne und seinen Willen zu schulen. Dieser hat bereits alles, was er braucht, um Größe zu erlangen, wenn er nur seine Fähigkeiten entwickelt. Der Zwerg-

29 Sollte dieses Buch unter den Crow Leser finden, die glauben, dass Plenty Coups tatsächlich eine Vision von den Kleinen Leuten erhielt, so werden sie bemerken, dass meine Darstellung seines Traumes immer noch anwendbar bleibt. Meine Beschreibung soll jedoch einem Leser, der nicht die traditionellen Glaubensinhalte der Crow teilt, aufzeigen, dass Plenty Coups' Traum dennoch eine wichtige Rolle in seiner Entwicklung von Mut spielte.

30 Vgl. Winnicott, »Transitional Objects and Transitional Phenomena«.

häuptling ermutigt Plenty Coups also zum Mut. Dabei handelt es sich um eine Form des Mutes, die unbestimmt und deren Entwicklung offen gelassen wird. (In dieser Hinsicht scheint der Zwerghäuptling wie ein Vorläufer der ehrenhaften Meise.) Mit seinen Worten sagt er dem jungen Plenty Coups letztlich, dass dieser die Fähigkeit entwickeln wird, den Herausforderungen der Welt mit Geschick und Weisheit zu begegnen, wenn er seine eigenen Veranlagungen ausbildet. Das ist eine Stimme der Hoffnung, die eine bedeutsame Rolle in der Entwicklung des wohlerwogenen Selbstvertrauens spielen kann, das konstitutiv für Mut ist.

> Als ich erwachte, war ich schweißgebadet. Während ich den Blick zum frühen Morgenhimmel richtete, der sich gen Norden lichtete, ging ich alles in meinem Geiste durch. Ich sah und begriff, dass all meine Errungenschaften aus meinen eigenen Mühen stammen mussten, dass ich selbst die Dinge tun musste, die ich tun wollte. Und ich wusste, dass ich sie erreichen würde, wenn ich die Kräfte einsetzte, die Ah-badt-dadt-deah mir gegeben hatte. Ich *hatte* einen Willen, und ich würde ihn einsetzen, ihn mir zu Diensten machen, so wie der Zwerghäuptling es mir geraten hatte. Mich erfasste eine große Freude, als ich dort lag und zum Himmel hinaufblickte. Mein Herz begann zu singen wie ein Vogel, und ich kehrte ins Dorf zurück, ohne irgendjemanden zu brauchen, der mir die Bedeutung meines Traumes erklärte. Ich nahm ein Schwitzbad und ruhte mich in der Unterkunft meines Vaters aus. Ich *kannte* mich selbst nun.[31]

Natürlich erzählt Plenty Coups hier seinen Kindheitstraum nach, während er bereits in einem hohen Alter ist –

31 Linderman, *Plenty-Coups*, S. 43 f. [Übersetzung J. P.].

und er erzählt den Inhalt des Traumes einem weißen Mann, damit er niedergeschrieben und aufbewahrt wird. Es ist also anzunehmen, dass auf dem Weg von einer Traumerinnerung kurz nach dem Erwachen bis zu deren Nacherzählung ungefähr 65 Jahre später einige nachträgliche Änderungen vorgenommen wurden. Umso besser! Da die Crow Träumen wie diesem eine so hohe Wichtigkeit beimaßen, können wir davon ausgehen, dass der Traum seit seinem Auftreten in Plenty Coups' Kindheit wieder und wieder nacherzählt wurde – und dass daher die übergreifende erzählerische Struktur in seiner Wiedergabe zutrifft. Unser Anliegen ist jedoch nicht, den ursprünglichen Traum in all seiner unverfälschten Klarheit aufzudecken, sondern vielmehr herauszufinden, welche Rolle er in der Entwicklung von Plenty Coups' Charakter gespielt haben könnte. Schließlich sind es genau die Erzählungen und Nacherzählungen, die Anordnungen und Neuordnungen des Trauminhalts, die sich in Plenty Coups' Psyche festsetzten. Selbst im fortgeschrittenen Alter erzählt er diesen Traum nach, als ob dessen Bedeutung bestätigt worden sei. Dieses anhaltende Gefühl, dass der Traum eine Bestätigung erhalten habe, legt einen Gedanken nahe: Die Stimme des Zwerghäuptlings – eines der Ichideale Plenty Coups' – war hinreichend anpassungsfähig, um Plenty Coups auch in Zeiten radikaler Veränderung die Zuversicht einzuflößen, dass er einer mutigen Reaktion fähig war. Diese Zuversicht hat wohl zu seiner anpassungsfähigen und doch mutigen Reaktion auf einen kulturellen Zusammenbruch beigetragen.

Psychoanalytiker werden dazu ausgebildet, auf Brüche in einem Narrativ zu achten. Linderman weiß von einem bemerkenswerten Augenblick zu berichten, der auf Plenty Coups' Schilderung seines Kindheitstraumes folgte:

> In diesem Moment drehte der alte Häuptling seinen Kopf zur Seite, ganz so, als ob er plötzlich mit Reue erfüllt war, und flüsterte: ›Oh ihr Kleinen Leute, die ihr über ein langes Leben hinweg mein getreuer Beistand wart, vergebt mir, wenn ich falsch gehandelt haben sollte, als ich diese Dinge dem Zeichensprecher erzählte. Ich glaubte, das Richtige zu tun. Seid gütig. Schon bald werde ich euch sehen und alles erklären.[32]

Wir können offenkundig keine unanfechtbare Deutung dieser Zwischenepisode vorbringen. Ihr Inhalt wurde vor Linderman geäußert, also könnte sie sich in einem weiten Sinne um seinetwillen abgespielt haben. Wenn wir ihren Gehalt jedoch für bare Münze nehmen, dann hat es den Anschein, als ob Plenty Coups in seinem Gespräch unterbrochen wird, um sich einer anderen Unterhaltung zuzuwenden, die plötzlich nach Aufmerksamkeit verlangt. Dass er den Drang verspürt, sich an die Kleinen Leute zu richten, legt nahe, dass sie für ihn immer noch vollends gegenwärtig sind – ganz so, wie er es berichtet hat. Dass er überdies den Eindruck erweckt, »als ob er plötzlich mit Reue erfüllt [sei]«, und sie ausdrücklich um Vergebung bittet, deutet darauf hin, dass seine Beziehung zu ihnen in einem wichtigen Sinne vertraulich war. Man kann diesen Umstand so auffassen, dass die Beziehung einer Person zur spirituellen Welt eine private Angelegenheit ist. Das scheint Plenty Coups' Ansicht gewesen zu sein. Wie dem auch sein mag: Es ist ebenso wahr, dass auch die Beziehung, die jemand zur »spirituellen Welt« seiner eigenen Seele hegt, üblicherweise durch eine gewisse Verschwiegenheit gekennzeichnet ist. Diese Bitte um Vergebung ist ein Anzeichen dafür, dass Plenty Coups die Quellen seiner Psyche offengelegt

32 Ebd., S. 47 [Übersetzung J. P.].

hat. Wenn die Kleinen Leute – und insbesondere der Zwerghäuptling – als Ichideal für Plenty Coups dienten, dann können wir allmählich verstehen, wie er psychologisch dazu in der Lage war, die traditionellen und dichten Formen des Mutes zu durchbrechen und eine neue, ausgedünnte Form zu finden, die den Crow durch ihre schweren Zeiten hindurchhelfen konnte.

Im vorigen Kapitel haben wir mit der Untersuchung von Plenty Coups' prophetischem Traum begonnen, als wir herausfinden wollten, welcher Umgang mit der Zukunft noch offensteht, wenn die üblichen Formen praktischer Vernunft an Kraft verloren haben. Die Frage, die nun vor uns liegt, lautet, warum Plenty Coups' Träume – und seine standhafte Verpflichtung auf sie – nicht nur als Bewältigungsstrategien, sondern als eine menschliche Vortrefflichkeit angesehen werden können. Worin liegt der Grund dafür, dass Plenty Coups' Reaktion nicht nur eine psychologisch wirksame Verhaltensweise ist, um sich Hoffnung in schwierigen Zeiten zu erhalten, sondern eine echte Erscheinungsform von Mut?

Plenty Coups hatte seinen zweiten, prophetischen Traum nahezu ein Jahr nach seinem Traum über die Kleinen Leute. Der erste Traum trug sich zu, als sein Bruder getötet worden war und er gerade seinen neunten Geburtstag gehabt hatte, beim zweiten Traum war er noch keine zehn Jahre alt. Der erste Traum war eine Reaktion auf eine traditionelle Form des Verlusts: den Tod eines geliebten Menschen im Kampf gegen einen traditionellen Feind. Doch die Nachwirkung dieses Traumes war es, im jungen Plenty Coups eine respekteinflößende Stimme zu wecken, die sagte, dass er die Mittel besaß, sich der Zukunft zu stellen und zu gedeihen. Wir können uns fragen, ob dieser erste Traum ihm den Mut verlieh, den zweiten Traum zu haben. Schließlich stellt er sich in ihm eine Zukunft vor, die von Grund auf bösartig ist, und *dennoch* soll er die Fähigkeit besitzen, sich ihr auf richtige Weise zu stellen und zu überleben. Mir scheint, dass Plenty Coups mit diesem zweiten Traum dazu anhob, sich einer Wirklichkeit zu stellen, der er sich zu jenem Zeitpunkt – in der Geschichte und in seiner eigenen Entwicklung – auf keine andere Art stellen konnte. Und obwohl der Traum natürlich traumartig ist, hat er zugleich auch eine verstörend realistische Einfärbung. Er ist alles andere als nur eine Form der Wunscherfüllung: In ihm wird die Zerstörung einer Lebensweise vorhergesagt. Er beinhaltet einige gewaltige und böswillige Mächte, die nicht zu bezwingen sind. In der Tat handelt der Traum gerade von zerstörerischen Mächten, die keiner der indianischen Stämme wird im Zaum halten können. Erinnern wir uns: In dem Traum ist einerseits Plenty Coups als derjenige anwesend, der die Prophezeiung erhält, und andererseits eine Menschenperson, die als Erzählerin und Führungsfigur auftritt. Der junge Plenty Coups sieht in seinem Traum einen alten Mann, der unter einem Baum sitzt, und empfindet Mitleid mit ihm. Die Menschenperson erklärt ihm, dass der alte Mann tatsächlich er, Plenty Coups selbst ist. In diesem Augenblick verschwinden die Menschenperson und der alte Mann.

> Stattdessen sah ich nur einen dunklen Wald. Ein heftiger Sturm nahte schnell heran. Der Himmel war schwarz und mit Strähnen wilder Farben durchzogen. Ich sah, wie die vier Winde zusammenkamen, um den Wald anzugreifen, und ich hielt den Atem an. In meinem Herzen brannte heiß das Mitleid für die schönen Bäume. Ich empfand Mitleid für alle Dinge, die in dem Wald lebten, doch ich war machtlos und konnte nicht mit ihnen den vier Winden entgegentreten, die zusammen in den Krieg zogen. Ich verbarg mein Gesicht hinter meinem Arm, als sie zum Angriff nahten! Ich hörte die Donnerschläge im Sturm rufen, sah stattliche

> Bäume sich krümmen wie Grashalme und schließlich in verknäuelten Haufen dort niederfallen, wo einst der Wald gestanden hatte. Während ich mich ganz niederkauerte, hörte ich die vier Winde an mir vorbeiziehen, als ob sie noch nicht zufrieden wären, und dann erblickte ich die Zerstörung, die sie zurückgelassen hatten.
>
> Nur ein einzelner, hoch und gerade gewachsener Baum stand noch aufrecht, wo der große Wald gewesen war. Die vier Winde, die immer einzeln in den Krieg ziehen, hatten dieses Mal gemeinsam angegriffen und jeden Baum im Wald niedergerissen, bis auf *einen*. Wie er da so alleine unter seinen toten Stammesgenossen stand, dachte ich, dass er traurig aussah. ›Was bedeutet das?‹, flüsterte ich in meinem Traum.[33]

Plenty Coups träumt ausdrücklich von einer historischen Katastrophe von beispiellosem Ausmaß.[34] In der Vergangenheit war jeder der Winde einzeln in den Krieg gezogen. Jetzt zog ein vollkommener Sturm auf. Damit dieser Traum eine Erscheinungsform von Mut sein kann – oder Teil des Prozesses, den eine mutige Person in ihrer Entwicklung durchläuft –, müssen wir nicht glauben, dass der junge Träumende ein Hellseher ist, sondern nur, dass er im kreativen Gebrauch seiner Vorstellungskraft *irgendwie* der Wirklichkeit auf der Spur ist, auf sie reagiert und sie wiedergibt. Die Behauptung würde demgemäß lauten, dass dieser Traum nicht *nur* eine Fiktion der Vorstellungskraft war – ein Albtraum, der von den Dämonen des Träumenden stammt –, sondern dass Plenty Coups mittels seiner Vorstellungskraft kreativ auf ein nahe bevorstehendes Unglück reagierte, das ein außergewöhnlicher junger Mann erahnen und in einem Traum verbildlichen konnte. Man kann die Beweislage an-

33 Ebd., S. 65 f. [Übersetzung J. P.].

34 Freud würde dies als den manifesten Trauminhalt bezeichnen.

zweifeln, doch immerhin sagte Plenty Coups ausdrücklich zu Linderman: »Ich war neun Jahre alt und noch unreif, doch ich wusste um die stete Gefahr, in der sich meine Leute durch Feinde zu allen Seiten befanden.«[35]

Im Lichte dieses zweiten Traumes ist es lohnenswert, zum ersten Traum zurückzukehren und sich vor Augen zu führen, dass sogar dort die Winde als böswillige, äußerliche Mächte dargestellt sind, über die Plenty Coups die Kontrolle fehlt. In jenem ersten Traum wird er von einer Person, die er nicht sehen kann, zu einer Unterkunft gebracht, in der sich »Personen, die ich nicht kannte«, aufhalten – »jede dieser Personen war ein alter Krieger«. Als er eintritt, beschweren sich einige Stimmen lautstark:

> ›Warum hast du diesen jungen Mann in unsere Behausung gebracht? Wir wollen ihn nicht. Er ist keiner der Unseren und hat daher keinen Platz unter uns.‹ Die Worte kamen von der südlichen Seite, und mein Herz sank. Ich blickte mich um, um zu sehen, welche Personen an der Südseite saßen, und der Anblick flößte mir Furcht ein. Es waren die Winde, die bösen Stürme, die Donnerschläge, der Mond und viele Sterne, allesamt waren sie mächtig und jeder von ihnen viel stärker als ich. [...] Ich wusste, dass ich, um auf der Welt zu leben, jenen Personen am anderen Ende der Unterkunft zuerkennen musste, dass sie eine Arbeit zu verrichten hatten, und dass ich sie nicht davon abhalten konnte. Ich war ein wenig ängstlich, doch zugleich auch froh, dort zu sein.[36]

Vor dem Hintergrund dieser bedrohlichen und abweisenden Mächte, über die Plenty Coups, wie er nun einsieht, keine Kontrolle hat, heißt der Zwerghäuptling ihn will-

35 Linderman, *Plenty-Coups*, S. 47 [Übersetzung J. P.].
36 Ebd., S. 38f. [Übersetzung J. P.].

kommen und bietet ihm Zuspruch und Ermutigung. Das heißt, dass der junge Plenty Coups nicht ungeachtet, sondern gerade im Angesicht dieser überwältigenden Mächte ermuntert wird, Mut zu fassen. In seiner Vorstellungskraft – woraus sich diese auch immer speisen mag – entwickeln sich jene bedrohlichen Mächte im Laufe eines Jahres (zwischen Plenty Coups' neuntem und zehntem Geburtstag) zu einem überwältigenden Sturm. Und dennoch wird Plenty Coups mitgeteilt, dass er die Fähigkeit besitzt, erfolgreich zu sein – selbst noch im Angesicht dieser zerstörerischen Wirklichkeit. Die Welt, in der er es zu Erfolg bringen kann, ist eine Welt echter Gefahren und ernster Risiken. Es ist eine Welt, in der er nur Erfolg haben wird, wenn er seine angeborenen Fähigkeiten auf die richtige Weise entwickelt und nutzt: die Welt einer mutigen Person.

Es lohnt sich überdies, die Rolle von Mitleid in dem prophetischen Traum zu untersuchen. Plenty Coups sagt, dass er Mitleid für all die Bäume im Wald empfand, die niedergerissen wurden, und für die Geschöpfe, die dort lebten – doch er war »machtlos und konnte nicht mit ihnen den vier Winden entgegentreten«. Als er den alten Mann erblickte, der im Schatten des einsamen Baumes saß, »empfand [er] Mitleid mit ihm, denn er war so alt und gebrechlich«.[37] Für die Crow ist Mitleid eine Empfindung, die den Göttern gebührt. Wie wir gesehen haben, riefen junge Männer in ihrem Ringen um Visionen in der Natur mit den Worten »Hab Mitleid mit mir!« nach Gott. Sie schnitten sich ein Fingergelenk ab, fügten sich blutende Wunden zu, hungerten und schwächten sich – alles, um das Mitleid der spirituellen Welt auf sich zu ziehen. Nur aus Mitleid werden demnach die Götter dazu bewogen, den Menschen zu hel-

37 Ebd., S. 65 [Übersetzung J. P.].

fen. Wenn nun also der junge Plenty Coups in seinem Traum Mitleid empfindet, dann liegt der Gedanke nahe, dass darin die Vorstellung eines faszinierenden Kompromisses Ausdruck findet. Einerseits stellt sich Plenty Coups vor, wie er hilflos angesichts unaufhaltsamer, trauriger Ereignisse ist – er hängt also wohl kaum der ersehnten Allmacht nach, die man häufig in Träumen antrifft. Wir haben es hier nicht mit einem Neunjährigen zu tun, der davon träumt, Superman zu sein. Andererseits reagiert er mit einer gottgleichen Emotion. Er stellt sich selbst als jemanden dar, der in der Lage ist, diese Ereignisse richtig zu erfassen. In seinem Traum sieht er Ereignisse *so, wie sie einst eintreten werden*, und er reagiert mit einem Gefühl, das Göttern und Menschen gleichermaßen entspricht. In unserer Vorstellung nehmen außergewöhnliche Menschen mitunter einen Platz zwischen Göttern und gewöhnlichen Menschen ein. Die wahren Helden sind zwischenstufliche Gestalten – Sterbliche, denen es gestattet ist, mit dem Göttlichen in Verbindung zu treten. Wenn wir aber den psychologischen Vorgang betrachten, über den sich Mut in einer einzelnen Seele entwickelt, dann verleiht sich der junge Plenty Coups kraft seiner Vorstellungen selbst die Mittel, die Wirklichkeit so wahrzunehmen, wie die Götter es täten. Ein Teil dessen, was es bedeutet, mutig zu sein, liegt darin, die Wirklichkeit zutreffend zu erfassen und richtig auf sie zu reagieren. Plenty Coups führt sich einen Vorgang vor Augen, der wahrlich bemitleidenswert ist – so würden die Götter es sehen –, und dennoch ist er selbst unter diesen Umständen fähig, richtig zu reagieren und zu handeln. Entscheidend ist nicht, dass er träumt, er sei dazu in der Lage – sondern dass sein Traum ihm die psychologischen Mittel an die Hand gibt, die ihn tatsächlich in diese Lage versetzen.

Wie Aristoteles sagt, bedarf Mut der Fähigkeit, sich der Wirklichkeit zu stellen, ein kundiges Urteil zu fällen und dabei Gefahren in Kauf zu nehmen. Eine Möglichkeit, die Tiefe auszuloten, die der Mut einer Person aufweist, besteht in einer Untersuchung des Umfangs und der Reichweite an Erfahrungen, in denen sie genau diese Dinge tun kann. Welches Maß an Beständigkeit hat eine Person über die Erfahrungen des Lebens hinweg vorzuweisen? Ein traditioneller mutiger Krieger wäre allem gewachsen, was in der Schlacht auf ihn zukommen mag. Daher erkennen wir den wahrhaft mutigen Krieger anhand der Widrigkeiten und Gegensätze, die die Erfahrung des Kämpfens bestimmen. Jemand stellt seine Fähigkeit, über eine große Breite an Erfahrung hinweg mutig zu handeln, dadurch unter Beweis, dass er auch an ihren Grenzen weiterhin mutig handeln kann. Wie zu erwarten ist, handeln die Geschichten der Crow über Mut stets von außergewöhnlichen Glanztaten – denn diese bildeten den Raum, in dem wahrer Mut zutage trat.[38] Doch wir haben bereits gesehen, dass gerade der wahrhaft mutige Krieger, der alles in der Schlacht bewältigen könnte, womöglich völlig unfähig ist, sich einer Wirklichkeit zu stellen, in der Schlachten keine Rolle mehr spielen. Seine Erziehung im Jugendalter mag ihn auf alle vorhersehbaren Möglichkeiten vorbereitet haben, doch noch zu seinen Lebzeiten sind neue Arten von Möglichkeiten hervorgetreten. Nun eröffnen sich neue Grenzen für die Möglichkeiten der Erfahrung. Wie soll man sich einer Wirklichkeit stellen, die darin besteht, dass eine Weise, sich der Wirklichkeit zu stellen, an ihr Ende gelangt? Es scheint ganz so, als ob Plenty Coups' Traumleben ihm genau die psychologi-

38 Vgl. Phenocia Bauerle (Hrsg.), *The Way of the Warrior. Stories of the Crow People*, übers. u. kompil. v. Henry Old Coyote u. Barney Old Coyote Jr., Lincoln 2003; Joseph Medicine Crow, *Mein Volk, die Krähen-Indianer. Die Stammesgeschichte der Absarokee*, übers. v. Friedrich Baadke, München 1994, S. 76-101.

schen Mittel bereitstellte, die er benötigte, um sich dieser neuen Wirklichkeit richtig zu stellen.

Eine der nützlichen Folgen seines Traumes war es, ihn gegen das Problem des Bösen zu wappnen. Die Crow glauben, dass sie ein auserwähltes Volk sind, das von Gott dazu erkoren wurde, auf diesem besonderen Stück Land zu gedeihen. Das Problem des Bösen stellt sich, wenn ein religiöses Volk sich einer entsetzlichen historischen Situation gegenübersieht. Seine Mitglieder fragen dann: »Wie konnte ein guter und allmächtiger Gott zulassen, dass uns das widerfährt?« Das Problem ist besonders dringlich, wenn Gott mit anhaltendem Schweigen zu antworten scheint. Als Plenty Coups seinen Traum hatte, standen die Crow vor dem schlimmsten Jahrhundert in ihrer Geschichte. Ihnen standen entbehrungsreiche Schlachten mit den Sioux, die Einschränkung auf das Reservatsleben, schreckliche Krankheiten und eine verheerende Sterberate in der Crow Agency bevor. Plenty Coups' Traum antizipiert jedoch, dass ein schrecklicher Sturm heraufzieht, sodass das Eintreten jener schlimmen Ereignisse als *Bestätigung* des Traumes angesehen wird. Dem Traum wird zugeschrieben, aus einer spirituellen Quelle zu stammen, und er liefert eine Erklärung für die Katastrophe. Die vier Winde sind naturgeistige Gewalten, die eine überwältigende Macht besitzen, doch ihr bedrohliches Dasein ficht das Universum nicht in seinen Grundfesten an. Die Welt ist ein Ort, an dem sich ein solcher Sturm ereignen kann. Es ist möglich, dass Menschen auf diese Weise überwältigt werden, aber die grundsätzliche Güte der Welt ist sicher. Doch darüber hinaus liefert der Traum nach seiner Deutung eine göttliche Rechtfertigung für den Gedanken, dass die Crow, *falls* sie ihre Weisheit – die Weisheit der Meise – nutzen, überleben können. Plenty Coups macht sich diese Deutung zu eigen und geht eine standhafte Verpflichtung auf sie ein. Deswegen erhält der Traum seinem Pessimismus zum Trotz auch eine Hoffnung aufrecht. Und er lässt die Vorstellung unbeschadet, dass die Crow einen besonderen Platz einnehmen. Plenty Coups' Traum erhält von den Stammesältesten eine Deutung, der zufolge er besagt, dass das ursprüngliche göttliche Versprechen gehalten wird: Wenn sie der Weisheit der Meise folgen, werden sie überleben und ihre Gebiete behalten. Bis heute finden Besucher des Museums im Chief Plenty Coups State Park in Pryor, Montana, dort diese Gedenktafel vor:

> Unsere Stammesältesten gaben seiner Vision die Deutung, dass die Weißen das Land der Indianer an sich nehmen würden, und dass die Unterkunft der Meise für den Stamm der Crow stand, der seine Unterkunft am richtigen Ort errichtete. Noch heute halten wir weiterhin das Herz des Landes der Crow als unser Reservat in unserem Besitz.

Der Traum stellt auf diese Weise die psychologischen Mittel bereit, mit denen man sich der Verzweiflung widersetzen kann. Damit diese Hoffnung aber als Bestandteil von Mut gelten kann, statt bloß als sehnsüchtiger Optimismus, müssen wir erkennen, dass sie ihrem Träger die Fähigkeit verleiht, gut auf die Wirklichkeit zu reagieren. Für Plenty Coups und die Crow bezog der Traum eine göttliche Autorität, und sie konnten in wesentlichen Hinsichten genau deshalb an seiner Bedeutung und Wichtigkeit festhalten, weil sie von dieser Autorität überzeugt waren. Wir können hinsichtlich dieser Überzeugung agnostisch bleiben und trotzdem behaupten, dass der Traum ein Ausdruck von Mut war – und zu dessen Entwicklung beitrug. Alles, was wir dafür annehmen müssen, ist, dass der Traum selbst ein kreativer Umgang mit der Welt war, und dass er als solcher kein bloßes Wunschdenken darstellte, sondern tatsächlich einen guten Rat bereithielt. Die Verheißung in dem gedeuteten Traum lautet nicht, dass für die Crow in jedem Fall alles gut gehen wird, sondern dass sie nach einer unvermeidlichen Verwüstung überleben und ihre Gebiete behalten werden, *sofern* sie den bestmöglichen Gebrauch von ihrer eigenen Begabung machen, von anderen zu lernen. Der überlieferte Geschichtsverlauf legt nahe, dass dies ein guter Rat war. Ich denke, es lässt sich dafür argumentieren, dass es den Crow durch ihre Befolgung jenes Rates besser ergangen ist, als es unter jeder anderen Strategie der Fall gewesen wäre. Insbesondere hätte die Verzweiflung es ihnen deutlich schwerer gemacht, mit den Herausforderungen des Lebens umzugehen. Auf diesem Wege lässt sich also die Behauptung stark machen, dass die Hoffnung, die in Plenty Coups' Traum lag, ein wichtiger Bestandteil von Mut war. Das Ziel lautet nicht, ein apriorisches Argument dafür vorzutragen, dass eine solche Strategie immer mutig sei. Wir müssen unserem eigenen besten Urteil vertrauen – und unserem besten Urteil darüber, was als das beste Urteil anderer gelten kann –, um zu einem Schluss darüber zu gelangen, was als wahrer Mut gilt. Wenn wir aber die Einzelheiten von Plenty Coups' Entscheidungen und Handlungen untersuchen, dann lässt sich überzeugend dafür plädieren, dass sie eine Erscheinungsform von Mut waren.

## *3.6. Historische Verteidigung und Rechtfertigung*

Die Crow vermochten es nicht, auf magische Weise den Gang der Geschichte umzukehren. Der Ansturm des weißen Mannes war eine Gewalt, der sich kein Indianerstamm widersetzen konnte. Dieser Ausgang entspricht genau der Verheißung des Traumes. Die Frage lautet jedoch, ob die Hoffnung, die im Traum Ausdruck fand, den Weg für eine mutige Reaktion auf die neuen Herausforderungen ebnete, denen sich die Crow nun stellen mussten. Insofern der Traum bestätigt wurde – dadurch, dass die Crow tatsächlich überlebten und ihre Gebiete behielten –, fragt sich: Welche Rolle spielte jene Hoffnung dabei, diesen Ausgang hervorzubringen? Ich glaube, es lässt sich zeigen, dass diese Rolle eine wesentliche war.

Auf Grundlage des Traumes entschloss sich der Stamm, sich mit den Vereinigten Staaten gegen seine traditionellen Feinde zu verbünden. Die Crow nahmen an Schlachten gegen die Sioux teil und feierten die Niederlagen, die sie ihnen zufügten.[39] Und die US-Regierung behandelte die Crow tatsächlich als ihre Verbündeten. Das hinderte die Vereinigten Staaten jedoch nicht daran, wiederholt und willkürlich Verträge abzuändern und weiter in die Gebiete der Crow vorzudringen. Doch im Gegensatz zu anderen Stämmen wurden die Crow nicht aus ihren Landen vertrieben, sie wurden nicht auf einen Gewaltmarsch gesandt, sie mussten keinen »Pfad der Tränen« beschreiten – und sie konnten wahrheitsgemäß von sich sagen, dass sie nie besiegt wurden.[40] Unter den Crow ist ihr Stand als Unbesiegte bis heute eine Quelle des Stolzes. Plenty Coups wurde – wie andere Crow-Häuptlinge ebenfalls – in Washington auf den höchsten Ebenen der US-Regierung empfangen und mit Respekt behandelt. Und obwohl sie viele strategische Rückschläge erlitten, konnten die Crow für sich ein besseres Ergebnis aushandeln, als sie es unter Verfolgung jeder anderen Strategie hätten tun können. So half ihnen

39 Vgl. Hoxie, *Parading through History*, S. 80-83, S. 108f.

40 Vgl. etwa Gloria Jahoda, *The Trail of Tears. The Story of the American Indian Removals 1813-1855*, New York 1995; sowie Merrill D. Beal, *»I Will Fight No More Forever«. Chief Joseph and the Nez Perce War*, Seattle 1966.

der Traum, sich dieser neuen Wirklichkeit zu stellen und auf kreative, einfallsreiche und dennoch standhafte Arten mit ihr umzugehen.

Die Kette an Ereignissen, die zum Crow Act von 1920 führte, ist hier ein Musterbeispiel. Obwohl die Crow einiges von ihrem Land behalten hatten, übten die Vereinigten Staaten Druck auf sie aus und wollten sie so dazu bringen, das verbliebene Land aufzuteilen und den Stammesmitgliedern jeweils einzelne Stücke zuzuweisen. Ein solcher Wandel stellte eine Bedrohung für das Überleben der Stammesgebiete dar, wie Plenty Coups nur allzu deutlich sah: Wenn einmal die Grundstücke verteilt wären, würden die einzelnen Bauernhöfe sich später verkaufen lassen – und das Reservat der Crow könnte Stück für Stück auseinandergebrochen werden. Dieser Bedrohung ging 1915 eine noch größere voraus, als die US-Senatoren aus Montana vorschlugen, die unzugewiesenen Landstücke westlich des Bighorn River und östlich des Little Bighorn River für Siedler verfügbar zu machen – einzelne Crow, die bereits ihre eigenen zugewiesenen Bauernhöfe betrieben, sollten diese behalten dürfen. Wäre dieser Gesetzesentwurf umgesetzt worden, hätte er den Crow alles Land weggenommen, über das der Stamm noch gemeinschaftlich verfügte.[41] Unter Plenty Coups' Führung reiste im Januar 1917 eine Delegation nach Washington, die dort erfolgreich die Diskussion des Entwurfs im Senat verhinderte. Nach dem Ersten Weltkrieg kam der Vorstoß 1919 erneut auf. Der Ausschuss des Senats für die Belange der Indianer teilte dem Stamm mit, dass kein Gesetzesentwurf ohne Zustimmung der Crow umgesetzt würde, *vorausgesetzt*, diese beendeten ihre Praxis des gemeinschaftlichen Landbesitzes. Dieser Vorschlag löste eine Debatte innerhalb des Stammes aus. Plenty Coups

41 Vgl. Hoxie, *Parading through History*, S. 258ff.

setzte sich dafür ein, allen weiteren Veränderungen gegenüber Widerstand zu leisten; einige der jüngeren Anführer wie Robert Yellowtail, ein Anwalt, der in den Schulen des weißen Mannes ausgebildet worden war, sahen dagegen die Zuweisung von Grundstücken als Gelegenheit, ein weiteres Vordringen der Weißen zu verhindern. Die jüngeren Anführer setzten sich durch, und der Crow Act wurde 1920 Gesetz.

Diese Abfolge von Ereignissen ist ein Beispiel für das, was Aristoteles eine Handlung gemischter Natur nennt.[42] Die Crow mussten in einer schwierigen Lage handeln. Es gelang Plenty Coups nicht, der Aufteilung des Reservatsgebietes entgegenzuwirken. Dennoch war der Stamm in der Lage, wichtige Erfolge auszuhandeln. Er behielt die Berg- und Abbaurechte für die Gebiete, die sich unter seiner Kontrolle befanden. Obwohl das Land aufgeteilt und zugewiesen wurde, verblieb es im Besitz von Stammesmitgliedern. Die Crow hatten den Versuch unterbunden, »ungenutztes« Land an weiße Siedler zu verkaufen. Und am wichtigsten war es wohl, dass der Stamm selbst die Bedingungen stellen konnte, unter denen die Aufteilung stattfand. Außerdem bildete der Gesetzeserlass einen Präzedenzfall, der Bestand hatte: Der Kongress billigte anschließend keine weiteren großangelegten Landverkäufe mehr. Vor dem Hintergrund der vorangegangenen 70 Jahre des weißen Vormarsches, der Vertragsrevisionen und des Landraubs stellte das Ergebnis einen erheblichen Erfolg dar.

Und obwohl Plenty Coups jene letzte Debatte im Stamm verlor, wurden durch die Art seiner Niederlage tatsächlich die Ideale bestätigt, die ihm in seinem Traum gegeben worden waren. Die Meise überlebt, weil sie von anderen lernen kann. Daher hatte Plenty Coups die jungen Männer und

42 Vgl. Aristoteles, *Nikomachische Ethik*, 1110a8-15.

Frauen seines Stammes dazu angehalten, in den Schulen des weißen Mannes dessen Bildung zu erwerben. Auch heute noch erinnert man sich an ihn, weil er seinem Volk riet: »Mit dem Wissen, das der weiße Mann hat, kann er uns unterdrücken. Wenn wir das lernen, was er weiß, wird er uns nie wieder unterdrücken können.«[43] Robert Yellowtail war diesem Rat gefolgt. Und genau aufgrund seines Studiums der US-Gesetzgebung und der amerikanischen Politik kam er zu dem Schluss, dass ein eigener Ansatz der Crow zur Landaufteilung die beste Möglichkeit sein würde, die Gebiete der Crow zu verteidigen. Es lässt sich durchaus sagen, dass hierin die Weisheit der Meise in der zweiten Generation lag. Der Stamm überlebte und schützte seine Interessen, indem er den Idealen folgte, für die Plenty Coups eintrat, selbst wenn diese bestimmte Entscheidung entgegen seiner eigenen Einschätzung gefällt wurde.

Selbst im hohen Alter war Plenty Coups noch dazu in der Lage, persönliche Erfolge zu erringen. Nur einige Monate vor seinem Tod im Jahr 1932 bat er einige Anwälte des Stammes, die US-Regierung darum zu ersuchen, die Bergketten der Pryor Mountains sowie der Bighorn Mountains unter Schutz zu stellen – mit Erfolg. Diese Berge stehen weiterhin unter Schutz. Es gelang ihm auch, die Übergangsfrist für Landzuweisungen um 26 Jahre zu erweitern. Das Ergebnis war, dass einzelne Crow zwar Grundstücke über eine Zuweisung erhalten konnten, ohne dass jedoch damit auch Verfügungsrechte – und damit die Möglichkeit zum Verkauf – einhergingen, bis jener erweiterte Zeitrahmen

43 Timothy McCleary, »Afterword«, in: Frank B. Linderman, *Plenty-Coups. Chief of the Crows. New Edition*, Lincoln/London 2002, S. 173-183, hier S. 175 [Übersetzung J. P.]. Die bekanntere Fassung ist in ihrem Ton entschärft und politisch unbedenklich gemacht worden: »Bildung ist eure mächtigste Waffe. Mit Bildung seid ihr dem weißen Mann ebenbürtig, ohne Bildung seid ihr seine Opfer.«

verstrichen war.[44] Heute zeigen sich Stammesmitglieder stolz darüber, dass die Crow es schafften, sich ihre Berge zu erhalten, und es wird zumindest darüber diskutiert, wie der Stamm im Laufe der Zeit Landstücke zurückkaufen könnte, die von Mitgliedern einst an weiße Bauern verkauft wurden. Auch über die Frage, wie der Stamm zukünftige Verkäufe dieser Art abwenden könnte, wird eine Diskussion geführt.

Es gibt eine weitere historische Errungenschaft, die schwieriger zu messen ist. Plenty Coups begründete ein fortwährendes gemeinschaftliches Ideal des Stammes in Situationen, in denen dieser sich neuen Herausforderungen stellen musste. Er bediente sich hierbei alter Glaubensvorstellungen des Stammes – die Meise genoss seit langer Zeit Achtung unter den Crow – und wandte sie auf neue Weisen an. Er wollte, dass seine Leute die Gepflogenheiten des weißen Mannes erlernten, doch dabei verklärte er weder den weißen Mann noch seinen eigenen Stamm. Vom weißen Mann sagte er, dass dieser »zu oft das eine versprach und dann, wenn [er] überhaupt handelte, das andere tat«. Er sei daher jemand, »der niemanden außer sich selbst zum Narren hält«.[45] Weiter sagte er: »All seiner wundersamen Macht zum Trotz ist der weiße Mann nicht weise. Er ist schlau, aber nicht weise.«[46] Seinen Stamm schonte er ebenso wenig. Bei Festessen hielt er ihnen oft vor:

> Ihr, die ihr einst tapfer wart, seid zu Schweinen geworden. Ich schäme mich für euch. Selbstmitleid hat euch den Mut geraubt, hat euch den Geist und die Selbstachtung genommen. Hört auf, den alten Zeiten nachzutrauern, sie sind mit

44 Vgl. ebd., S. 178.

45 Linderman, *Plenty-Coups*, S. 227f. [Übersetzung J. P.].

46 Ebd., S. 265 [Übersetzung J. P.].

> den Büffeln vorübergegangen. Geht in eure Schwitzhütten und reinigt eure Körper [...], und dann räumt eure dreckigen Unterkünfte auf und macht euch an die Arbeit![47]

Und doch hoffte er, dass eine neue Generation fähig sein würde, an den traditionellen Werten und Gebräuchen der Crow festzuhalten und sie zugleich mit einer Bildung zusammenzuführen, wie sie ein weißer Mann üblicherweise erlangte.

In der seinerzeit gegebenen historischen Lage scheint das eine hoffnungsvolle und dennoch realistische Haltung zu sein. Zusätzlich zu all den objektiven Erniedrigungen, die die verschiedenen Indianerstämme erleiden mussten, hatten sie nämlich auch einen Anschlag auf ihre Subjektivität zu erdulden. Am Ende des 19. und Anfang des 20. Jahrhunderts war es die offizielle politische Strategie der Vereinigten Staaten, traditionelle Wertvorstellungen der Indianerstämme zu zerstören. Entsprechend wurden bestimmte traditionelle Rituale und religiöse Praktiken gesetzlich verboten, Kinder wurden gewaltsam von ihren Eltern getrennt und in die Schulen des weißen Mannes geschickt, und wie wir gesehen haben, wurde erheblicher Druck dahingehend aufgebaut, die Stammesgebiete aufzubrechen und aus den Stammesmitgliedern vereinzelte Bauern zu machen. In jedem Fall wurde die traditionelle Lebensweise zerstört. Es fällt also schwer, einzusehen, wie unter diesen Umständen irgendwelche Ideale überleben könnten. Psychische Gesundheit hängt in einer wesentlichen Hinsicht von der Verinnerlichung lebendiger Ideale ab – von der Formung eines kulturell bereicherten Ichideals –, zu denen man sich in seinem Bestreben verhalten kann, ein lohnenswertes Leben zu führen. Ohne solche Ideale ist nicht leicht zu erkennen,

47 McCleary, »Afterword«, S. 177 [Übersetzung J. P.].

wofür man eigentlich leben sollte. Viele Einflüsse tragen zum Alkohol- und Drogenmissbrauch bei, der die indianischen Reservate plagt, und zweifellos spielen Arbeitslosigkeit und Armut eine entscheidende Rolle. Doch es ist auch eine psychologische Zerrüttung heranwachsender Jugendlicher gegeben, sofern diese keine Ideale vorfinden, die es wert sind, aufgenommen und verinnerlicht zu werden.

In einer florierenden Kultur ist es traditionell die Aufgabe der älteren Generation, die Ideale ihrer Kultur an die gegenwärtigen Herausforderungen anzupassen und sie an die nächste Generation weiterzugeben. Im Zeitraum zwischen 1870 und 1940 erlitten die Crow jedoch gemeinschaftlich einen solchen Bruch, dass es unmöglich wurde, jene Ideale auf unproblematische Weise weiterzugeben. Plenty Coups schöpfte vor diesem Hintergrund aus den traditionellen Quellen des Stammes – in Form der Meise –, um ein *Ichideal radikaler Hoffnung* zu entwerfen. Das heißt, dass er dem Stamm die Möglichkeit gab, sich eines traditionellen Ideals zu bedienen, das ihnen dabei helfen würde, einen Verlust der Begriffe zu ertragen. Ich bin versucht, zu sagen, dass während der nomadisch-kriegerischen Phase der Crow niemand unter ihnen sich hätte erträumen können, auf welche Arten das traditionelle Leitbild der Meise dereinst eingesetzt werden sollte. Nur tat einer von ihnen genau das. Selbst er konnte sich die Zukunft der Meise nicht in ihren Einzelheiten erträumen. Doch dieses Ideal lieferte den Crow eine Grundlage an Hoffnung, und zwar zu einer Zeit, als es durchweg unklar war, worauf man hoffen konnte. Plenty Coups' Traum eröffnete den Crow die Hoffnung, dass sie überleben würden (was immer das einst bedeuten sollte) und ihre Gebiete behalten würden (was immer das einst bedeuten sollte), wenn sie der Weisheit der Meise folgten (was immer das einst bedeuten sollte). Damit vermachte Plenty Coups den Crow ein Ideal, das ihnen dabei helfen würde, eine Zeitspanne begrifflicher Zerstörung auszuhalten. Und die Tatsache, dass dieses Ideal überlebt hat – dass also ein traditionelles Ideal ein florierendes Leben auf der anderen Seite jenes Abgrundes hat –, verleiht der Behauptung Glaubwürdigkeit, dass die Crow tatsächlich überlebt haben. Oder womöglich, dass die Crow *auferstanden* sind.

Dass Plenty Coups ein solches Ideal entwerfen und es weitergeben konnte – zu einer Zeit, als die traditionellen Ideale verblassten –, ist meines Erachtens seine größte Leistung. Sein Ideal ist immer noch ein gewaltiges Vermächtnis. Sein mahnender Aufruf zur Bildung ist der Leitspruch des Little Big Horn College, das Studierende im Reservat in der Geschichte und den Traditionen der Crow, aber ebenso in Algebra, Buchhaltung, Wirtschaftswissenschaften, Informationstechnologie, Psychologie und den Geisteswissenschaften unterrichtet und ausbildet. Es ist ein lebendiges Denkmal für sein Ideal. Ich hatte die Ehre, mit jungen Mitgliedern der heutigen Crow Nation zu sprechen – mit Studierenden im Reservat, am Little Bighorn Battlefield National Monument und mit Studierenden und Praktikanten in Washington, D.C., und Chicago –, und diese erzählten mir wiederholt, dass Plenty Coups' Worte ihnen von Kindheit an eingebläut wurden. Es ist meine Überzeugung, dass man in ihrem Ausdrucksvermögen, ihrer Lebendigkeit, ihrem Wissen hinsichtlich der Geschehnisse und ihren Plänen für die Zukunft – und in ihrer Fähigkeit, einen sicheren Umgang mit Weißen und Indianern zu pflegen – das lebendige Vermächtnis von Plenty Coups' Hoffnung erkennen wird. Es handelte sich bei ihr nicht bloß um sehnsüchtigen Optimismus, sondern um einen nachhaltigen und intellektuell aufmerksamen Umgang mit der Welt, der in einer furchtbaren Lage handfeste positive Folgen zeitigte.

## 3.7. Persönliche Verteidigung und Rechtfertigung

Plenty Coups sah sich durch seine Lebensentscheidungen gegen Anfechtungen gerechtfertigt. Zu Linderman sagte er:

> Die Crow waren weiser [als die Sioux und die Cheyenne]. Wir wussten, dass die weißen Männer stark waren, zahllos in ihrem eigenen Land, und dass ein Kampf gegen sie aussichtslos war. [...] Unsere führenden Häuptlinge erkannten, dass wir die weißen Männer zu unseren Freunden machen würden, wenn wir ihnen dabei halfen, unsere gemeinsamen Feinde zu bekämpfen. Wir hatten schon immer gegen die drei Stämme der Sioux, Cheyenne und Arapaho gekämpft und konnten nun ebenso gut damit weitermachen. Die vollständige Vernichtung unserer alten Feinde sollte uns eine Freude sein. Wir trafen unsere Entscheidung nicht etwa, weil wir den weißen Mann liebten, der bereits andere Stämme in unser Land hineintrieb, und auch nicht weil wir die Sioux, Cheyenne und Arapaho hassten, sondern weil wir schlicht und einfach einsahen, dass nur dieses Vorgehen uns womöglich unser wunderschönes Land erhalten konnte. Wenn ich daran zurückdenke, singt mein Herz, weil wir so handelten. Es war der einzige Weg, der uns offenstand.[48]

> Sieh dir nur unser Land an! Es wurde von meinem Volk aus dem Herzen des schönsten Landes auf der ganzen Welt auserkoren, weil wir weise waren. Und mein Traum war es, der uns den Weg lehrte.[49]

Plenty Coups konnte im hohen Alter sehen, dass es den Crow gelungen war, ihre Gebiete zu behalten. Im weiteren

48 Linderman, *Plenty-Coups*, S. 154 [Übersetzung J. P.].
49 Ebd., S. 78 [Übersetzung J. P.].

Lauf der Geschichte veränderte sich die Vorstellung dessen, was es bedeutete, die eigenen Gebiete zu behalten, auf radikale Weise – doch der alte Plenty Coups konnte dennoch in seinen Erfahrungen eine Bestätigung seines Kindheitstraumes sehen. In der Tat saß er, während er Linderman von jenem prophetischen Traum erzählte, an genau der Stelle, an der er auch im Traum gesessen hatte. »Und hier bin ich nun, ein alter Mann, und sitze unter diesem Baum, wo vor 70 Jahren jener alte Mann saß, als das hier eine andere Welt war.«[50] Er hatte sich zu dem Ort begeben, von dem der Traum ihm verheißen hatte, dass er einst ebendort angelangen würde. Und auf seine eigene Weise zählte er mit der Wiedererzählung des Traumes vor Linderman siegreich Coups: Er erzählte die Geschichte davon, wie er erfolgreich in die »Schlacht« zog, um sein Land zu verteidigen. Er saß nun unter dem Baum, wo er dem Traum zufolge sitzen sollte, wenn er sich die Tugend der Meise zu eigen machte.

Dieser Baum steht immer noch vor Plenty Coups' altem Zuhause. Und sein Haus mit dem umliegenden Grundstück ist nunmehr ein bundesstaatlicher Park. Plenty Coups hatte den Einfall, sein Haus zu stiften, als er George Washingtons Haus bei Mount Vernon besuchte. Dies ist ein Fall, in dem der Gedanke eines weißen Mannes aufgenommen wurde, um eine Institution zu schaffen, die traditionelle Werte der Crow aufbewahren und weitergeben sollte. Plenty Coups und seine Frau Strikes the Iron wollten sein Haus und sein Grundstück der US-Regierung vermachen, auf dass diese »als Park und Freizeitgelände für Mitglieder des Stammes der Crow und Weiße gleichermaßen unter treuhänderischer Verwaltung und dauerhaft erhalten bleiben«. In einer Ironie der Geschichte sah sich die US-Regie-

50 Ebd., S. 75 [Übersetzung J. P.].

rung nicht imstande, das Land *als Geschenk* anzunehmen! Scheinbar konnte die Regierung Gebiete nur an sich reißen, nicht aber entgegennehmen. Und um dem Ganzen die Krone aufzusetzen, entschieden sich die zuständigen Regierungsvertreter dazu, Plenty Coups auf gönnerhafte und herablassende Weise in die Irre zu führen: »Es war Plenty Coups' Wunsch, sein Grundstück der US-Regierung zu hinterlassen. Es stellte sich heraus, dass dies unmöglich war, doch die Regierung gab zum Schein vor, den Bauernhof doch entgegenzunehmen, um den gütigen alten Häuptling nicht zu beleidigen. Eine aufwändige Zeremonie fand am 8. August 1928 in seinem Zuhause statt.«[51] Als er starb, übernahmen die Vertreter des Countys das Grundstück, und letztlich gelang es dem Billings Kiwanis Club, sich des Landes anzunehmen und das Grundstück in alter Form wiederzuerrichten.[52] Einflussreiche Clubmitglieder setzten sich dafür ein, es dem Bundesstaat Montana zu stiften – und heute dient es als Park, so wie Plenty Coups es wollte. Dieser konnte daher seinen Traum nicht nur als bestätigt erachten: Er hatte guten Grund zu der Überzeugung, dass seine standhafte Verpflichtung auf seinen Traum eine wesentliche Rolle dabei gespielt hatte, erfolgreich eine Zukunft für seinen Stamm auszuhandeln. Obwohl sie einen furchtbaren Anschlag auf ihre Zivilisation erlitten, behielten sie tatsächlich ihre wertvollen Gebiete, und sie erhielten sich die Möglichkeit, ihre Werte und Erinnerungen an ihre Traditionen an eine neue Generation weiterzugeben. In der Tat war es vermutlich Plenty Coups' letzte Handlung als Meise, Linderman seine Geschichte zu er-

51 Frederic C. Krieg, »Chief Plenty Coups: The Final Dignity«, in: *Montana. The Magazine of Western History*, 16/4 (1966), S. 28-39, hier S. 37 [Übersetzung J. P.].

52 Vgl. ebd., S. 37-39.

zählen. Schließlich gehörte es zur Weisheit des weißen Mannes, schriftkundig zu sein: Der Wert, Erinnerungen niederzuschreiben, liegt darin, dass sie auf diese Weise zu Zeiten aufbewahrt werden können, in denen eine mündliche Kultur unter zu großer Anspannung steht, als dass sie sie erhalten könnte. Die Meise begreift, dass man in einer Zeit des kulturellen Angriffs nicht nur eines Ideals wie der Meise bedarf, sondern auch neuer Wege, auf denen jenes Ideal erhalten und weitergegeben werden kann. Genau das tat Plenty Coups – und seine Ideale und Erinnerungen stehen heute einer neuen Generation der Crow bereit, um von dieser aufgenommen und für ihre Zwecke umgeformt zu werden.

Damit liegt, wie ich meine, ein schlüssiges Argument dafür vor, dass es nicht nur psychologisch vorteilhaft war, sich der Verzweiflung zu widersetzen, sondern dass es auch ein Fehler gewesen wäre, sich ihr hinzugeben. Ebenso wäre es ein Fehler gewesen, »kämpfend unterzugehen«. Die radikale Hoffnung, die in das Ideal der Meise eingeschrieben war, verhalf Plenty Coups sein Leben lang zu einer kreativen Entscheidungsfindung in radikal neuen geschichtlichen Verhältnissen. Und diese Treue, die Plenty Coups seiner Hoffnung erwies, erfüllt alle aristotelischen Kennzeichen des Mutes. Mit der Tugend der Meise war er in der Lage, sich neu hinsichtlich dessen auszurichten, was beschämend war (Kriterium 1) – und diese Neuausrichtung an andere weiterzugeben. Nun lag Schande darin, sich von der *wirklichen* Weisheit anderer abzuwenden, sich der Verzweiflung zu ergeben oder nostalgisch darauf zu beharren, man könne ohne irgendeine Veränderung zu den alten Vorgehensweisen zurückkehren. Ab einem bestimmten Punkt in der Geschichte mag es zwar psychologisch nachvollziehbar sein, Scham darüber zu empfinden, dass man sein Leben nicht mehr als traditioneller Krieger führen kann, aber es ist dennoch ein Fehler. Indem er ein Ideal für seine Zeit bereitstellte, gab Plenty Coups sich selbst und seinem Volk nicht nur die psychologischen Mittel an die Hand, sich einer neuen Situation anzupassen: Er gab ihnen auch ein Ideal, anhand dessen sie auf das abzielen konnten, was richtig ist (Kriterium 2). Das Ziel lag nicht im bloßen biologischen Überleben der einzelnen Stammesmitglieder – so wichtig dies auch war –, sondern im zukünftigen Gedeihen der traditionellen Werte, Bräuche und Erinnerungen des Stammes in einem neuen Zusammenhang. Das ist eine bewundernswerte Zielsetzung. Überdies fordert die Tugend der Meise ausdrücklich dazu auf, ein gutes Urteilsvermögen auszubilden und Entscheidungen für das eigene Handeln zu treffen, die auf Wissen fußen (Kriterium 3). Die Verteidigungsmaßnahmen, die die Crow für ihr Land ergriffen, legen hierüber ein deutliches Zeugnis ab. Auch brachte Plenty Coups' Strategie ernste Risiken mit sich (Kriterium 4). Diese entsprachen zweifellos nicht dem Paradigma des Schlachtfeldes. Es waren größere Risiken: Sie betrafen Möglichkeiten wie jene, dass man bei seiner Neuausrichtung hinsichtlich dessen, was beschämend war, falsch vorgegangen war und nun unwissentlich schändlich handelte statt richtig; dass die eigene Strategie letztlich scheitern würde und die Crow ihr Land und ihre Werte verlieren sollten – oder gar als Volk zerstört würden. Für Plenty Coups und die Seinen hätte der Einsatz nicht höher sein können. Zuletzt ist es das Ziel dieses gesamten Kapitels gewesen, auszuweisen, dass Plenty Coups' radikale Hoffnung keine bloße optimistische Wunscherfüllung war (Kriterium 5), sondern vielmehr eine radikale Form des Hoffens, die Mut konstituierte und ermöglichte. Schließlich konnten die Crow durch eine Reihe kluger Entscheidungen und Handlungen ihre Gebiete behalten, und Plenty Coups trug zur Schaffung eines Raumes bei, in dem traditionelle Werte der

Crow in Erinnerung gehalten, einer neuen Generation vermittelt und hoffentlich in einer neuen geschichtlichen Ära erneuert werden können.

All das war möglich, weil Plenty Coups imstande war, eine erstaunliche Umwandlung in der Vorstellungskraft zu bewirken. Durch seinen Traum – und durch seine Treue ihm gegenüber – vermochte er es, die Zerstörung eines *Telos* in eine teleologische Suspension des Ethischen umzuwandeln. Eine traditionelle Lebensweise wurde zerstört, und damit einher ging die Zerstörung der ihr zugehörigen Auffassung des guten Lebens. Worin menschliches Glück besteht, wurde von Grund auf unklar und problematisch. In einer solchen Lage herrscht eine nahezu überwältigende Versuchung, zu verzweifeln. Und inmitten eines solchen Augenblicks sagte Plenty Coups' Traum die Zerstörung voraus, bot jedoch auch ein Errettungsbild – und einen Weg zu seiner Erfüllung. Die traditionellen Formen der guten Lebensführung würden zerstört werden, doch es bestand spiritueller Rückhalt für den Gedanken, dass sich für die Crow neue Formen des guten Lebens ergeben würden, wenn sie sich nur an die Tugend der Meise hielten.

Es sollte darauf eingegangen werden, inwiefern das Rätselhafte eine Rolle dabei spielte, diese Umwandlung in der Vorstellungskraft zu ermöglichen. Zunächst lautet Plenty Coups' Name streng genommen nicht Plenty Coups, also »Viele Coups«, sondern »Viele Großtaten« (Alaxchiiaahush). Sicherlich ging sein Großvater, der ihm diesen Namen verlieh, davon aus, dass sein Enkel einst viele Coups zählen würde. Dennoch ist sein Name eigentlich Viele Großtaten – und worin eine Großtat besteht, ist offen für Umdeutungen im Lichte neuer Erfahrungen. Dieser Name dient damit als das, was Psychoanalytiker einen *rätselhaften Signifikanten* nennen: Er wird jemandem von einer Elternfigur verliehen und hat für den Betroffenen daher eine Stellung, die der eines Orakelspruches ähnlich ist. Der Signifikant gibt ihm Auskunft darüber, wer er ist oder sein wird, bleibt dabei jedoch in seiner Bedeutung rätselhaft.[53] Dieser Aspekt kann im Wechsel zu »Plenty Coups« verloren gehen: Viele Großtaten – Alaxchiiaahush – weiß, dass er viele großartige Dinge vollbringen wird, doch welcher Art diese Großtaten sind, wird unbestimmt gelassen. Ironischerweise schloss eine seiner wichtigsten Großtaten es mit ein, Coups *aufzugeben*. Auf gleiche Weise ist die Tugend der Meise von Grund auf rätselhaft. Die Meise verfügt über die Fähigkeit, von der Weisheit anderer zu lernen – worin diese Weisheit jedoch besteht, bleibt dabei unklar. Das muss die Meise selbst herausfinden.

Fest steht in dieser rätselhaften Geschichte jedoch die Deutung, die die Stammesältesten dem Traum des jungen Plenty Coups gaben: Wenn der Vollbringer vieler Großtaten der Weisheit der Meise folgt, werden die Crow ihre Gebiete behalten können. Das Bild des alten Plenty Coups, der unter dem Baum der Meise sitzt und Linderman seine Geschichte erzählt, erhält durch diese Deutung eine gesteigerte symbolische Eindringlichkeit. Das Errichten eines Coup-Stabes in der Schlacht stand symbolisch für einen Baum, der nicht gefällt werden kann. Doch hier haben wir Plenty Coups, der am Ende seines Lebens unter einem tatsächlichen Baum sitzt, von dem die Geschichte den Beweis erbracht hat, dass er nicht gefällt werden kann. Genau indem er das Symbol für den Schutz des Crow-Territoriums aufgab, konnte er es tatsächlich beschützen. Er nutzte den

53 Vgl. Jean Laplanche, »Die unvollendete kopernikanische Revolution«, in: ders., *Die unvollendete kopernikanische Revolution in der Psychoanalyse*, übers. v. Udo Hock u. Peter Passett, Frankfurt/M. 1996, S. 7-44; sowie Jonathan Lear, *Happiness, Death, and the Remainder of Life*, Cambridge, Mass. 2000.

Traum, um auf die kreativen Strategien zuzugreifen, die das Land der Crow retten konnten, und ebendadurch ersetzte er das Symbol des Baumes, der nicht gefällt werden kann, durch den Baum, der nicht gefällt werden kann. Ein tatsächlicher Baum wurde zum Symbol seiner selbst. Er steht immer noch und kennzeichnet eine echte Grenze des Crow-Territoriums.

Plenty Coups' Traum – und seine Treue ihm gegenüber – setzte ihn außerdem instand, ein vollendetes Leben nach aristotelischem Verständnis zu führen. Trotz der Zerstörung des traditionellen Lebens der Crow wurde Plenty Coups' Traum zu einem Leitfaden, mit dem er sein Volk durch radikale Brüche hindurchführen konnte. Indem er sich an seinen Traum hielt, stiftete er seinem Leben eine Einheit, die über diese Brüche hinweg Bestand hatte: Am Ende seines biologischen Lebens konnte er nunmehr dieses Leben als eines ansehen, das eine Einheit aufwies – und einen Zweck, der durch den Verlauf der Ereignisse bestätigt worden war. Mehr noch: *Die Wiederholung seiner Geschichte gegenüber Linderman ist deren Vollendung*. Dadurch, dass er seine Geschichte erzählte, zeigte er sich als jemand, der ein vollendetes Leben geführt hatte, und er war in der Lage, dasjenige, was er an der Lebensweise der Crow immer noch für wesentlich erachtete, an eine zukünftige Generation weiterzugeben.

### *3.8. Antwort an Sitting Bull*

Als Sitting Bull das Reservat der Crow besuchte, übte er scharfe Kritik an den Idealen, die Plenty Coups vermitteln wollte. Seiner Auffassung zufolge würde nur ein Narr mit dem weißen Mann zusammenarbeiten, und kein wahrer Anführer der Crow würde sie jemals in diese Richtung führen. Diese beiden Anführer fordern uns gleichermaßen Hochachtung ab, und unser Ziel ist nicht, ein Urteil über den einen oder den anderen zu fällen. Vielmehr untersuchen wir, welche rechtmäßige Rolle Hoffnung und Vorstellungskraft in der Herausbildung und Entwicklung mutiger Lebensweisen spielen können. Dennoch hat Sitting Bull eine Herausforderung formuliert, und es obliegt uns, über eine Antwort nachzudenken, die sich im Namen Plenty Coups' geben ließe. In diesem letzten Abschnitt werde ich unumwunden als Fürsprecher von Plenty Coups' Vision entgegen jener Sitting Bulls auftreten.

Im Jahr 1889 wurde im Reservat der Sioux viel über das Herannahen eines neuen Messias gesprochen, der die Indianer retten würde. Im Herbst ritt eine Abordnung von Stammesanführern gen Westen, wo die Gerüchte ihren Ausgang nahmen, und im Winter ritten sie zurück, um die Berichte zu bestätigen.[54] Als sie im Frühjahr 1890 zurückkehrten, sagten sie, dass es einen Menschen gebe, der einst von den Weißen getötet wurde, Kreuzigungsnarben am Körper trug und behauptete, zurückgekehrt zu sein, um die Weißen zu bestrafen und den Indianern ihr altes Leben wiederzugeben. Scheinbar handelte es sich hierbei um den berühmten Wovoka, einen Heiligen, dem gemeinhin zugeschrieben wird, den Indianerstämmen des Südens und Westens die Peyote-Religion nahegebracht zu haben. Diesem Messias zufolge würde er im kommenden Frühjahr 1891 alle Weißen in einem schrecklichen Verhängnis auslöschen, die Vorfahren der Indianer von den Toten zurück-

54 Vgl. James Mooney, *The Ghost-Dance Religion and the Sioux Outbreak of 1890*, Lincoln 1991; James Welch/Paul Stekler, *Killing Custer. The Battle of Little Big Horn and the Fate of the Plains Indians*, New York 1995, S. 267-271; Hoxie, *Parading through History*, S. 354f., S. 362; Brown, *Begrabt mein Herz an der Biegung des Flusses*, S. 415-425.

kehren lassen und alle Büffel zurückbringen. Den Berichten jener Gesandten zufolge hatten sie sogar eine Reihe verstorbener und wiedererweckter Verwandter und eine Büffelherde gesehen.[55]

Der Messias lehrte, dass die Aufgabe der Indianer gegenwärtig darin lag, den Geistertanz durchzuführen, der dabei helfen sollte, die Apokalypse einzuleiten. Im Standing-Rock-Reservat der Sioux verbreitete sich der Tanz wie ein Lauffeuer, doch nirgendwo fand er stärkeren Halt als in Sitting Bulls Lager. Der Tanz verlief rauschhaft: Teilnehmer tanzten sich in Ekstase und machten immer weiter, bis sie vor Erschöpfung zusammenbrachen; sie trugen Geisterhemden, die sie vor Gewehrkugeln schützen sollten, und gaben alle anderen Tätigkeiten auf, um die Verheerung herbeizuführen. Es gibt keine Anhaltspunkte, die nahelegen, dass Sitting Bull tatsächlich am Geistertanz teilnahm, doch der Tanz genoss seine Unterstützung. Am 9. Oktober begann das Ritual im Standing-Rock-Reservat auf Sitting Bulls Einladung hin. Als Beamte eintrafen, um Kicking Bear festzunehmen, der den Tanz vorführte, versprach Sitting Bull, dass Kicking Bear in sein eigenes Reservat zurückkehren, der Geistertanz jedoch fortgeführt würde. Sie hatten eine Nachricht aus der Geisterwelt erhalten, die ihnen auftrug, weiterzumachen.[56] Der Tanz setzte sich über Oktober und November hinweg bis in den Dezember fort, als er gewaltsam beendet wurde. Wie gut belegt ist, war die US-Obrigkeit überaus beunruhigt durch den Geistertanz – ihre Sorge war, dass er einen Aufstand oder zumindest den Zusammenbruch der öffentlichen Ordnung herbeiführen könnte – und wollte ihn unterbinden. Als Beamte der Stammespolizei am 15. Dezember 1890 auf Geheiß des Indianeragenten ver-

55 Vgl. Mooney, *The Ghost-Dance Religion*, S. 821 f.
56 Vgl. ebd., S. 847.

suchten, Sitting Bull in Gewahrsam zu nehmen, töteten sie ihn inmitten einer gewaltvollen Auseinandersetzung.

Sein Tod ist eine nationale Schande. Und obwohl vieles über Sitting Bulls Recht auf religiöse Meinungsäußerung und die Unfähigkeit und Brutalität der polizeilichen Reaktion zu sagen wäre, gilt zugleich: Aus Plenty Coups' Sicht setzte Sitting Bull seine religiöse Vorstellungskraft auf falsche Weise ein. Dabei geht es nicht darum, ob man für oder gegen eine Zusammenarbeit mit dem weißen Mann war, oder ob man es befürwortete oder ablehnte, von ihm zu lernen. Entscheidend ist vielmehr, dass Sitting Bull eine Traumvision dazu einsetzte, die Wirklichkeit zu umgehen, statt mit ihr umzugehen. Wir müssen nicht entscheiden, ob diese Traumvision spirituellen Ursprungs war oder nicht. Aus Plenty Coups' Sicht wurde der Traum, selbst wenn er tatsächlich aus der Geisterwelt stammte, fehlgedeutet und falsch angewandt: Sitting Bull machte Gebrauch von einer messianischen Vision, die dem Geistertanz Auftrieb verlieh, um damit eine Form des Wunschdenkens zu stützen. Es ist ein Kennzeichen des Wunschdenkens, dass die Welt auf magische Weise verändert werden soll – entsprechend der eigenen Vorstellung davon, wie man sie gern hätte –, ohne dass man realistische und praktische Schritte unternehmen müsste, um diesen Wandel herbeizuführen. Das Einzige, das einem zu tun auferlegt ist, ist die Teilnahme an einem Ritual, in diesem Fall einem Tanz. Wenn aber das Ritual allmählich das gesamte Leben einnimmt, wie es bei den Sioux des Standing-Rock-Reservats im Herbst 1890 der Fall war, handelt es sich um eine Abwendung von der Wirklichkeit, wie Freud sagen würde. Sobald symbolische Rituale das Leben bestimmen – ob die privaten Handlungen einer Einzelperson oder die geteilten Tätigkeiten einer Kultur –, werden sie zu Hilfsmitteln dabei, den Anforderungen des echten Lebens aus dem Weg zu gehen, die einem alltäglich begegnen. Und das führte zu einer Katastrophe für die Sioux.

In einem bestimmten Sinne hatten Plenty Coups und Sitting Bull dieselbe Vision, deuteten sie jedoch auf gegensätzliche Weise. Beide sahen die Geister der Büffel, doch während die Vision für Plenty Coups bedeutete, dass jene Tiere für immer verschwinden sollten, besagte sie für Sitting Bull und seine Anhänger, dass sie zurückkehren würden.[57] Hierin liegt eine Gefahr für messianische Religionen aller Art: Ein Wunsch kann schnell mit der Wirklichkeit verwechselt werden. Im Fall des Geistertanzes ist dessen Ausgang ein starker Anhaltspunkt dafür, dass Sitting Bulls Stamm ihn als Wunscherfüllung anwandte.

Plenty Coups stellte sich unverblümt der messianischen Peyote-Religion entgegen, die sich rasant unter den Indianerstämmen verbreitete.[58] Sein Widerstand fördert ein wichtiges philosophisches Problem zutage: Es wird sich immer

57 Hier spreche ich im übertragenen Sinne. Es ist nicht historisch belegt, dass Sitting Bull tatsächlich die Vision hatte, die mit dem Geistertanz verbunden ist, er unterstützte jedoch den Tanz und jene, die die Vision erlebt hatten. Historisch belegt ist hingegen, dass er vor der Schlacht am Little Bighorn River eine Vision von Männern in blauen Jacken hatte, die vom Himmel fielen. Dies deutete er als eine Verheißung von Erfolg in der Schlacht gegen die US-Soldaten. Vgl. Brown, *Begrabt mein Herz an der Biegung des Flusses*, S. 282f.; Stanley Vestal, *Sitting Bull. Champion of the Sioux*, Norman 1957, S. 150f.; Welch/Stekler, *Killing Custer*, S. 50f. Für eine ausführliche Darstellung der unheilvollen Vision eines Sioux-Kriegers vgl. John G. Neihardt, *Black Elk Speaks*, Lincoln 1979, insb. S. 16-36.

58 Vgl. David F. Aberle, *The Peyote Religion among the Navaho*, Norman 1991; Hoxie, *Parading through History*, S. 220f., S. 361. Siehe auch Peggy Albright (Hrsg.), *Crow Indian Photographer. The Work of Richard Throssel. With commentaries on the photographs by Crow Tribal Members Barney Old Coyote Jr., Mardell Hogan Plainfeather, and Dean Curtis Bear Claw*, Albuquerque 1997, S. 216 (En. 45).

die Frage stellen und damit der Streit aufwerfen lassen, was eigentlich als traditionell gilt. Sitting Bull versuchte die traditionelle Lebensweise der Sioux aufrechtzuerhalten. Zu diesem Zweck nahm er jedoch ein Ritual auf, das ganz neuartig war – es war seinerseits als Reaktion auf eine schmerzhafte Niederlage entstanden. Die Native American Church, die sich aus der messianischen Peyote-Religion entwickelte, sieht sich selbst als Bewahrerin der traditionellen indianischen Kultur an – und zweifellos ist sie das auf vielfache Weise; doch es ist ebenso wahr, dass die Vorstellung einer panindianischen Kirche den Stämmen fremd gewesen wäre, bevor sie auf die weiße Kultur trafen. Von jungen Mitgliedern des Stammes der Crow habe ich gehört, wie sie Skepsis gegenüber der panindianischen Bewegung zum Ausdruck brachten. Sie sehen diese als ein Symptom der Niederlage an, die den anderen Stämmen zugefügt wurde. Nach ihrem Dafürhalten waren die Crow imstande, ihre unverkennbar den Crow zugehörigen Rituale beizubehalten. Panindianische Rituale sind für sie daher Bräuche, mit denen ihr Erbe verwässert würde, das sie unverfälscht aus der Geschichte der Crow empfangen.

Wie wir im ersten Kapitel gesehen haben, hörten die Crow tatsächlich im Jahr 1875 mit der Durchführung ihres Sonnentanzes auf, und als er 1941 wiedereingeführt wurde, mussten sie die Tanzschritte aus der Fassung der Shoshoni erlernen.[59] Heutzutage wird der Tanz anlässlich tiefempfundener Bitten ausgerichtet – so etwa, dass ein junges Mädchen eine Herzoperation überleben möge. Handelt es sich hierbei um ein Aufrechterhalten oder ein Wiedereinführen einer Tradition – oder wird der Name »Tradition« herange-

59 Vgl Fred W. Voget, *The Shoshoni-Crow Sun Dance*, Norman 1984. Siehe auch Thomas Yellowtail/Michael Oren Fitzgerald, *Yellowtail. Crow Medicine Man and Sun Dance Chief*, Norman 1991.

zogen, um neue Rituale zu erfinden? Es steht mir nicht zu, diese Frage zu beantworten: Diese Aufgabe obliegt jetzt und in Zukunft Dichtern der Crow, Anführern der Crow und deren Nachfolgern. Ich kann jedoch sagen, dass Plenty Coups ihnen die erforderlichen Mittel vermacht hat, um eine wirkliche Tradition neu zu beleben. In diesem Zusammenhang nimmt Plenty Coups' eindringliche Äußerung, »Danach ist nichts mehr geschehen«, eine neue Bedeutung an. Plenty Coups musste die Zerstörung eines *Telos* eingestehen – dass die alten Wege, auf denen man ein gutes Leben führen konnte, verschwunden waren. Und mit diesem Eingeständnis ging die schonungslose Anerkennung des Umstands einher, dass die traditionellen Weisen, auf die sich Bedeutung strukturieren ließ – auf die etwas als ein Ereignis anerkannt werden konnte –, zerstört worden waren. Für Plenty Coups war diese Anerkennung kein Ausdruck von Verzweiflung, sondern die einzige Möglichkeit, ihr zu entgehen. Man muss die Zerstörung anerkennen, die sich zugetragen hat, sofern man über sie hinweggelangen will. Abstrakt betrachtet gibt es keine Antwort auf die Frage, ob es sich beim Sonnentanz um die Aufrechterhaltung einer heiligen Tradition handelt oder um ein nostalgisches Ausweichverhalten, das nur einen oder zwei Schritte von einer Disneyland-Imitation »des Indianers« entfernt ist. Plenty Coups' Aussage bezieht ihren Wert daraus, dass sie einen entscheidenden Umstand zum Ausdruck bringt, dem Rechnung zu tragen ist, wenn eine wahrhaft florierende Tradition aufrechterhalten oder wiedereingeführt werden soll: Es ist das eine, zu tanzen, als ob nichts geschehen sei; es ist etwas anderes, einzugestehen, dass etwas einzigartig Entsetzliches geschehen ist – der Zusammenbruch der Geschehnisse –, und sich dann zum Tanzen zu entschließen.

Plenty Coups konnte einige der traditionellen Ideale eines Kriegers in diesem radikal neuartigen Zusammenhang erhalten. Wie wir im ersten Kapitel gesehen haben, legte er bei der Einweihungszeremonie für das Grabmal des Unbekannten Soldaten seinen Coup-Stab und seinen Federschmuck nieder. Er verkündete jedoch auch eine neue Rolle für den Crow-Krieger:

> Für die amerikanischen Indianer ersuche ich rufend den Großen Geist der roten Männer mit meinen Handbewegungen und in meiner Stammessprache: auf dass die Toten nicht umsonst gestorben sein mögen, auf dass Krieg verschwinden möge, auf dass der Friede durch das Blut roter und weißer Männer erkauft worden sein möge.[60]

Wenn man heute die Veteranengedenkstätte bei der Crow Agency aufsucht, findet man dort eine Liste herausragender Veteranen vom Stamm der Crow vor, die aufseiten oder im US-Militär gedient haben, angefangen bei den ursprünglichen Sioux-Kriegen, über den Ersten und Zweiten Weltkrieg, den Koreakrieg, Vietnam, Panama, Afghanistan und Irak. An der Mauer befindet sich eine Tafel mit der Überschrift »Heimkehr des Kriegers«, deren Beginn wie folgt lautet:

> Der Stamm der Crow [...] praktiziert Zeremonien und Rituale eigener Art und Ausführung. Diese Praktiken haben den Stamm seit Generationen und Jahrhunderten begleitet. Eine unter ihnen, die jüngst wieder zu Aufmerksamkeit gekommen ist, besteht in einer Zeremonie, um rückkehrende Kriegsveteranen willkommen zu heißen. Diese führt der Stamm heute wie damals durch, als die Crow vor allem eine Kriegergesellschaft waren. Sie heißt Heimkehr des Krie-

60 McCleary, »Afterword«, S. 176 [Übersetzung J.P.]. Für eine ähnliche Darstellung vgl. Hoxie, *Parading through History*, S. 345.

gers (wörtlich übersetzt ›Zurück-zum-Lager/Stamm-bringen‹).[61]

Es folgt eine Anleitung dazu, wie man die Zeremonie durchführt, und einige Ratschläge dazu, wie sich über ihre Bedeutung in dieser neuen geschichtlichen Lage nachdenken ließe. Damit wird also eine direkte Verbindung zwischen den alten Kriegerwerten und der neuen, derzeit zugänglichen Rolle des Kriegsveteranen gezogen.[62] Und die Worte Plenty Coups' bereiteten den Weg.

Letztlich konnte Plenty Coups, wie wir nun ausführlich gesehen haben, auf das traditionelle Symbol der Meise zurückgreifen. Durch seine Traumvision war er imstande, sich einer hochgeschätzten und verehrten spirituellen Kraft anzunehmen und sie einem kreativen Gebrauch zuzuführen, indem er sich mit ihr neuen Herausforderungen stellte. Obwohl er also für eine neue Lebensweise der Crow eintrat, schöpfte er dabei auf lebendige Weise aus der Vergangenheit. Wie ich es daher sehe, spricht vieles dafür, dass Plenty Coups den Crow einen *traditionellen* Weg nach vorne eröffnet hat.

61 Der Urheber ist Barney Old Coyote, ein Veteran des Zweiten Weltkrieges, der im Dezember 1943 mit einer Heimkehr des Kriegers geehrt wurde. Seiner Erzählung zufolge war dies die zweite Heimkehrzeremonie seit dem Ersten Weltkrieg.

62 Beim Besuch der Crow Fair – der »Tipihauptstadt der Welt« –, die jedes Jahr Ende August in der Nähe der Crow Agency in Montana stattfindet, fiel mir ein Tipi auf, auf dem das Emblem der US-Armee eine ganze Zeltseite bedeckte.

# Danksagung

Ich konnte im Laufe der Jahre von zahlreichen ausführlichen Gesprächen mit Kollegen an der University of Chicago profitieren. Mit John Haugeland habe ich Heidegger gelesen und diskutiert, und insbesondere seine Deutung des Daseins als gelebte Lebensweise war mir eine große Hilfe. Mit James Conant habe ich Kierkegaard diskutiert und gelehrt, und meine Subjektivitätsdeutung ist aus diesen Gesprächen erwachsen. Mit Candace Vogler habe ich mich über praktische Vernunft und die Wichtigkeit dichter Begriffe ausgetauscht. Mit Robert Pippin habe ich die Belastungen und die Bedeutung der Moderne diskutiert, mit Gabriel Lear habe ich Gespräche über Ethik und das gute Leben geführt und mit John Coetzee habe ich über menschliche Blindheit, Feigheit und Selbsttäuschung gesprochen. Ich möchte mich auch bei Timothy P. McCleary, der am Little Big Horn College in der Crow Agency die Geschichte der Crow lehrt, für seine unermüdliche Großzügigkeit bedanken. Diskussionen mit Dr. Samuel Ritvo vom Western New England Institute for Psychoanalysis haben mir außerdem dabei geholfen, die entscheidende Rolle des Ichideals in der jugendlichen Entwicklung zu verstehen. Ich bin überdies meinem Freund George Real Bird dafür dankbar, dass er mir gezeigt hat, wie Plenty Coups' Ideale in einer jungen Generation von Crow weiterleben. Dieses Buch wäre ohne die Hilfe dieser jungen Leute nicht möglich gewesen. Die Gedanken in diesem Buch begannen Form anzunehmen, als ich mich darauf vorbereitete, die

Donnellan Lectures am Trinity College Dublin zu halten. Sie entwickelten sich weiter, während ich Vorträge an der University of Washington in Seattle, der University of New Mexico, dem St. Olaf College, der Columbia University und der University of Illinois in Champaign-Urbana hielt. Ich habe Hilfe durch viele Anmerkungen und Fragen erhalten und bin den Lehrenden und Studierenden aller dieser Einrichtungen dankbar. Besonders möchte ich mich bei Dr. Vasilis Politis vom Trinity College Dublin für eine Frage bedanken, die mir dabei half, das Thema dieses Buches zu fokussieren. Ich möchte außerdem Anne Gamboa meinen Dank aussprechen, die mir mit ihrer Arbeit in der Verwaltung des Committee on Social Thought an der University of Chicago jeden Tag hilft. Abschließend gilt mein Dank Phoebe Kosman, Ann Hawthorne und Lindsay Waters für ihre aufschlussreiche und ausdauernde editorische Beratung. Ich hörte Plenty Coups' Worte »Danach ist nichts mehr geschehen« erstmals vor etwa zwanzig Jahren in einem Vortrag, den Professor William Cronon hielt. Erst mit der Zeit wurde mir klar, dass diese Worte in mir Halt gefasst und mich nie mehr verlassen hatten. Die Anregung zu diesem Buch lag zu großen Teilen im Versuch, herauszufinden, woher diese Worte ihre Wichtigkeit beziehen – und nun begreife ich, dass ich eine Dankesschuld gegenüber einem Indianerhäuptling habe, der in seinem Zuhause in den nordwestlichen Plains im Schatten großer Bäume eine Generation vor meiner Geburt verstorben ist.

# Literaturverzeichnis

*A Dictionary of Everyday Crow*, kompil. v. Ishtaléeschia Báachiia Héeleetaalawe (Squirrel That Walks Among The Pines)/Mary Helen Medicine Horse, Crow Agency 1987.

Aberle, David F., *The Peyote Religion among the Navaho*, Norman 1991.

Adams, Robert, *Finite and Infinite Goods. A Framework for Ethics*, Oxford 2002.

Albright, Peggy (Hrsg.), *Crow Indian Photographer. The Work of Richard Throssel. With commentaries on the photographs by Crow Tribal Members Barney Old Coyote Jr., Mardell Hogan Plainfeather, and Dean Curtis Bear Claw*, Albuquerque 1997.

Anscombe, G. E. M., »Die Moralphilosophie der Moderne«, in: dies., *Aufsätze*, hrsg. u. übers. v. Katharina Nieswandt u. Ulf Hlobil, Berlin 2014, S. 142-170.

–, *Absicht*, übers. v. Joachim Schulte, Berlin 2011.

Appiah, Kwame Anthony, *The Ethics of Identity*, Princeton 2004.

Aristoteles, *Politik*, übers. u. hrsg. v. Eckart Schütrumpf, Hamburg 2012.

–, *Physik. Vorlesung über Natur. Erster Halbband: Bücher I(A)–IV(Δ)*, hrsg. u. übers. v. Hans Günter Zekl, Hamburg 1987.

–, *Nikomachische Ethik*, übers. v. Eugen Rolfes u. hrsg. v. Günther Bien, Hamburg [4]1985.

Banner, Stuart, *How the Indians Lost Their Land. Law and Power on the Frontier*, Cambridge, Mass./London 2005.

Bauerle, Phenocia (Hrsg.), *The Way of the Warrior. Stories of the Crow People*, übers. u. kompil. v. Henry Old Coyote u. Barney Old Coyote Jr., Lincoln 2003.

Beal, Merrill D., *»I Will Fight No More Forever«. Chief Joseph and the Nez Perce War*, Seattle 1966.

Bearcomesout, Neela, »Crank on the Rez«, ⟨https://web.archive.org/web/20060709024800/http://www.montana.edu/wwwai/imsd/rezmeth/mainpage.htm⟩, letzter Zugriff 29.10.2019.

Beckworth, James, *The Life and Adventures of James P. Beckworth*, Lincoln 1972.

Bion, Wilfrid, »Attacks on Linking«, in: Elizabeth Bott Spillius (Hrsg.), *Melanie Klein Today. Developments in Theory and Practice. Volume 1: Mainly Theory*, London/New York 1988, S. 87-101.

Brown, Dee, *Begrabt mein Herz an der Biegung des Flusses*, München 1978.

Catlin, George, *Letters and Notes on the Manners, Customs, and Conditions of the North American Indians*, New York 1973.

Coope, Ursula, *Time for Aristotle*, Oxford 2005.

Davidson, Donald, »Denken und Reden«, in: ders., *Wahrheit und Interpretation*, übers. v. Joachim Schulte, Frankfurt/M. 1990, S. 224-246.

–, »Der Begriff des Glaubens und die Grundlage der Bedeutung«, in: ders., *Wahrheit und Interpretation*, übers. v. Joachim Schulte, Frankfurt/M. 1990, S. 204-223.

–, »Die Methode der Wahrheit in der Metaphysik«, in: ders., *Wahrheit und Interpretation*, übers. v. Joachim Schulte, Frankfurt/M. 1990, S. 283-305.

–, »Radikale Interpretation«, in: ders., *Wahrheit und Interpretation*, übers. v. Joachim Schulte, Frankfurt/M. 1990, S. 183-203.

–, »Was ist eigentlich ein Begriffsschema?«, in: ders., *Wahrheit und Interpretation*, übers. v. Joachim Schulte, Frankfurt/M. 1990, S. 261-282.

Deloria, Philip J., *Playing Indian*, New Haven 1998.

Deloria, Vine, *Custer Died for Your Sins. An Indian Manifesto*, Norman 1988.

Diamond, Cora, »Begriffsverlust«, in: dies., *Menschen, Tiere und Begriffe. Aufsätze zur Moralphilosophie*, übers. v. Joachim

Schulte u. hrsg. v. Christoph Ammann und Andreas Hunziker, Berlin 2012, S. 228-265.
Diamond, Jared, *Kollaps. Warum Gesellschaften überleben oder untergehen*, übers. v. Sebastian Vogel, Frankfurt/M. [8]2006.

Ehrlich, Clara, »Tribal Culture in Crow Mythology«, in: *Journal of American Folklore* 50 (1937), S. 307-408.
Ewers, John C., »Intertribal Warfare as the Precursor of Indian-White Warfare on the Northern Great Plains«, in: *Western Historical Quarterly* 6/4 (1975), S. 397-410.
–, »A Crow Chief's Tribute to the Unknown Soldier«, in: *American West* 8 (1971), S. 30-35.

Freud, Sigmund, »Bemerkungen zur Theorie und Praxis der Traumdeutung«, in: ders., *Gesammelte Werke* Bd. 13, hrsg. v. Anna Freud et. al., Frankfurt/M. [11]2010, S. 301-314.
–, *Das Ich und das Es*, in: ders., *Gesammelte Werke* Bd. 13, hrsg. v. Anna Freud et. al., Frankfurt/M. [11]2010, S. 237-289.
–, *Jenseits des Lustprinzips*, in: ders., *Gesammelte Werke* Bd. 13, hrsg. v. Anna Freud et. al., Frankfurt/M. [11]2010, S. 1-69.
–, *Massenpsychologie und Ich-Analyse*, in: ders., *Gesammelte Werke* Bd. 13, hrsg. v. Anna Freud et. al., Frankfurt/M. [11]2010, S. 73-161.
–, *Die Traumdeutung*, in: ders., *Gesammelte Werke* Bd. 2/3, hrsg. v. Anna Freud et. al., Frankfurt/M. [9]2008, S. 1-642.
–, »Formulierungen über zwei Prinzipien des psychischen Geschehens«, in: ders., *Gesammelte Werke* Bd. 8, hrsg. v. Anna Freud et. al., Frankfurt/M. [9]1996, S. 230-238.
–, »Einige Nachträge zum Ganzen der Traumdeutung«, in: ders., *Gesammelte Werke* Bd. 1, hrsg. v. Anna Freud et. al., Frankfurt/M. [6]1991, S. 561-573.
–, *Hemmung, Symptom und Angst*, in: ders.: *Gesammelte Werke* Bd. 14, hrsg. v. Anna Freud et. al., Frankfurt/M. [7]1991, S. 111-205.
–, *Zur Einführung des Narzißmus*, in: ders., *Gesammelte Werke* Bd. 10, hrsg. v. Anna Freud et. al., Frankfurt/M. [8]1991, S. 137-170.

Frey, Rodney, *The World of the Crow Indians. As Driftwood Lodges*, Norman 1987.

Geertz, Clifford, »Dichte Beschreibung. Bemerkungen zu einer deutenden Theorie der Kultur«, in: ders., *Dichte Beschreibung. Beiträge zum Verstehen kultureller Systeme*, übers. v. Brigitte Luchesi u. Rolf Bindemann, Frankfurt/M. 1987, S. 7-43.

Graetz, Rick/Graetz, Susie, »Chief Plenty Coups«, ⟨http://lib.lbhc.edu/index.php?q=node/71⟩, letzter Zugriff 10. 5. 2019.

Haugeland, John, *Dasein Disclosed. John Haugeland's Heidegger*, hrsg. v. Joseph Rouse, Cambridge, Mass./London 2013.

–, »Truth and Finitude: Heidegger's Transcendental Existentialism«, in: Mark A. Wrathall/Jeff Malpas (Hrsg.), *Heidegger, Authenticity, and Modernity. Essays in Honor of Hubert L. Dreyfus* Bd. 1, Cambridge, Mass. 2000, S. 43-77.

–, »Objective Perception«, in: ders., *Having Thought. Essays in the Metaphysics of Mind*, Cambridge, Mass./London 1998, S. 241-265.

–, »Truth and Rule Following«, in: ders., *Having Thought. Essays in the Metaphysics of Mind*, Cambridge, Mass./London 1998, S. 305-361.

Heidegger, Martin, *Sein und Zeit*, in: ders., *Gesamtausgabe* Abt. 1 Bd. 2, hrsg. v. Friedrich-Wilhelm von Herrmann, Frankfurt/M. 1977.

–, *Die Grundprobleme der Phänomenologie*, in: ders., *Gesamtausgabe* Abt. 2 Bd. 24, hrsg. v. Friedrich-Wilhelm von Herrmann, Frankfurt/M. 1975, S. 324-388.

Hoxie, Frederick E., *Parading through History. The Making of the Crow Nation in America, 1805-1935*, Cambridge 1997.

–, *The Crow*, New York 1989.

Irwin, Lee, *The Dream Seekers. Native American Visionary Traditions of the Great Plains*, Norman 1994.

Jahoda, Gloria, *The Trail of Tears. The Story of the American Indian Removals 1813-1855*, New York 1995.

Kant, Immanuel, *Kritik der reinen Vernunft*, in: ders., *Werkausgabe* Bd. 3/4, hrsg. v. Wilhelm Weischedel, Frankfurt/M. 1974.

Kierkegaard, Sören, *Abschließende unwissenschaftliche Nachschrift zu den philosophischen Brosamen. Mimisch-pathetisch-dialektische Sammelschrift. Existentieller Beitrag*, in: ders., *Philosophische Brosamen und Unwissenschaftliche Nachschrift*, übers. v. Børge Krag Diderichsen u. Susanne Diderichsen u. hrsg. v. Hermann Diem u. Walter Rest, München 2005, S. 131-846.

–, *Der Begriff der Angst. Eine schlecht und recht psychologisch-hinweisende Überlegung in Richtung auf das dogmatische Problem der Erbsünde*, in: ders., *Die Krankheit zum Tode. Furcht und Zittern. Die Wiederholung. Der Begriff der Angst*, übers. v. Rosemarie Lögstrup u. hrsg. v. Hermann Diem u. Walter Rest, München 2005, S. 441-640.

–, *Furcht und Zittern. Dialektische Lyrik*, in: ders., *Die Krankheit zum Tode. Furcht und Zittern. Die Wiederholung. Der Begriff der Angst*, übers. v. Günther Jungbluth u. hrsg. v. Hermann Diem u. Walter Rest, München 2005, S. 179-326.

Krieg, Frederic C., »Chief Plenty Coups: The Final Dignity«, in: *Montana. The Magazine of Western History*, 16/4 (1966), S. 28-39.

Kuhn, Thomas S., *Die Struktur wissenschaftlicher Revolutionen*, Frankfurt/M. [13]1996.

Laplanche, Jean, »Die unvollendete kopernikanische Revolution«, in: ders., *Die unvollendete kopernikanische Revolution in der Psychoanalyse*, übers. v. Udo Hock u. Peter Passett, Frankfurt/M. 1996, S. 7-44.

Larocque, François-Antoine, »Yellowstone Journal«, in: W. R. Wood/T. D. Thiessen (Hrsg.), *Early Fur Trade on the Northern Plains: Canadian Traders among the Mandan and Hidatsa Indians, 1738-1818*, Norman 1985, S. 156-220.

Lear, Jonathan, *Freud*, New York 2005.

–, »The Socratic Method and Psychoanalysis«, in: Sara Ahbel-Rappe/Rachana Kamtekar (Hrsg.), *A Companion to Socrates*, Malden/Oxford/Carlton 2005, S. 442-462.
–, *Therapeutic Action. An Earnest Plea for Irony*, New York 2003.
–, *Happiness, Death, and the Remainder of Life*, Cambridge, Mass. 2000.
–, *Love and Its Place in Nature. A Philosophical Interpretation of Freudian Psychoanalysis*, New Haven 1999.
–, »The Introduction of Eros: Reflections on the Work of Hans Loewald«, in: ders., *Open Minded. Working Out the Logic of the Soul*, Cambridge, Mass. 1998, S. 123-147.
–, *Aristotle. The Desire to Understand*, Cambridge 1988.
Leforge, Thomas H., *Memoirs of a White Crow Indian*, Lincoln 1974.
Leonard, Zenas, *Narrative of the Adventures of Zenas Leonard*, Lincoln 1978.
Linderman, Frank B., *Pretty-Shield. Medicine Woman of the Crows*, Lincoln 1974.
–, *Plenty-Coups. Chief of the Crows*, Lincoln 1962.
Lowie, Robert H., *The Crow Indians*, Lincoln 1983.

MacIntyre, Alasdair, *Der Verlust der Tugend. Zur moralischen Krise der Gegenwart*, übers. v. Wolfgang Riehl, Frankfurt/M. 1995.
McCleary, Timothy, »Afterword«, in: Frank B. Linderman, *Plenty-Coups. Chief of the Crows. New Edition*, Lincoln/London 2002, S. 173-183.
–, *The Stars We Know. Crow Indian Astronomy and Lifeways*, Longrove 1997.
McGinnis, Dale K./Sharrock, Floyd W., *The Crow People*, Phoenix 1972.
Medicine Crow, Joseph, *Mein Volk, die Krähen-Indianer. Die Stammesgeschichte der Absarokee*, übers. v. Friedrich Baadke, München 1994.
Mooney, James, *The Ghost-Dance Religion and the Sioux Outbreak of 1890*, Lincoln 1991.

Murdoch, Iris, *The Sovereignty of Good*, London 1974.

Nabokov, Peter, *Native American Testimony. A Chronicle of Indian-White Relations from Prophecy to the Present, 1492-2000*, New York 1999.
–, *Cultivating Themselves. The Interplay of Crow Indian Religion and History*, Dissertation, Berkeley 1988.
–, *Two Leggings. The Making of a Crow Warrior*, Lincoln 1967.
»Native music award thrills victors«, ⟨https://billingsgazette.com/news/local/native-music-award-thrills-victors/article_71551f99-794e-5db7-8f80-5da5a33d51e1.html⟩, letzter Zugriff 10.11.2019.
Neihardt, John G., *Black Elk Speaks*, Lincoln 1979.
Newcomb Jr., W.W., »A Re-Examination of the Causes of Plains Warfare«, in: *American Anthropologist* 52/3 (1950), S. 317-330.

Old Coyote, Barney, »Crow«, in: Frederick E. Hoxie (Hrsg.), *Encyclopedia of North American Indians. Native American History, Culture, and Life From Paleo-Indians to the Present*, Boston 1996, S. 146-148.

Plainfeather, Mardell Hogan, »Plenty Coups (Alaxchiiaahush)«, in: Frederick E. Hoxie (Hrsg.), *Encyclopedia of North American Indians. Native American History, Culture, and Life From Paleo-Indians to the Present*, Boston 1996, S. 489f.
Platon, *Politeia*, in: ders., *Sämtliche Werke* Bd. 2, übers. v. Friedrich Schleiermacher u. hrsg. v. Ursula Wolf, Reinbek [34]2013, S. 195-538.
–, *Symposium*, in: ders., *Sämtliche Werke* Bd. 2, übers. v. Friedrich Schleiermacher u. hrsg. v. Ursula Wolf, Reinbek [34]2013, S. 37-102.
–, *Laches*, in: ders.: *Sämtliche Werke* Bd. 1, übers. v. Friedrich Schleiermacher u. hrsg. v. Ursula Wolf, Reinbek [32]2011, S. 181-214.
–, *Protagoras*, in: *Sämtliche Werke* Bd. 1, übers. v. Friedrich Schleiermacher u. hrsg. v. Ursula Wolf, Reinbek [32]2011, S. 271-336.

»Rabbit Child: A Crazy Dog of the Crows«, in: Phenocia Bauerle (Hrsg.), *The Way of the Warrior. Stories of the Crow People*, übers. u. kompil. v. Henry Old Coyote u. Barney Old Coyote Jr., Lincoln 2003, S. 27-38.

Rawls, John, »Zwei Regelbegriffe«, in: Ottfried Höffe (Hrsg.), *Einführung in die utilitaristische Ethik. Klassische und zeitgenössische Texte*, Tübingen/Basel [5]2013, S. 133-164.

Ritvo, Samuel, »Late Adolescence: Developmental and Clinical Considerations«, in: *Psychoanalytic Study of the Child* 26 (1971), S. 241-263.

Russell, Osborne, *Journal of a Trapper*, Portland 1955.

Sahlins, Marshall, *Inseln der Geschichte*, übers. v. Ilse Utz, Hamburg 1992.

Scheler, Max, *On Feeling, Valuing, and Knowing. Selected Writings*, Chicago 1992.

Snell, Alma Hogan, *Grandmother's Grandchild. My Crow Indian Life*, Lincoln 2000.

Sophokles, *Aias*, in: ders.: *Dramen*, hrsg. u. übers. v. Wilhelm Willige u. überarb. v. Karl Bayer, Düsseldorf [5]2007, S. 8-95.

Stirling, Matthew Williams, *Sitting Bull. Drei piktographische Autobiographien*, Wyk auf Foehr 1993.

Taylor, Gabriele, *Pride, Shame and Guilt*, Oxford 1984.

»The Saga of Red Bear«, in: Phenocia Bauerle (Hrsg.), *The Way of the Warrior. Stories of the Crow People*, übers. u. kompil. v. Henry Old Coyote u. Barney Old Coyote Jr., Lincoln 2003, S. 39-75.

Thomas von Aquin, *Die deutsche Thomas-Ausgabe. Vollständige, ungekürzte deutsch-lateinische Ausgabe der Summa theologica*, 34 Bde. ff., übers. v. Dominikanern u. Benediktinern Deutschlands u. Österreichs, Salzburg u. a. 1933 ff.

Thompson, Michael, *Leben und Handeln. Grundstrukturen der Praxis und des praktischen Denkens*, übers. v. Matthias Haase, Berlin 2011.

Vestal, Stanley, *Sitting Bull. Champion of the Sioux*, Norman 1957.

Voget, Fred W., *They Call Me Agnes. A Crow Narrative Based on the Life of Agnes Yellowtail Deernose*, Norman 1995.
–, *The Shoshoni-Crow Sun Dance*, Norman 1984.
Vogler, Candace, *Reasonably Vicious*, Cambridge, Mass./London 2002.

Wagner, Glendolin Damon/Allen, William A., *Blankets and Moccasins. Plenty Coups and His People, the Crows*, Lincoln [2]1987.
Wagner, Roy, *The Invention of Culture*, Chicago 1981.
Wallace, A. C., *The Death and Rebirth of the Seneca*, New York 1972.
Welch, James/Stekler, Paul, *Killing Custer. The Battle of Little Big Horn and the Fate of the Plains Indians*, New York 1995.
White, Richard, *The Middle Ground. Indians, Empires, and Republics in the Great Lakes Region, 1650-1815*, Cambridge 1999.
–, »The Winning of the West: The Expansion of the Western Sioux in the Eighteenth and Nineteenth Centuries«, in: *The Journal of American History* 65/2 (1978), S. 319-343.
Williams, Bernard, *Scham, Schuld und Notwendigkeit. Eine Wiederbelebung antiker Begriffe der Moral*, übers. v. Martin Hartmann, Berlin 2000.
–, *Ethik und die Grenzen der Philosophie*, übers. v. Michael Haupt, Hamburg 1999.
–, »Personen, Charakter und Moralität«, in: ders., *Moralischer Zufall. Philosophische Aufsätze 1973-1980*, übers. v. André Linden, Meisenheim 1984, S. 11-29.
Winnicott, D.W., »The Location of Cultural Experience«, in: ders., *Playing and Reality*, London 1996, S. 95-103.
–, »Transitional Objects and Transitional Phenomena«, in: ders., *Playing and Reality*, London 1996, S. 1-25.
Wittgenstein, Ludwig, *Philosophische Untersuchungen*, in: ders., *Werkausgabe* Bd. 1, hrsg. v. G. E. M. Anscombe u. Rush Rhees, Frankfurt/M. 1984, S. 225-580.
Wollheim, Richard, *Emotionen. Eine Philosophie der Gefühle*, übers. v. Dietmar Zimmer, München 2001.
–, *The Thread of Life*, Cambridge, Mass. 1984.

Yellowtail, Thomas/Fitzgerald, Michael Oren, *Yellowtail. Crow Medicine Man and Sun Dance Chief*, Norman 1991.

# Namenregister